Boris Cyrulnik

Los patitos feos

Colección
Psicología

Otros títulos sobre

RESILIENCIA

MICHEL MANCIAUX — *La resiliencia: resistir y rehacerse*

BORIS CYRULNIK — *El encantamiento del mundo*

STEFAN VANISTENDAEL Y JACQUES LECOMTE — *La felicidad es posible*
Despertar en niños maltratados la confianza en sí mismos: construir la resiliencia

TIM GUÉNARD — *Más fuerte que el odio*

Los patitos feos

La resiliencia: una infancia infeliz no determina la vida

Boris Cyrulnik

gedisa
editorial

Título del original en francés:
Les vilains petits canards
© 2001 Éditions Odile Jacob, París

Traducción: Tomás Fernández Aúz y Beatriz Eguibar

Diseño de cubierta: Alma Larroca

Novena reimpresión: abril de 2008, Barcelona

Derechos reservados para todas las ediciones en castellano.

© Editorial Gedisa, S.A.
Avda. del Tibidabo, 12 (3.°)
08022 Barcelona, España
Tel. 93 253 09 04
Fax 93 253 09 05
gedisa@gedisa.com
www.gedisa.com

Preimpresión:
Editor Service S.L.
Diagonal 299, entresol 1ª
08013 Barcelona

ISBN: 978-84-7432-926-1
Depósito legal: B-19.975-2008

Impreso en España
Printed in Spain

Índice

AGRADECIMIENTOS 15

INTRODUCCIÓN 19

**Cuando uno está muerto y surge el oculto tiempo
de los recuerdos** 21
*El fin del maltrato no es el retorno a la vida, es un paso que nos
apremia para iniciar una lenta metamorfosis.*

La mórbida amabilidad del pequeño pelirrojo 24
*La adaptación no es lo mismo que la resiliencia. Es demasiado costosa,
pero permite salvar unos cuantos islotes de lánguida felicidad.*

La creatividad de los descarriados 27
*La adquisición del proceso de resiliencia se analiza aquí desde tres
puntos de vista: la huella que dejan los recursos internos en el
temperamento, la estructura de la agresión y la disposición de
los recursos externos en torno del herido.*

Los lisiados por el pasado pueden darnos lecciones 30
*Es necesario disponer de proyectos que permitan alejar el pasado
y modificar la emoción asociada con los recuerdos.*

**Hay que aprender a observar para evitar la venenosa belleza de
las metáforas** 34
*No confundir el atestado, que es una construcción social, con la
observación, que es un método para crear.*

CAPÍTULO 1: LA ORUGA 39

El temperamento o la rebeldía de los ángeles 41
*De la sustancia que nos somete a Satán, al afecto de vitalidad
que nos encanta o nos pone furiosos.*

**La triste historia del espermatozoide de Layo
y el óvulo de Yocasta** 44
*Los determinantes genéticos existen, lo que no quiere decir
que el hombre esté genéticamente determinado*

**Gracias a nuestros progresos, hemos evolucionado, pasando
de la cultura de la culpa a la cultura del prejuicio** 46
*Sentirse culpable en la edad de las pestes no es lo mismo que sufrir
en la época del embellecimiento de las técnicas.*

De cómo aprenden a bailar los fetos 49
*El primer capítulo de nuestra biografía comienza durante nuestra
vida intrauterina, cuando nos dejábamos arrastrar y dábamos cierto
tipo de brincos.*

**En donde se aprecia que la boca del feto revela la angustia
de la madre** 52
*La transmisión del pensamiento se realiza en un plano material
y configura el temperamento del bebé antes de su nacimiento.*

**Hacer que nazca un niño no basta, también hay que traerlo
al mundo** 55
*El sexo del niño es un potente vehículo de representación y cualquier
indicio morfológico evoca un trasfondo genealógico.*

**Los recién nacidos no pueden ir a parar a ningún otro
sitio que no sea la historia de sus padres** 57
*Ya sea gruñón o sonriente, incluso el más mínimo de los actos del
bebé habita los sueños y las pesadillas de los que le rodean.*

**Cuando el marco en el que se desenvuelve el recién nacido es en
realidad un triángulo compuesto por sus padres y por él mismo** .. 61
*Cada familia se caracteriza por un tipo de alianza que elabora
un envoltorio sensorial en torno del bebé.*

El papá payaso y el bebé cómico 64
*Cada vez que se encuentran, inventan un escenario al que incitan
a subir a todos los miembros de la familia.*

Quiéreme para que tenga el coraje de abandonarte 67
*Cuando un bebé tranquilo se convierte en un explorador, es porque
su entorno le sirve como campo base.*

El andamiaje del modo de amar 69
Esa base de seguridad enseña algunos estilos afectivos.

Los orígenes míticos de nuestros modos de amar 71
*Todo discurso individual o cultural construye el envoltorio sensorial
que enseña al niño su estilo afectivo.*

**Cuando el estilo afectivo del niño depende del relato íntimo
de la madre** 75
*El discurso de predicción de la madre organiza los comportamientos
que moldean el temperamento del niño.*

**Una madre que recibe apoyo afectivo y tiene sostén social
puede ofrecer mejores brazos** 78
*La simple presencia del padre modifica el psiquismo de la madre que
alberga al niño.*

Cuando los gemelos no tienen la misma madre 81
*Todo tiene un significado en esa burbuja afectiva en la que cada
cual va diferenciándose.*

**En el que se consigue observar cómo se transmite el
pensamiento mediante los gestos y los objetos** 85
*Las proezas intelectuales se vuelven posibles cuando los padres, sin
advertirlo, hacen hablar a los objetos.*

**El congénere desconocido: el descubrimiento del mundo
del otro** 90
*La perplejidad, la mirada, el dedo índice y la representación teatral
preparan a los bebés para sus primeras palabras.*

**Cuando las historias sin palabras permiten compartir
los mundos interiores** 93
*El pequeño comediante modifica el mundo mental de quienes le quieren
y el niño intruso se hace aceptar mediante ofrendas alimenticias.*

**De cómo los estereotipos sociales privilegian determinados
comportamientos del bebé** 95
El sudamericano baila antes y el bebé alemán hojea los libros.

El humor no es cosa de risa 97
Es cosa destinada a transformar la angustia en fiesta emocional.

Los fundamentos del andamiaje de la resiliencia 101
*En toda etapa –biológica, afectiva o social– es posible hallar una
defensa.*

Cuando la relación conjunta echa por tierra el andamiaje 104
*El sufrimiento de la madre impide que el niño adquiera las conductas
de seducción.*

**Se conoce la causa, se conoce el remedio y, sin embargo, todo se
agrava** 107
*Hay otras causas que intervienen, pues los determinismos humanos
son de corta duración.*

Virginidad y capitalismo 111
*El himen era una rúbrica de la paternidad, hoy el ADN denuncia
al padre.*

El padre precoz es una rampa de lanzamiento 114
*Un macho puede ser sustituido por una jeringuilla de fecundación,
pero un padre ha de ser de carne y hueso para promover la confianza.*

Cuando el Estado diluye al padre 116
¿Es concebible una sociedad sin padres?

Duelos ruidosos, duelos silenciosos 119
Al silencio de la desaparición se añade el ruido de la representación.

Resiliencia y conductas de seducción 122
La búsqueda afectiva depende de la generosidad de los adultos que
brindan cuidados.

CAPÍTULO 2: LA MARIPOSA 127

A los monstruos no les gusta el teatro 129
No habría cinismo peor que el de decir las cosas como son.
Afortunadamente, decir es ya una forma de interpretación.

¿Es posible pensar en la carambola psíquica? 133
Toda conmoción provoca una desorganización que las culturas han
encontrado muy difícil pensar.

La emoción traumática es una conmoción orgánica provocada
por la idea que se tiene del agresor 136
Perdonamos a una catástrofe natural, pero revivimos incesantemente
la agresión de un grupo humano.

Lo que otorga al golpe su poder para provocar traumas
es el estilo de desarrollo de la persona herida 138
No podemos encontrar sino aquellos objetos a los que nos hemos
vuelto sensibles por la acción de nuestro entorno.

La adaptación que protege no siempre constituye
un factor de resiliencia 141
La sumisión, la desconfianza, la glaciación son defensas adaptadas,
pero la resiliencia exige la creación de un nuevo mundo.

Cuando un combate heroico se convierte en un mito fundador . 144
Con el trabajo de la memoria, un trauma se transforma en epopeya
gracias a una victoria verbal.

Sin culpabilidad no hay moralidad 146
Los tormentos que torturan hacen que el herido sea sujeto y actor
de su propia curación.

Robar o dar para sentirse fuerte 148
La delincuencia, un valor adaptativo en las sociedades enloquecidas,
se une con la donación, que repara la propia estima.

Las quimeras del pasado son ciertas, al modo en que son
ciertas las quimeras 152
Todo relato está construido con elementos verdaderos y sobre
él arrojan luz nuestras relaciones.

Cuando un recuerdo concreto se ve rodeado por la bruma,
hace que el pasado sea soportable y hermoso 155
El efecto de halo de la memoria traumática permite convencerse de
que la felicidad sigue siendo posible.

Las ordalías secretas y la reinserción social 159
Cuando los niños se ponen a prueba para probarse a sí mismos que
han sido perdonados.

Una declaración de guerra contra los niños 161
La violencia de Estado se extiende sobre el planeta, pero los niños sólo
se derrumban cuando se derrumba su entorno.

Actuar y comprender para no sufrir 164
Comprender sin actuar nos hace vulnerables, pero actuar sin
comprender nos convierte en delincuentes.

Cuando la guerra hace que prendan algunas llamitas
de resiliencia 169
La madurez precoz, las fantasías de omnipotencia y ciertos sueños
de afecto prenden algunas llamitas que el medio puede apagar
o avivar.

El devastador efecto de una agresión sexual depende mucho
de la distancia afectiva 174
Verse agredido por un desconocido es menos perturbador que la
agresión de una persona próxima que a menudo disfruta de la
protección de la sociedad.

La posibilidad de resiliencia tras una agresión sexual depende mucho de las reacciones emocionales del entorno 177
Cuando la familia se hunde, la víctima no consigue superar el trauma. Lo que ayuda a los miembros de la familia no es la compasión sino su revalorización mutua.

Cuando el trabajo del sueño dormido se incorpora a nuestra memoria y nos gobierna, el trabajo del sueño despierto nos permite recuperar el control 182
El sueño biológico transforma las preocupaciones que invaden nuestras ensoñaciones diurnas en residuos cerebrales.

Cuando la negación consciente protege al sueño y cuando la impresión traumática conlleva una reminiscencia onírica 187
La reparación de la representación de la herida mediante todas las modalidades de expresión permite prescindir más tarde de la negación que, como la escayola sobre una fractura, protege mientras altera.

La civilización del fantasma lleva aparejada una creatividad que repara 191
Un niño atropellado queda en manos de la creatividad que la familia y la cultura estimulen o dificulten.

Las culturas normativas erradican la imaginación 196
La creatividad no es una actividad de ocio; es un lazo social, no un rápido consumo.

El talento consiste en exponer la propia prueba mediante una grata intriga 199
Es un desafío que se opone a una realidad excesivamente dolorosa.

Aprender sin darse cuenta 202
El sentimiento de lo evidente es una conciencia parcial que no impide la verificación de una serie de aprendizajes inconscientes contrarios a esa evidencia.

La falsificación creadora transforma la magulladura en organizador del Yo 204
> *Un recuerdo autobiográfico excesivamente luminoso, como un lucero del alba, orienta nuestras decisiones y nuestra filosofía de vida.*

CONCLUSIÓN 209
> *La resiliencia no es un catálogo de las cualidades que pueda poseer un individuo. Es un proceso que, desde el nacimiento hasta la muerte, nos teje sin cesar, uniéndonos a nuestro entorno.*

BIBLIOGRAFÍA 217

NOTAS 223

Agradecimientos

Este libro no ha caído del cielo, ha sido escrito por varios centenares de autores. He tratado de citarles en la bibliografía, al hilo de las notas, así como en la recapitulación bibliográfica que cierra la obra.

Quiero sacar a la luz a otros coautores discretos que han permanecido en la sombra y que, no obstante, han dado origen a varios apartados de este libro.

La Liga francesa en favor de la salud mental, con la participación de Claude Leroy y Roland Coutanceau, ha permitido la realización de un gran número de trabajos, así como de varios viajes a los escenarios del estropicio y numerosos encuentros entre investigadores y facultativos internacionales.

La Fundación para la infancia, gracias a la benévola atención de su presidenta, la señora Anne-Aymone Giscard d'Estaing, secundada al comienzo de la aventura por Marie-Paule Poilpot, ha permitido el intercambio de experiencias entre universitarios, médicos, sociólogos, psicólogos, educadores y responsables de la Ayuda social a la infancia en Europa.

La señora Claire Brisset, defensora de los niños, tuvo a bien invitarme a participar en su equipo, dándome ocasión de experimentar el concepto de resiliencia.

El profesor Michel Manciaux, tras haber descubierto con el profesor Michel Strauss el increíble fenómeno de la infancia maltratada, trabaja hoy en la búsqueda de soluciones capaces de prevenir esa catástrofe y ayudar a que los pequeños heridos puedan reanudar su desarrollo.

Stephen Vanistendael, que tan bien se ocupa del BICE (Oficina internacional católica de la infancia) en Ginebra, ha sido uno de los primeros que han trabajado en Europa sobre la idea de resiliencia, uno de los primeros en adquirir compromisos en favor de los niños heridos.

Jacques Lecomte me ha concedido con frecuencia la palabra antes de ponerse a escribir a su vez para afirmar que, a pesar de todo, la felicidad es algo posible.

La CCE (Comisión central de la infancia) no sabe hasta qué punto sus niños, hoy ya convertidos en adultos, han participado en la resiliencia.

Los fundadores del grupo de etología humana, Albert Démaret, autor del primer libro de etología clínica escrito en lengua francesa, los profesores Jacques de Lannoy, Jacques Cosnier, Hubert Montagner, Jean Lecamus, Claude Bensch y Pierre Garrigues han sabido poner a punto unos métodos de observación etológica tan largos de realizar y tan fáciles de contar.

Doy las gracias a los estudiantes del diploma interuniversitario de etología de la universidad de Toulon-Var y a los doctorandos que tanto han trabajado y que me han pedido que les juzgue. He apreciado tanto su cooperación, que un gran número de ellos se verán citados en el texto, cosa que es muy normal.

Doy las gracias al profesor Bernard Golse que, al tomar entre sus manos la llama de la WAIMH (Asociación Mundial para la Salud Mental Infantil), en compañía del profesor Michel Soulé, continuará el trabajo del profesor Serge Lebovici, que ha promovido los intercambios entre el psicoanálisis y la etología.

Doy las gracias al profesor Michel Lemay (Montreal, Quebec), que descubrió las pistas de la resiliencia hace más de 20 años, al profesor Michel Tousignant (Montreal, Quebec), que ha subrayado la importancia de las presiones sociales, a los profesores Charles Baddoura (Beirut, Líbano), Violetta Stan (Timisoara, Rumania), María Eugenia Villalobos, María Eugenia Colmenares, Lorenzo Balegno (Cali, Colombia), Badra Mimouni (Orán, Argelia) y Jean-Pierre Pourtois (Mons, Hainaut, Bélgica) que han sabido propiciar tantos reencuentros hermosos y han tenido el valor de ir a ayudar sobre el terreno a los niños heridos en el alma.

Y gracias a todos aquellos que, al trabajar en la idea de resiliencia con la Asociación francesa de investigación en etología clínica y antropológica, constituyen un medio de intercambio intelectual y amistoso muy enriquecedor: Jacques Colin, Roselyne Chastain, Sylvaine Van-

nier, Michel Delage, Claude Beata, Stanislas Tomkiewicz, Philippe Brenot, Isabelle Guaïtella, Antoine Lejeune, Dominique Godard, Ángelo
Gianfrancesco, Norbert Sillamy y muchos otros en los que pienso sin
nombrarlos.

Gracias a todos los que han creado este libro: a Florence, mi mujer,
que ha participado intensamente en mi propia resiliencia, y a Gérard
Jorland que, al acompañar cada palabra del manuscrito, ha reducido el
número de incorrecciones.

Y gracias a Odile Jacob, que ha supervisado la concepción de esta
obra y se sentirá inquieta por su porvenir.

Introducción

«Se dirigió entonces hacia ellos, con la cabeza baja, para hacerles ver que estaba dispuesto a morir. Y entonces vio su reflejo en el agua: el patito feo se había transformado en un soberbio cisne blanco…»

Hans Christian Andersen (1805-1875)
El patito feo

«Nací a la edad de 25 años, con mi primera canción.
– ¿Y antes?
– Me debatía.

> *Il ne faut jamais revenir*
> *Au temps caché des souvenirs...*
> *Ceux de l'enfance vous déchirent.*[1]

(Jamás hay que regresar
Al oculto tiempo del recordar…
La memoria de la infancia te ha de desgarrar.)

El instante fatal en el que todo cambia corta nuestra historia en dos pedazos.
– ¿Y antes?
– Tuve que callarme para sobrevivir. Porque ya hace tiempo que estoy muerta –perdí la vida en otra época–, pero me he librado; la prueba es que soy cantante.[2]
– ¿Librado? Así que hay una prisión, un lugar cerrado del que puede uno evadirse. ¿La muerte no es un sitio sin salida?»

Cuando uno está muerto y surge el oculto tiempo de los recuerdos

Genet tiene siete años. La seguridad social lo ha entregado en custodia a dos campesinos de la región de Morvan: «Yo morí siendo un niño. Llevo en mí el vértigo de lo irremediable… El vértigo del antes y el después, de la alegría y la recaída, de una vida que apuesta a una sola carta…».[3]

Un simple acontecimiento puede provocar la muerte, basta con muy poco. Pero cuando se regresa a la vida, cuando se nace una segunda vez y surge el oculto tiempo del recordar, entonces el instante fatal se vuelve sagrado. La muerte jamás es una muerte ordinaria. Abandonamos lo profano cuando nos codeamos con los dioses, y al regresar con los vivos, la historia se transforma en mito. Primero morimos: «Terminé por admitir que me había muerto a la edad de nueve años... Y el hecho de aceptar la contemplación de mi asesinato equivalía a convertirme en un cadáver».[4] Después, «cuando para mi completo asombro, la vida comenzó a alentar de nuevo en mí, me quedé muy intrigada por el divorcio entre la melancolía de mis libros y mi capacidad para la dicha».[5]

La salida que nos permite revivir, ¿sería entonces un paso, una lenta metamorfosis, un prolongado cambio de identidad? Cuando uno ha estado muerto y ve que la vida regresa, deja de saber quién es. Es preciso descubrirse y ponerse a prueba para probarse que uno tiene derecho a la vida.

Cuando los niños se apagan porque ya no tienen a nadie a quien querer, cuando un significativo azar les permite encontrar a una persona –basta con una– capaz de hacer que la vida regrese a ellos, no saben ya cómo dejar que su alma se reconforte. Entonces se manifiestan unos comportamientos sorprendentes: corren riesgos exagerados, inventan escenarios para sus ordalías, como si deseasen que la vida les juzgase y lograr de este modo su perdón.

Un día, el niño Michel consiguió escapar del sótano al que le arrojaba su padre tras darle una paliza. Al salir al exterior, le extrañó no sentir nada. Se daba perfecta cuenta de que el buen tiempo hacía que la gente sonriese, pero en lugar de compartir su dicha, se sentía extrañado por su propia indiferencia. Una vendedora de frutas fue la encargada de reconfortar al niño. Le ofreció una manzana y, sin que llegase siquiera a pedírselo, le permitió jugar con su perro. El animal se mostró de acuerdo y Michel, en cuclillas bajo las cajas de frutas, inició una afectuosa riña. Tras unos cuantos minutos de gran deleite, el muchacho sintió una mezcla de felicidad y crispación ansiosa. Los coches corrían por la calzada. El niño decidió rozarlos como roza el torero los cuernos del toro. La frutera le lanzó mil denuestos y le quiso corregir llenándole la cabeza con unas explicaciones tan racionales que en nada se correspondían con lo que sentía el niño.

«Conseguí superarlo», dicen con asombro las personas que han conocido la resiliencia* cuando, tras una herida, logran aprender a vivir de nuevo. Sin embargo, este paso de la oscuridad a la luz, esta evasión del sótano o este abandono de la tumba, son cuestiones que exigen aprender a vivir de nuevo una vida distinta.

El hecho de abandonar los campos no significó la libertad.[6] Cuando se aleja la muerte, la vida no regresa. Hay que ir a buscarla, aprender a caminar de nuevo, aprender a respirar, a vivir en sociedad. Uno de los primeros signos de la recuperación de la dignidad fue el hecho de compartir la comida. Había tan poca en los campos que los supervivientes devoraban a escondidas todo lo que podían encontrar. Cuando los guardianes de la mazmorra huyeron, los muertos en vida dieron unos cuantos pasos en el exterior, algunos tuvieron que deslizarse bajo las alambradas porque no se atrevían a salir por la puerta y después, una vez constatada la libertad por haber palpado el exterior, volvieron al campo y compartieron unos cuantos mendrugos para demostrarse a sí mismos que se disponían a recuperar su condición de hombres.

El fin de los malos tratos no representa el fin del problema. Encontrar una familia de acogida cuando se ha perdido la propia no es más que el comienzo del asunto: «Y ahora, ¿qué voy a hacer con esto?». El hecho de que el patito feo encuentre a una familia de cisnes no lo soluciona todo. La herida ha quedado escrita en su historia personal, grabada en su memoria, como si el patito feo pensase: «Hay que golpear dos veces para conseguir un trauma».[7] El primer golpe, el primero que se encaja en la vida real, provoca el dolor de la herida o el desgarro de la carencia. Y el segundo, sufrido esta vez en la representación de lo real, da paso al sufrimiento de haberse visto humillado, abandonado. «Y ahora, ¿qué voy a hacer con esto? ¿Lamentarme cada día, tratar de vengarme o aprender a vivir otra vida, la vida de los cisnes?»

* El autor centra este trabajo en la versión psicológica del concepto de «resiliencia», palabra que el Espasa menciona como voz que usa la mecánica para indicar la «Propiedad de la materia que se opone a la rotura por el choque o percusión», y que el Larousse define como «Índice de resistencia al choque de un material». En este ensayo, resiliencia equivale a «resistencia al sufrimiento», y señala tanto la capacidad de resistir las magulladuras de la herida psicológica como el impulso de reparación psíquica que nace de esa resistencia. (N. d. t.)

Para curar el primer golpe, es preciso que mi cuerpo y mi memoria consigan realizar un lento trabajo de cicatrización. Y para atenuar el sufrimiento que produce el segundo golpe, hay que cambiar la idea que uno se hace de lo que le ha ocurrido, es necesario que logre reformar la representación de mi desgracia y su puesta en escena ante los ojos de los demás. El relato de mi angustia llegará al corazón de los demás, el retablo que refleja mi tempestad les herirá, y la fiebre de mi compromiso social les obligará a descubrir otro modo de ser humano. A la cicatrización de la herida real se añadirá la metamorfosis de la representación de la herida. Pero lo que va a costarle mucho tiempo comprender al patito feo es el hecho de que la cicatriz nunca sea segura. Es una brecha en el desarrollo de su personalidad, un punto débil que siempre puede reabrirse con los golpes que la fortuna decida propinar. Esta grieta obliga al patito feo a trabajar incesantemente en su interminable metamorfosis. Sólo entonces podrá llevar una existencia de cisne, bella y sin embargo frágil, pues jamás podrá olvidar su pasado de patito feo. No obstante, una vez convertido en cisne, podrá pensar en ese pasado de un modo que le resulte soportable.

Esto significa que la resiliencia, el hecho de superar el trauma y volverse bello pese a todo, no tiene nada que ver con la invulnerabilidad ni con el éxito social.

La mórbida amabilidad del pequeño pelirrojo

Me habían pedido que examinase a un chico de 15 años cuyos comportamientos parecían sorprendentes. Vi llegar a un pequeño pelirrojo de piel blanca, vestido con un pesado abrigo azul con cuello aterciopelado. En pleno junio, en Toulon, resulta una prenda sorprendente. El joven evitaba mirarme directamente a los ojos y hablaba tan quedamente que me fue difícil oír si su discurso era coherente. Se había evocado la esquizofrenia. Al hilo de las charlas, descubrí a un muchacho de carácter muy suave y a la vez muy fuerte. Vivía en la parte baja de la ciudad, en una casa con dos habitaciones situadas en pisos distintos. En la primera, su abuela se moría lentamente, víctima de un cáncer. En la segunda, su padre alcohólico vivía con un perro. El pequeño pelirrojo se levantaba muy temprano, limpiaba la casa, preparaba la comida del mediodía y se marchaba después al colegio, lugar en el que era un buen alumno, aunque muy solitario. El abrigo, cogido del armario del padre, permitía ocultar la ausencia de camisa. Por la tarde, hacía la compra, sin olvidar el vino, fregaba las dos habitaciones, en las que el padre y el perro habían causado no pocos estragos, comprobaba los medicamentos, daba de comer a su pequeña tropa y, ya de noche, al regresar la calma, se permitía un instante de felicidad: se ponía a estudiar.

Un día, un compañero de clase se presentó ante el pelirrojo para hablarle de una emisión cultural, emitida por France-Culture. Un profesor que enseñaba una exótica lengua les invitó a una cafetería para charlar del asunto. El jovencito pelirrojo volvió a casa, a sus dos cochambrosas habitaciones, atónito, pasmado de felicidad. Era la primera vez en su vida que alguien le hablaba amistosamente y que le invitaban a tomar algo en un café, así sin más, para charlar sobre un problema anodino, interesante, abstracto, completamente distinto de las incesantes pruebas que saturaban su vida cotidiana. Esta conversación, aburrida para un joven inserto en un entorno normal, había adquirido para el muchacho pelirrojo la importancia de un deslumbramiento: había descubierto que era posible vivir con amistad y rodeado por la belleza de las reflexiones abstractas. Aquella hora vivida en un café actuaba en él como una revelación, como un instante sagrado capaz de hacer surgir en la historia personal un antes y un después. Y el sentimiento era tanto más agudo cuanto que el hecho de disfrutar de una relación intelectual no sólo había representado para él la ocasión de compartir unos minutos de amistad, así, de vez en cuando, sino que había supuesto, sobre todo, una posibilidad de escapar al constante horror que le rodeaba.

Pocas semanas antes de los exámenes finales de bachillerato, el chico pelirrojo me dijo: «Si tengo la desgracia de aprobar, no podré abandonar a mi padre, a mi abuela y a mi perro». Entonces, el destino hizo gala de una ironía cruel: el perro se escapó, el padre le siguió tambaleándose, fue atropellado por un coche, y la abuela moribunda se apagó definitivamente en el hospital.

Liberado *in extremis* de sus ataduras familiares, el joven pelirrojo es hoy en día un brillante estudiante de lenguas orientales. Pero cabe imaginar que si el perro no se hubiese escapado, el muchacho habría aprobado el bachillerato a su pesar y, no atreviéndose a abandonar a su miserable familia, habría elegido un oficio cualquiera para quedarse junto a ellos. Nunca se habría convertido en un universitario viajero, pero es probable que hubiese conservado unos cuantos islotes de felicidad triste, una forma de resiliencia.

Este testimonio me permite presentar este libro articulándolo en torno a dos ideas. En primer lugar, la adquisición de recursos internos hizo posible que se moldeara el temperamento suave y no obstante duro frente al dolor del muchachito pelirrojo. Quizá el medio afectivo en el que se había visto inmerso durante sus primeros años, antes incluso de la aparición de la palabra, había impregnado su memoria biológica no consciente con un modo de reacción, un temperamento y un estilo de comportamiento que, en el transcurso de la prueba de su adolescencia, habría podido explicar su aparente extrañeza y su suave determinación.

Más tarde, cuando el chico pelirrojo aprendió a hablar, se constituyeron en su mundo íntimo algunos mecanismos de defensa, mecanismos que aparecieron en forma de operaciones mentales capaces de permitir la disminución del malestar provocado por una situación dolorosa. Una defensa de este tipo puede luchar contra una pulsión interna o una representación, como sucede cuando experimentamos vergüenza por sentir ganas de hacer daño a alguien o cuando nos vemos torturados por un recuerdo que se impone en nosotros y que llevamos a donde quiera que vayamos.[8] Podemos huir de una agresión externa, filtrarla o detenerla, pero en aquellos casos en que el medio se halla estructurado por un discurso o por una institución que hacen que la agresión sea permanente, nos vemos obligados a recurrir a los mecanismos de defensa, es decir, a la negación, al secreto o a la angustia agresiva. Es el sujeto sano el que expresa un malestar cuyo origen se encuentra a su alrededor, en una familia o en una sociedad enferma. La mejoría del sujeto que sufre, la reanudación de su evolución psíquica, su resiliencia, esa capacidad para soportar el golpe y restablecer un desarrollo en unas circunstancias adversas, debe procurarse, en tal caso, mediante el cuidado del entorno, la actuación sobre la familia, el combate contra los prejuicios o el zarandeo de las rutinas culturales, esas creencias insidiosas por las que, sin darnos cuenta, justificamos nuestras interpretaciones y motivamos nuestras reacciones.

De este modo, todo estudio de la resiliencia debería trabajar tres planos principales:

1. La adquisición de recursos internos que se impregnan en el temperamento, desde los primeros años, en el transcurso de las interaccio-

nes precoces preverbales, explicará la forma de reaccionar ante las agresiones de la existencia, ya que pone en marcha una serie de guías de desarrollo más o menos sólidas.

2. La estructura de la agresión explica los daños provocados por el primer golpe, la herida o la carencia. Sin embargo, será la significación que ese golpe haya de adquirir más tarde en la historia personal del magullado y en su contexto familiar y social lo que explique los devastadores efectos del segundo golpe, el que provoca el trauma.

3. Por último, la posibilidad de regresar a los lugares donde se hallan los afectos, las actividades y las palabras que la sociedad dispone en ocasiones alrededor del herido, ofrece las guías de resiliencia que habrán de permitirle proseguir un desarrollo alterado por la herida.

Este conjunto constituido por un temperamento personal, una significación cultural y un sostén social, explica la asombrosa diversidad de los traumas.

La creatividad de los descarriados

Cuando el temperamento está bien estructurado gracias a la vinculación segura a un hogar paterno apacible, el niño, caso de verse sometido a una situación de prueba, se habrá vuelto capaz de movilizarse en busca de un sustituto eficaz. El día en que los discursos culturales dejen de seguir considerando a las víctimas como a cómplices del agresor o como a reos del destino, el sentimiento de haber sido magullado se volverá más leve. Cuando los profesionales se vuelvan menos incrédulos, menos guasones o menos proclives a la moralización, los heridos emprenderán sus procesos de reparación con una rapidez mucho mayor a la que se observa en la actualidad. Y cuando las personas encargadas de tomar las decisiones sociales acepten simplemente disponer en torno a los descarriados unos cuantos lugares de creación, de palabras y de aprendizajes sociales, nos sorprenderá observar cómo un gran número de heridos conseguirá metamorfosear sus sufrimientos y realizar, pese a todo, una obra humana.

Pero si el temperamento ha sido desorganizado por un hogar en el que los padres son desdichados, si la cultura hace callar a las víctimas y les añade una agresión más, y si la sociedad abandona a las criaturas que considera que se han echado a perder, entonces los que han recibido un trauma conocerán un destino carente de esperanza.

Esta forma de analizar el problema permite comprender mejor la frase de Tom: «Hay familias en las que se sufre más que en un campo de exterminio». Dado que hay que golpear dos veces para que se produzca un trauma, no logramos comprender que el sufrimiento no tiene la misma naturaleza. En los campos de concentración, lo que torturaba era lo real: el frío, el hambre, los golpes, la muerte visible, inminente, fútil. El enemigo estaba allí, localizado, exterior. Se podía retrasar la muerte, desviar el golpe, atenuar el sufrimiento. Y la ausencia de representación, el vacío de sentido, el absurdo de lo real hacía que la tortura fuese aún más fuerte.

Cuando el joven Marcel, con diez años, regresó de los campos de concentración, nadie le hizo la menor pregunta. Fue amablemente recibido por una familia de acogida en la que permaneció sin decir palabra durante varios meses. No le preguntaban nada, pero le reprochaban que se callase. Entonces decidió contar su historia. Se detuvo muy pronto, al ver en el rostro de sus padres adoptivos los gestos de disgusto que provocaba su historia. Tales horrores existían, y el niño que hablaba de ellos los hacía revivir en sus mentes. Todos podemos reaccionar de ese modo: vemos un niño, nos parece gracioso, habla bien, hablamos alegremente con él, y de pronto nos espeta: «¿Sabes?, nací de una violación, por eso mi abuela me ha detestado siempre». ¿Cómo podríamos mantener la sonrisa? Nuestra actitud cambia, nuestra mímica se apaga, arrancamos a duras penas unas cuantas palabras inútiles para luchar contra el silencio. Eso es todo. El encanto se ha roto. Y cuando volvamos a ver al niño, lo primero que nos vendrá a la mente serán sus orígenes violentos. Quizá le adjudiquemos un estigma, sin querer. El simple hecho de verle evocará la representación de una violación y el sentimiento que esa visión provoque hará nacer en nosotros una emoción que no lograremos entender.

Inmediatamente después de su relato, Marcel constató que su familia de acogida no le miraba ya con los mismos ojos. Le evitaban, le hablaban con frases cortas, le mantenían a distancia. Ese fue el sitio en el que tuvo que vivir durante los más de diez años que siguieron, inmerso en una relación sombría y asqueada.

El campo de concentración había durado un año, y el miedo y el odio le habían permitido no establecer lazo alguno con sus verdugos. Esos hombres constituían una categoría clara, fascinante como un peligro al que no se pueden quitar los ojos de encima pero del que es un alivio apartarse. Sólo más tarde descubre uno que incluso cuando por fin nos liberamos de nuestros agresores, nos los llevamos a todos en la memoria.

Poco a poco, su familia de acogida se fue volviendo agresiva, o más bien despreciativa. Marcel lo lamentaba y se sentía culpable, no habría debido hablar, era él quien había provocado esta situación. Entonces, para hacerse perdonar, se volvió amable en exceso. Y cuanto más amable era él, más le despreciaban: «Saco de grasa», le decía la abuela al niño esquelético, y le abrumaba con tareas inútiles. Un día en que el niño se lavaba desnudo en la cocina, quiso verificar si, con once años, un chico podía tener una erección. La provocó a conciencia y después se fue, dejando a Marcel alelado. Unos días más tarde, fue el padre el que intentó hacerlo. En esta ocasión Marcel se atrevió a rebelarse y rechazó al hombre. En semejante entorno tuvo que vivir el niño en lo sucesivo. Oía a los vecinos cantar alabanzas hacia la familia que le acogía, que «no tenía obligación de hacer todo eso» y que cuidaba mucho al niño: «Lo que ellos han hecho por ti no lo habrían hecho nunca tus verdaderos padres». Marcel se volvía taciturno y lento, él que había sido tan charlatán y vivaracho. ¿A quién podía contarle todo aquello? ¿Quién podría salvarle? La asistenta social era recibida con cortesía. Se quedaba en el descansillo, hacía dos o tres preguntas y se iba pidiendo excusas por las molestias. Marcel dormía sobre un lecho de campaña, debajo de la mesa de la cocina y trabajaba mucho. Ahora le pegaban todos los días, y le insultaban a cada paso, pero lo que más le hacía sufrir eran las observaciones humillantes: «Estúpido… Cara de burro…» eran los apelativos con los que sustituían su nombre. En realidad, se trataba de un extraño sufrimiento, o más bien de un abatimiento doloroso: «Eh, estúpido, ve a limpiar el cuarto de baño… Eh, cara de burro, ¿aún no has terminado?». Para no sufrir demasiado y seguir siendo amable con esas personas que tanto hacían por él, era preciso aplicarse y conseguir volverse indiferente.

Aproximadamente por la misma época, Marcel volvió a pensar en el campo de concentración que creía haber olvidado. Curiosamente, el recuerdo se había reorganizado. Se acordaba del frío, pero ya no lo sentía. Sabía que había tenido un hambre horrorosa, pero su memoria no evocaba ya la enorme tenaza helada del hambre. Comprendía que había escapado a la muerte, pero ya no tenía miedo y hasta le divertía haberla esquivado. Cada vez que le humillaban con un empujón despreciativo o con un mote envilecedor, cada vez que sentía que su cuerpo se volvía pesado a causa de la tristeza y que sus párpados se hinchaban con lágrimas internas, evocaba el campo. Entonces, experimentaba una sensación de extraña libertad al pensar en los horrores que había tenido la fuerza de superar y en las hazañas físicas que su cuerpo había sido capaz de realizar.

El campo que, en la realidad, le había hecho sufrir tanto, se volvía soportable en su memoria, y le permitía incluso luchar contra el envilecedor sentimiento de desesperación que le provocaba en el presente el insidioso maltrato.

No se sufre más en determinadas familias que en los campos de la muerte, pero cuando se sufre en ellas, el trabajo de la memoria utiliza el pasado para impregnar el imaginario y hacer que lo real actual se vuelva soportable.

La representación del pasado es una producción del presente. Lo que no quiere decir que los hechos de la memoria sean falsos. Son ciertos del mismo modo que son ciertos los cuadros realistas. El pintor, sensibilizado en relación a determinados puntos de lo real, los reproduce sobre el lienzo y los realza. Su representación de lo real habla de una interpretación en la que todo es cierto y sin embargo ha sido reorganizado.

Los lisiados por el pasado pueden darnos lecciones

Cuando murió el padre de Richard, su madre desapareció. No se trataba de que hubiese abandonado a sus hijos, sino de que, cuando se tienen ocho, es preciso salir muy temprano por la mañana para hacer todo lo que la casa necesita, y al regresar por la noche se encuentra una agotada. Así que tuvo que ser la hermana mayor la que debió ocuparse de llevar la casa durante el día. Una vez que se habían atendido los pagos mayores como el alquiler o la ropa, la cena dejaba de estar asegurada. La única solución que encontró esta mujercita de catorce años fue la de organizar un coro. Toda la familia, antes de caer la noche, salía a cantar en los patios de los edificios del distrito XX de París. La coral caía simpática y los más pequeños se precipitaban para recoger las monedas que iban a permitir la cena. Cuarenta años más tarde, la hermana mayor se ha convertido en una gran dama que se muere de risa al recordar el suceso. Los niños conservan el recuerdo de una circunstancia festiva, pero hay una hermana que, aún hoy, sufre por la humillación de haberse visto obligada a mendigar pese a que su madre se matara trabajando.

Sería interesante comprender de qué modo la historia de cada uno de estos dos niños, el desarrollo de su personalidad, ha podido utilizar un mismo hecho para desembocar en representaciones tan distintas.

Elaborar un proyecto para alejar el propio pasado, metamorfosear el dolor del momento para hacer de él un recuerdo glorioso o divertido, explica sin duda el trabajo de la resiliencia. Este alejamiento emocional se hace posible mediante mecanismos de defensa costosos pero necesarios, como por ejemplo:

- la negación: «No creáis que he sufrido»;
- el aislamiento: «Me acuerdo de un acontecimiento que se encuentra despojado de su afectividad»;
- la huida hacia adelante: «Vigilo constantemente para impedir que se repita mi angustia»;
- la intelectualización: «Cuanto más intento comprender, más domino la emoción insoportable»;
- y, sobre todo, la creatividad: «Experimento la indecible gracia de la recompensa de la obra de arte».

Todos estos medios psicológicos permiten regresar al mundo cuando uno ha sido expulsado de la humanidad. La tentación de la anestesia disminuye el sufrimiento, pero aletarga nuestro modo de ser humanos; no es más que una protección. Basta con encontrar una sola vez a alguien que signifique algo para que se avive la llama y pueda uno regresar con los hombres a su mundo, palpable, dotado de sabor y angustioso. Y es que regresar al propio hogar no es una vuelta al dulce hogar, es una prueba añadida. La vergüenza de haber sido una víctima, el sentimiento de ser menos, de no ser ya el mismo, de no ser ya como los demás, quienes, a su vez, también han cambiado durante el tiempo en que ya no pertenecíamos a su mundo. ¿Y cómo decírselo? A su regreso del gulag, Chalamov escribió a Pasternak: «¿Qué iba a encontrar? Aún no lo sabía. ¿Quién era mi hija? ¿Y mi mujer? ¿Sabrían ellas compartir los sentimientos que me desbordaban y que habrían bastado para hacerme soportar otros 25 años de prisión?».[9]

Se necesita mucho tiempo para estudiar la resiliencia. Cuando se observa a alguien durante una hora o cuando lo tratamos durante tres años, resulta posible predecir sus reacciones. Pero cuando se estudia el largo desarrollo de una existencia, se pueden predecir... ¡grandes sorpresas!

La noción de ciclo de vida hace posible la descripción de capítulos diferentes de una sola y misma existencia. Ser un bebé, no es ser un adolescente. En cada franja de edad somos seres totales que viven en mundos diferentes. Y sin embargo, el palimpsesto que despierta los vestigios del pasado hace resurgir los acontecimientos que considerábamos enterrados.

Nunca se consiguen liquidar los problemas, siempre queda una huella, pero podemos darles otra vida, una vida más soportable y a veces incluso hermosa y con sentido.

> *J'ai marché, les tempes brûlantes*
> *Croyant étouffer sous mes pas*
> *Les voix du passé qui nous hantent*
> *Et reviennent sonner le glas.*[10]

> (He caminado con las sienes ardiendo,
> Creyendo ahogar con cada paso
> Las voces del pasado que nos dan tormento
> Y regresan para tañer el fúnebre compás.)

Desde que cumplió los 14 años, en plena guerra, Barbara no ha dejado de escribir. Recita sus poemas y ya canta bastante bien.[11] En plena clandestinidad, mientras la gente muere a su alrededor, la adolescente descubre algunos placeres minúsculos: «[...] la partida de cartas, a escondidas, en la habitación del fondo, y la excitación de tener que salir a toda prisa, de verse sacudida por los gritos de "que viene la Gestapo"».[12]

Enfrentados a la misma situación, otros muchos se derrumbaron, quedaron marcados de por vida. ¿Por qué misterio pudo Barbara metamorfosear su magulladura en poesía? ¿Cuál es el secreto de la fuerza que le permitió recoger flores en el estiércol?

A esta pregunta, responderé que la confección precoz de las emociones impregnó en la niña un temperamento, un estilo de comportamiento que le permitió, al ser puesta a prueba, sacar fuerzas de sus recursos internos. En la época en que todo niño es una esponja afectiva, su entorno supo estabilizar sus reacciones emocionales. Su madre, sus hermanos y hermanas, y tal vez incluso su padre que, en esta fase del desarrollo de la chiquilla aún no se había vuelto un agresor, dieron al recién nacido unos hábitos de comportamiento, un estilo en sus relaciones que, en la adversidad, le permitió no dejarse desarbolar.

Tras los dos fracasos del incesto y la guerra, fue inevitable que la jovencita pusiese en marcha algunos mecanismos de defensa: ahogar con cada paso las voces del pasado que le dan tormento, robustecer la parte de su personalidad que el entorno acepta, fortalecer su alegría, su creatividad, su pizca de locura, su generosa pizca de locura, su aptitud para provocar el amor. Su sufrimiento ha de quedar mudo para no hacerse patente ante sus allegados. No es posible ser la que no se ha sido, pero es posible dar de uno mismo aquello que hace felices a los demás. El hecho de haber sido herida la vuelve sensible a todas las heridas del mundo y la invita al lecho de todos los sufrimientos.[13]

> *Avec eux j'ai eu mal*
> *Avec eux j'étais ivre.*

> (Con ellos sufrí,
> Con ellos me emborraché.)

Esa fuerza que permite a los que viven la resiliencia superar las pruebas confiere a su personalidad un tono particular, caracterizado por un exceso de atención a los demás y, al mismo tiempo, caracterizado también por el temor a recibir el amor que suscitan:

> *C'est parce que je t'aime*
> *Que je préfère m'en aller.*

> (Justamente porque te amo
> Prefiero marcharme.)

Estos heridos victoriosos experimentan un asombroso sentimiento de gratitud: «Todo se lo debo a los hombres, ellos me han parido». El último regalo que puedo hacerles, es el don de mí misma y de mi aventura: «Salí bien parada, puesto que canto».[14]

Los lisiados por el pasado pueden darnos lecciones. Pueden enseñarnos a restañar nuestras heridas, a evitar determinadas agresiones y quizás incluso a comprender cómo hay que hacer para conseguir que todos los niños se desarrollen risueños.

Hay que aprender a observar para evitar la venenosa belleza de las metáforas

El simple hecho de constatar que es posible salir bien parado nos invita a abordar el problema de otro modo. Hasta el momento, la cuestión era lógica y fácil. Cuando la existencia asesta un violento golpe, podemos valorar las consecuencias físicas, psicológicas, afectivas y sociales. El problema de esta reflexión lógica es que recibe su inspiración del modelo de los físicos, del modelo que se encuentra en la raíz de toda iniciativa científica: si aumento la temperatura, el agua hervirá; si golpeo esta barra de hierro y si la presión que ejerzo supera un determinado umbral, se romperá. Esta forma de pensar acerca de la existencia humana ha dado sobradas muestras de su validez. Durante la guerra de 1940, Anna Freud, al recoger en Londres a los niños cuyos padres habían sido destrozados por los bombardeos, ya había percibido la importancia de las alteraciones del desarrollo. René Spitz, por la misma época, había señalado que los niños, desprovistos de una estructura afectiva, dejaban de desarrollarse. Fue sin embargo John Bowlby quien, a partir de los años cincuenta, consiguió despertar las más vehementes pasiones al proponer que el paradigma de la relación entre la madre y su hijo viene definida en todos los seres vivos, ya sean humanos o animales, por el concepto de vínculo afectivo. En esa época, sólo la Organización Mundial de la Salud se atrevió a dar una pequeña beca de investigación para poner a prueba esta sorprendente hipótesis. En el contexto cultural de la época, el crecimiento de los niños se concebía con la ayuda de metáforas vegetales: si un niño crece y va ganando peso, ¡es señal de que es una buena simiente! Esta metáfora justificaba las decisiones educativas de los adultos. En realidad, las buenas simientes no necesitan familias ni sociedades para desarrollarse. El aire puro del campo y unos buenos alimentos bastarán. Y por lo que se refiere a las malas simientes, es preciso arrancarlas para que la sociedad recupere su virtud. Desde la perspectiva de semejante estereotipo cultural, el racismo resultaba fácil de concebir. Los nacientes círculos feministas se indignaban con la teoría de los vínculos debido a la cercanía que establecía entre las mujeres y los animales, mientras que la gran antropóloga Margaret Mead se oponía a esta hipótesis sosteniendo que los niños no tenían necesidad de afectividad para crecer, y que «los estados de carencia se relacionan sobre todo con el deseo de impedir que estas mujeres trabajen».[15]

La existencia de una causalidad lineal es no obstante incontestable: maltratar a un niño no le hace feliz. Sus desarrollos se detienen cuando es abandonado. Alice Miller,[16] Pierre Strauss y Michel Manciaux[17] fueron los pioneros de la iniciativa tendente a demostrar algo que hoy nos parece evidente, cuando lo cierto es que hace treinta años provocaba incredulidad e indiferencia. Los estudios sobre la resiliencia no refutan en modo alguno estos trabajos, que aún hoy en día son necesarios. De lo que se trata en la actualidad es de introducir observaciones de largo alcance, ya que los determinismos humanos se producen a corto plazo. Sólo en éste se pueden constatar causalidades lineales. Cuanto más largo es el plazo de observación, tanto más probable será que la intervención de otros factores venga a modificar los efectos observados.

Nos pasamos la vida luchando contra los fenómenos de la Naturaleza, quebrando nuestro sometimiento a lo real, y llamamos «cultura», «trascendencia» o «metafísica» a nuestra tarea de liberación. ¿Por qué en el Hombre habría de ser el determinismo una fatalidad? Un golpe de la fortuna es una herida que se inscribe en nuestra historia, no un destino.

Esta nueva actitud amenaza con trastornar por completo «las concepciones mismas de la psicología infantil, de nuestros modos de enseñanza y de investigación, de nuestra visión de la existencia».[18] En el pasado fue necesario evaluar los efectos de los golpes, hoy en día es preciso analizar los factores que permiten que un determinado tipo de desarrollo se reanude. La historia de las ideas en psicología ha sido concebida de tal modo que partimos de lo orgánico para avanzar hacia lo impalpable. Aún hay personas entre nosotros que piensan que el sufrimiento psíquico es un signo de debilidad, una degeneración. Si creemos que sólo los hombres de buena factura pueden superar los golpes de la fortuna mientras que los cerebros débiles han de sucumbir a ellos, nos encontraremos con que la actitud terapéutica que semejante representación justifique consistirá en reforzar el cerebro mediante sustancias químicas o descargas eléctricas. Pero si concebimos que un hombre no puede desarrollarse más que tejiéndose con otro, entonces la actitud que mejor contribuirá a que los heridos reanuden su desarrollo será aquella que se afane por descubrir los recursos internos que impregnan al individuo, y, del mismo modo, la que analice los recursos externos que se despliegan a su alrededor.

El simple hecho de constatar que un cierto número de niños traumatizados resisten a las pruebas que les toca vivir, utilizándolas incluso en ocasiones para hacerse más humanos, no puede explicarse en términos de superhombre o en términos de invulnerabilidad, sino asociando la adquisición de recursos internos afectivos y de recursos de comportamiento durante los años difíciles con la efectiva disposición de recursos externos sociales y culturales.

Observar cómo se comporta un niño, no es etiquetarlo ni matematizarlo. Al contrario, es describir un estilo, una utilidad y una significación. Describir cómo un niño en una etapa preverbal descubre su mundo, lo explora y lo manipula como un pequeño científico, permite comprender «esa formidable resiliencia natural que todo niño sano manifiesta al tener que enfrentarse a los imprevistos que inevitablemente deberá encontrar en el transcurso de su desarrollo».[19]

Ya no tiene sentido hablar de degeneración cerebral, de detención del desarrollo en un nivel inferior, de regresión infantil o de inmadurez, se trata más bien de intentar comprender la función adaptativa momentánea de un comportamiento, así como la reanudación evolutiva que sigue siendo posible cuando las guías internas y externas de la resiliencia se han planteado adecuadamente.

Es una ventaja razonar en términos de degeneración: implica que yo, neurólogo, no soy un degenerado puesto que tengo un título. Resulta reconfortante observar al otro desde la noción de inmadurez: quiere decir que yo, observador, soy un adulto maduro puesto que cobro un salario. Estos puntos de vista técnicos reconfortan a los titulados y a los asalariados, pero descalifican las relaciones simplemente humanas, afectivas, deportivas y culturales, de tan elevada eficacia.

Por el contrario, si nos instruimos en un razonamiento efectuado en términos de «ciclo de vida»,[20] de historia de una vida entera,[21] descubrimos fácilmente que, en cada capítulo de su historia, todo ser humano es un ser total, terminado, con su mundo mental coherente, senso-rial, pleno de sentido, vulnerable e incesantemente mejorable. Sin embargo, en este caso, todo el mundo debe participar en la resiliencia. El vecino debe inquietarse por la ausencia de la señora mayor, el joven deportista debe ponerse a jugar con los chavales del barrio, la cantante debe reunir un coro, el actor debe poner sobre el escenario un problema actual, y el filósofo ha de engendrar un concepto y compartirlo. Sólo entonces podremos «considerar que cada personalidad avanza en el transcurso de la vida, siguiendo su propio camino, que es único».[22]

Esta nueva actitud ante las pruebas de la existencia nos invita a considerar el traumatismo como un desafío.

¿Existe alguna alternativa que no sea la de aceptarlo?

Capítulo 1
LA ORUGA

Durante mucho tiempo me he preguntado contra qué podía rebelarse un ángel si todo es perfecto en el Paraíso. Hasta el día en que comprendí que se rebelaría contra la perfección. La existencia de un orden irreprochable provocaba en él un sentimiento de no vida. La justicia absoluta, al suprimir el aguijoneo de la indignación, le entumecía el alma. La orgía de pureza le repugnaba tanto como una deshonra. Era pues necesario que ese ángel cayera para poner de relieve el orden y la pureza de los habitantes del Paraíso.

El temperamento o la rebeldía de los ángeles

Hoy en día, la sombra que subraya se llama temperamento. «El temperamento es una ley de Dios grabada en el corazón de cada criatura por la mano de Dios mismo. Debemos obedecerle, y le obedeceremos a pesar de toda restricción o prohibición, venga de donde venga.[1]»

Esta definición del temperamento fue dictada por el propio Satán, en 1909, al sugerírsela a un irónico Mark Twain. En aquella época, las descripciones científicas planteaban el desafío ideológico de reforzar las teorías inmovilistas, que afirman que todo revierte en un bien, que cada uno ocupa el lugar que le corresponde y que reina el orden. En semejante contexto social, la noción satánica del destino se cubría con una máscara científica.

La historia de la palabra «temperamento» siempre ha tenido una connotación biológica, incluso en la época en que la biología aún no existía. Hipócrates, hace 2.500 años, declaraba que el funcionamiento de un organismo se explicaba por la mezcla en proporciones variables de los cuatro humores –la sangre, la linfa, la bilis rubia y la bilis negra–, moderadores, cada uno de ellos, de los demás.[2] Esta visión de un hombre movido por los humores ha tenido tal éxito que ha terminado por impedir cualquier otra concepción de la máquina humana. Todo fenómeno extraño, todo sufrimiento físico o mental, se explicaba por el desequilibrio de las sustancias que bañaban el interior de los hombres. Esta imagen de un ser humano consumidor de una energía líquida se apoyaba en realidad en la percepción del entorno físico y social de la época. El agua, fuente de vida, difundía también la muerte por contaminación o envenenamiento. Las sociedades jerarquizadas situaban en lo alto de la escala social a su soberano, por encima de los hombres, mientras que en la parte baja, «los campesinos y obreros, frecuentemente esclavizados, víctimas condenadas en función de sus orígenes modestos[3]», sufrían permanentemente y morían de la viruela, de la malaria, de accidentes y de afecciones intestinales. ¡Dado que reinaba el orden y que se trataba de un orden moral, aquellos que se encontraban al pie de la escala social, pobres y enfermos, debían haber cometido faltas extremadamente graves! La enfermedad-azote existía antes del judeocristianismo. Encontramos sus huellas en Mesopotamia, en los primeros textos médicos asirios.

El equilibrio de las sustancias constituye la primera fase de una iniciativa médica que también realizaban los griegos, los árabes o los brahmanes que sucedieron a los sacerdotes védicos. Estos primeros balbuceos médicos y filosóficos atribuían a ciertos jugos ingeridos o producidos por el cuerpo, el poder de provocar emociones.[4] En el siglo XVIII, Erasmus Darwin, abuelo de Charles, estaba completamente persuadido de haber inventado una silla que giraba a gran velocidad con el fin de expulsar los malos humores de los cerebros deprimidos.[5] Philippe Pinel, asombrosamente moderno, «consideraba que, no sólo la herencia, sino también una defectuosa educación, podían causar una aberración mental, al igual que las pasiones excesivas, como el miedo, la cólera, la tristeza, el odio, la alegría y la exaltación».[6]

Esta ideología de la sustancia que atraviesa las épocas y las culturas no expresa más que una sola idea: nosotros, pobres seres humanos, nos hallamos sometidos a la influencia de la materia. Sin embargo, un grande de la tierra, sea quien sea, domina a los elementos sólidos. Lo que vemos en nuestros campos, en nuestros castillos, en nuestras jerarquías sociales y en nuestros humores es una prueba de su voluntad.

La palabra «temperamento» tiene por consiguiente distintas significaciones según los contextos tecnológicos e institucionales. Entre los asirios y los griegos, su significación se hallaba muy próxima a la de nuestra palabra «humor». Entre los revolucionarios franceses, el término significaba: «emoción modelada por la herencia y la educación». Cuando el siglo XIX hablaba de «temperamento romántico», evocaba en realidad una deliciosa sumisión a las «leyes» de la Naturaleza, justificando así la cruel jerarquía social de la industria galopante.

Hoy en día, la palabra «temperamento» ha evolucionado. En nuestro contexto actual, un contexto en el que los genetistas realizan unas hazañas asombrosas, en el que la explosión de las tecnologías construye una ecología artificial, en la que los estudios neuropsicológicos demuestran la importancia vital de las interacciones precoces, la palabra temperamento adquiere un sentido renovado.

Los estadounidenses le han quitado el polvo al concepto, adaptándolo al gusto de nuestros recientes descubrimientos.[7] Sin embargo, cuando la palabra inglesa *temperament* se traduce al francés, dando *tempérament*, se trata en realidad «casi de un falso amigo», lo que es incluso peor que un falso amigo, puesto que aún suscita menos nuestra desconfianza.* Para traducir realmente la idea anglosajona de temperamento, deberíamos hablar de disposiciones temperamentales, de tendencias a desarrollar la propia personalidad de una cierta manera. Es un «cómo» del comportamiento, mucho más que un «porqué», una manera de construirse en un entorno ecológico e histórico, mucho más que un rasgo innato.[8]

Hoy en día, cuando se habla de temperamento, evocamos más bien un «afecto de vitalidad»,[9] una disposición elemental ante la experiencia de las cosas del mundo, ante la rabia o el placer de vivir. Ya no se trata de un destino o de una sumisión a unas «leyes» de la Naturaleza inventadas por unos cuantos industriales inmovilistas. Es una fuerza vital carente de forma que nos empuja a encontrar algo, un carácter sensorial, una persona o un acontecimiento. Es el encuentro que nos forma cuando afrontamos el objeto al que aspiramos.

Desde que Satán dejó de inspirar el baile de las ideas, tuvo que comenzar una psicoterapia porque se vio obligado a revisar su concepto de base, y para él eso es algo muy difícil.

---

* En gramática, se llaman «falsos amigos» a aquellas voces de un idioma que, por su semejanza fonética y formal con otra de otro idioma, pueden inducir fácilmente una equivalencia errónea, como sucede, por ejemplo, con la palabra francesa *équipage* (tripulación), la inglesa *sensible* (sensato), y muchas otras. (N. d. t.)

La triste historia del espermatozoide de Layo y el óvulo de Yocasta

¡Por supuesto que existen determinantes genéticos! Cuando el espermatozoide de Layo penetró en el óvulo de Yocasta, era imposible que se produjera un resultado cualquiera. Sólo podía nacer un ser humano. Desde el principio, existe una limitación de nuestro potencial: un niño sólo puede convertirse en un ser humano. Edipo jamás hubiera podido convertirse en una mosca drosófila o en un macho de agachadiza. Sin embargo, pese a estar condenado a ser un ser humano, habría podido suceder que nunca lo abandonaran, que nunca hubiese llegado a casarse con Yocasta, que jamás hubiese ido a consultar al oráculo de Tebas, y que, por consiguiente, jamás se hubiese vaciado los ojos. En cada uno de los encuentros de su existencia trágica, existía la opción de otro destino. Sólo los mitos confeccionan relatos deterministas. En el mundo real, cada encuentro constituye una bifurcación posible.

La expresión «programa genético» que escuchamos a cada paso no es ideológicamente neutra. Esta metáfora informática, propuesta de forma un tanto apresurada por un gran biólogo, Ernst Mayr,[10] ya no se corresponde con los datos actuales. Esta metáfora abusiva está siendo discretamente sustituida por la de «alfabeto genómico», menos equívoca, pero que sigue sin autorizarnos a pensar que pueda comprenderse la Biblia mediante el simple expediente de realizar un censo de las letras que la componen.[11] De hecho, la increíble aventura de la clonación nos enseña que una misma tira de ADN[12] puede permanecer muda, o expresarse de modo distinto en función del medio celular en el que se la ubique.

Sin la menor duda, existen determinantes genéticos, dado que en la actualidad hay descritas 7.000 enfermedades genéticas. Pero esos genes responsables de algunas enfermedades no «se expresan» más que en el caso de que los errores hereditarios impidan el desarrollo de una evolución armoniosa. Los determinantes genéticos existen, pero eso no quiere decir que el hombre se encuentre genéticamente determinado.

En la fenilcetonuria, dos padres sanos pueden transmitir un gen portador de una incapacidad para degradar la fenilalanina. Cuando el niño recibe los dos genes, padece un retraso en el desarrollo porque su cerebro alterado no consigue extraer las informaciones de su medio. El tratamiento ideal consistiría en sustituir el gen defectuoso y restablecer así el metabolismo.[13] Mientras llega ese tratamiento, Robert Guthrie ha propuesto seguir una dieta exenta de fenilalanina. De este modo, el cerebro del niño recupera rápidamente la lucidez y, en unos cuantos años, su cuerpo se dota de una serie de metabolismos de compensación que le permiten degradar la fenilalanina. El niño reanuda en ese momento un desarrollo normal.

Este ejemplo desacredita el estereotipo siguiente: «Si es algo innato, no hay nada que hacer. Pero si la alteración es de origen cultural, podemos combatirla». Una alteración metabólica es con frecuencia más fácil de corregir que un prejuicio.

Entre los miles de enfermedades hereditarias que concuerdan con este esquema, el síndrome de Lesch-Nyhan nos proporciona un ejemplo típico: los genes son incapaces de codificar la síntesis de una enzima que degrada el ácido úrico. Los niños que padecen esta enfermedad son de pequeña estatura, vivos de carácter, y sus músculos sufren espasmos con la menor emoción. Su retraso mental es evidente. Sin embargo, lo que les caracteriza es su propensión a las reacciones violentas, contra otras personas y contra sí mismos. El único caso que me ha tocado ver agredía a todas las personas que se le acercaban, y se había mutilado el labio inferior cuando, algún tiempo atrás, lo inmovilizaron.

La trisomía del par 21 («mongolismo») descrita por Down en 1866, año en que se publicaron los «guisantes» de Mendel, ha de atribuirse a la presencia de un cromosoma supernumerario con sus miles de genes. En el instante en que se acoplan los cromosomas maternos y paternos, hay un cromosoma extra que permanece adherido al par 21. Esta modificación del código conlleva un desarrollo particular. La morfología es típica: cráneo redondo, cuello corto, lengua gruesa, presencia del epicanto (pliegue del párpado superior, en el ángulo interno del ojo, rasgo que normalmente se observa entre los asiáticos) y ausencia de uno de los pliegues de la palma de la mano.*

En las ratas, se ha señalado una trisomía que provoca alteraciones análogas. Y en el mono, cuando la madre es de edad avanzada, no es

---

* Esta ausencia se debe a la fusión de los pliegues distal y proximal de la palma de la mano, lo que forma un único surco denominado palmar transverso. (N. d. t.)

raro que se produzcan trisomías.[14] Sin embargo, lo sorprendente es que la consecuencia que tienen para la vida de relación estas anomalías genéticas es totalmente diferente. Los animales no pertenecientes al orden de los primates que manifiestan un síndrome de Lesch-Nyhan son tan violentos que su esperanza de vida es breve. Se hieren a sí mismos o encuentran la muerte en una pelea porque su propia violencia provoca las respuestas violentas del grupo. Por el contrario, en las trisomías que afectan a los monos superiores, el escenario de interacción es totalmente diferente. La cabeza redonda de los pequeños, su gruesa panza, sus gestos suaves y torpes y el retraso de su desarrollo desencadenan en los adultos un comportamiento maternal. La madre acepta una muy larga y fatigosa dependencia respecto del animal trisómico. Otras hembras acuden en su ayuda, e «incluso aquellos monos que no tienen lazos de parentesco familiar acicalan al pequeño dos veces más que a los miembros de su grupo de edad».[15]

Incluso en los casos en que la anomalía genética es de gran envergadura, un gen ha de obtener una respuesta del entorno. Esta reacción comienza ya en el nivel bioquímico, y se continúa en cascada hasta el plano de las respuestas culturales.

Gracias a nuestros progresos, hemos evolucionado, pasando de la cultura de la culpa a la cultura del prejuicio

En las culturas de la culpa, toda desgracia, todo sufrimiento adquiría el significado de un pecado. Sin embargo, el acto culpable, que condenaba al afectado a padecer su enfermedad, contenía en sí mismo su propio remedio: una acción contraria, un ritual de expiación, un castigo autoimpuesto, un sacrificio de redención, el rescate de la culpa mediante el dinero o la devoción. La narración cultural de la culpa añadía sufrimiento a los sufrimientos, pero producía esperanza debido a la existencia de una redención posible y al significado moral de esa redención. La cultura aliviaba lo que ella misma había provocado. Por el contrario, en las culturas en donde los progresos técnicos sólo conceden la palabra a los distintos expertos, los individuos han dejado de ser la causa de sus sufrimientos y de sus acciones de reparación. ¡El experto es quien debe actuar, y si sufro es por su culpa! Será que no ha hecho bien su trabajo. La cultura del pecado ofrecía una reparación posible a través de una expiación dolorosa, mientras que la cultura tecnológica exige que sea otro el que proceda a la reparación. Nuestros progresos nos han hecho pasar de la cultura de la culpa a la cultura del prejuicio.[16]

La edad de las pestes de la Europa medieval ilustra claramente el modo en que funcionaban las culturas de la culpa. En el transcurso del siglo XII, la aparición de los *troveros* (trovadores) testimonia un cambio de sensibilidad en las relaciones entre los hombres y las mujeres. Ya no se pone el acento en excluir y explotar a las mujeres, sino en establecer con ellas lazos amorosos. El amor caballeresco, aristocrático y galanteador gana el corazón de la mujer tras la celebración de unas justas de carácter físico. Y el amor cortés sugiere una mística de la castidad en virtud de la cual, para probar que se la ama, es preciso alejarse de la dama en vez de saltarle encima.[17]

En el contexto técnico de esta época, la inteligencia no es un valor cultural. «Es una virtud secundaria, una virtud de dama.» El valor prioritario, el que organiza la sociedad y permite superar los sufrimientos cotidianos, es una «virtud masculina, la de tener bien constituidos los miembros y ser resistente al dolor».[18] Podría pensarse que en un contexto en el que la única energía social es la proporcionada por los músculos de los hombres y las bestias, el valor adaptativo consiste en sobreponerse al dolor físico. La fuerza y la brutalidad valen más que los madrigales. Y sin embargo, por la misma época, la lengua de Oc alumbra la literatura y las canciones que se adueñan de Occidente, testimoniando de este modo la aparición de un nuevo mecanismo de defensa: poner en bellas palabras nuestros deseos y nuestros pesares.

Por consiguiente, al irrumpir en escena la edad de las pestes, la primera hecatombe del siglo XIV, los mecanismos de defensa se organizan según dos estilos opuestos. El primero consiste en «evocar a los santos protectores, a san Sebastián o a san Roque, patrón de los apestados, [para] entregarse a la penitencia […], desfilar en demenciales procesiones de flagelantes […] y preconizar como único remedio el arrepentimiento de las faltas que justificaban la cólera divina».[19] Y el segundo se funda en gozar deprisa, antes de que llegue la muerte. Boccaccio cuenta que en Ragusa, los grupos de trovadores inspirados «prefieren darse a la bebida y a los placeres, recorrer la villa retozando y, con la canción en los labios, conceder toda satisfacción a sus pasiones».[20] El movimiento queda definido: hay que expresar los sufrimientos en forma de obra de arte, cueste lo que cueste. Y cuando a finales del siglo XVI aparezca la sífilis, Francisco López de Villalobos describirá perfectamente la enfermedad cutánea y su contagioso carácter, pero lo hará publicando en Salamanca 76 estrofas de 10 versos con tan inquietante semiología.

Los hombres de la edad de las pestes no poseían los conocimientos suficientes para actuar sobre lo real en la forma que hoy nos permite la medicina actual. Pero la cultura de la culpa les permitía actuar sobre la representación de lo real, gracias a la expiación y a la poesía.

¡Hace 10 o 15 años, algunos grandes nombres de nuestra disciplina afirmaban que los niños jamás tenían depresiones o que era posible reducir sus fracturas o extirparles las amígdalas sin anestesia porque no sufrían! Por el contrario, otros médicos pensaron que era necesario atenuar sus sufrimientos.[21] Sin embargo, la técnica frecuentemente eficaz de los medicamentos, de las estimulaciones eléctricas y de las infiltraciones ha dado poder a los expertos del dolor. Y por tanto, hoy en día, cuando una enfermera despega un vendaje provocando dolor, cuando una migraña no desaparece con la suficiente rapidez o cuando un gesto de pequeña cirugía se convierte en noticia de primera plana, el niño y sus padres miran con malos ojos al especialista y le reprochan que les haya producido dolor. Aún no hace mucho tiempo, cuando un niño se lamentaba, se le recriminaba por no estar comportándose como un hombre, y él era el avergonzado. Ayer, el dolor probaba la debilidad del herido, hoy en día revela la incompetencia del especialista.[22]

En sí mismo, el dolor carece de sentido. Es una señal biológica que se transmite al cerebro o que se puede bloquear. Sin embargo, el significado que adquiere esta señal depende por igual del contexto cultural y de la historia del niño. Al atribuir un sentido al acontecimiento doloroso, modificamos lo que se experimenta. Ahora bien, el sentido se compone tanto de significado como de orientación.

Podemos comprender la forma en que el significado que atribuimos a un objeto o a un acontecimiento nos viene dado por el contexto, observando el ejemplo de la píldora anticonceptiva. El bloqueo de la ovulación fue descubierto muy pronto, y habría podido comercializarse a partir de 1954. Sin embargo, en aquella época, el simple hecho de afirmar que era posible bloquear la ovulación de las mujeres porque los investigadores del INRA[23] habían tenido éxito al experimentar este efecto en vacas y ovejas provocaba indignadas reacciones. Incluso recuerdo a mujeres sublevadas por la noción de las hormonas, que implicaban una imagen vergonzosa de los seres humanos.

Hubo que actuar sobre el discurso social y hacerlo evolucionar, con el fin de que, en 1967, se legalizara la píldora. En este nuevo contexto, el control de la fecundidad adquirió el significado de una revolución de las mujeres. Al dejar de pertenecer su vientre al Estado, podían liberar su cabeza e intentar la aventura de la expansión personal.

Treinta años más tarde, la píldora vuelve a cambiar de significado. Este objeto técnico aparece en el mundo de las adolescentes cuando las madres comienzan a hablarles de él. En esta nueva relación, la píldora representa una intrusión materna. Las jóvenes dicen: «Mi madre quiere controlarlo todo, se mete en mi intimidad». En este tipo de relación, el rechazo de la píldora significa un intento de autonomía y de rebelión contra el poder materno. Esto explica que el número de abortos entre las adolescentes no haya disminuido prácticamente nada. Para que se redujera, habría que atribuir otro significado a la píldora, haciendo, por ejemplo, que la explicación corra a cargo de una hermana mayor, una iniciadora, una enfermera, un confidente externo a la familia no investido con ninguna relación de autoridad.

Al cambiar el contexto de relación y el contexto social, cambiamos el significado atribuido a la píldora: en 1950 quería decir «las mujeres son como las vacas»; en 1970 significaba «las mujeres son unas revolucionarias»; y en 2000, declara que «las madres son unas pesadas».

De cómo aprenden a bailar los fetos

Así es como me propongo abordar el concepto del nuevo temperamento. ¡Si admitimos que un objeto, un comportamiento o una palabra adquieren un significado que depende de su contexto, entonces ese temperamento adquiere sentido!

El temperamento es, sin duda, un comportamiento, pero es también un «cómo» del comportamiento, una forma que tiene la persona de ubicarse en su medio. Este estilo existencial, desde sus primeras manifestaciones, se presenta ya completamente configurado. La biología genética, molecular y del comportamiento viene forjada por las presiones del medio, que son otra forma de biología. Sin embargo, esta biología viene de los otros humanos, de las personas que nos rodean. Y los comportamientos que adoptan respecto del niño constituyen una especie de biología periférica, un elemento sensorial material que dispone en torno del niño un cierto número de guías, guías a lo largo de las cuales deberá desarrollarse. Lo más sorprendente es que estos circuitos sensoriales, que estructuran el entorno del niño y guían su desarrollo, resulten materialmente construidos por la expresión de comportamiento de las representaciones de los padres. Si pensamos que un niño es un pequeño animal que es preciso adiestrar, le dirigiremos comportamientos, mímicas y palabras que se encontrarán ordenados por esa representación. Si, por el contrario, pensamos que las imposiciones de nuestra infancia nos hicieron tan desdichados que es preciso no prohibir nada a un niño, lo que dispondremos a su alrededor será un medio sensorial totalmente diferente. Lo que equivale a decir que la identidad narrativa de los padres provoca un sentimiento cuya emoción se expresa por medio de los comportamientos que se dirigen al niño. Estos comportamientos, provistos de sentido por efecto de la historia de los padres, constituyen el entorno sensorial que guía los desarrollos del niño.

Al llegar las últimas semanas del embarazo, el feto deja de ser un receptor pasivo. Se convierte en un pequeño actor que va a buscar en su medio las guías que más le convienen. Para analizar un temperamento, habrá que describir por tanto una espiral de interacción en la que el bebé, que ya ha adquirido sensibilidad hacia determinados acontecimientos sensoriales, se desarrolla preferentemente siguiendo dichas guías. Sucede que, materialmente compuestas por los comportamientos dirigidos al niño, la forma de esas guías se explica en función de la historia de los padres.

Es probable que este nuevo modelo de temperamento resulte sorprendente ya que une dos fenómenos de naturaleza diferente: la biología y la historia. Podemos simplificar esta exposición teórica en una sola frase: hacer que nazca un niño no basta, también hay que traerlo al mundo.[24]

La expresión «hacer que nazca» describe los procesos biológicos de la sexualidad, del embarazo y del alumbramiento. «Traerlo al mundo» implica que los adultos disponen alrededor del niño los circuitos sensoriales y de sentido que le servirán como guías de desarrollo y le permitirán tejer su resiliencia. De este modo podremos analizar el encadenamiento de las fases en el transcurso del crecimiento del niño y a lo largo del proceso de andamiaje de los temperamentos, el cual se levanta durante el período de las interacciones precoces.

Nadie pensaría en dar comienzo a la historia de un bebé el día de su nacimiento. «El feto no constituye la prehistoria, sino el primer capítulo de la historia de un ser, el primer capítulo del misterioso establecimiento de su narcisismo primario.»[25] Ahora bien, esa historia comienza mediante un proceso totalmente ahistórico: el de la genética, a la que sigue el desarrollo biológico de las células y los órganos. Desde hace algunos años, nuestros aparatos de exploración técnica, como el que facilita la ecografía, nos han permitido observar cómo, a partir de las últimas semanas del embarazo, los bebés personalizan sus respuestas de comportamiento. Hace ya mucho tiempo que se venía planteando esa hipótesis, pero sólo en época muy reciente ha podido confirmarse: «La vida intrauterina y la primera infancia se hallan mucho más imbricadas en una conexión de continuidad de lo que induce a pensar la impresionante cisura del acto del alumbramiento»,[26] decía Freud a principios del siglo pasado.

Hoy en día, la ecografía permite sostener que las últimas semanas del embarazo constituyen el primer capítulo de nuestra biografía.[27] ¡La observación natural de la vida intrauterina hecha finalmente realidad gracias a un artificio técnico!

El desarrollo intrauterino de los canales de comunicación sensoriales ha sido bien establecido en la actualidad.[28] El tacto constituye el canal primordial a partir de la séptima semana. A partir de la undécima semana, el gusto y el olfato funcionan como un único sentido cuando el bebé deglute un líquido amniótico perfumado por lo que come o respira la madre.[29] Sin embargo, a partir de la vigésimo cuarta semana, el sonido provoca una vibración del cuerpo de la madre y viene a acariciar la cabeza del bebé.[30] El niño reacciona a menudo con un sobresalto, una aceleración del ritmo cardíaco o un cambio de postura. A Freud le habría gustado observar en la ecografía, y más tarde a simple vista, tras el nacimiento, que existe, en efecto, una continuidad en el estilo de comportamiento. Pero habría destacado que se trata de una adquisición de comportamiento cuyo efecto no dura lo que duran las primeras páginas de una biografía. Otras muchas presiones intervendrán posteriormente para proseguir la configuración.

Las hipótesis de la vida psíquica prenatal siempre han provocado por igual reacciones entusiastas o sarcásticas. Hoy en día, la observación pertenece al orden del «no-hay más-que». No hay más que sentarse en un sillón mientras el especialista, en el transcurso de la segunda ecografía legal, pide a la madre que recite una poesía o que pronuncie algunas palabras. Las cintas que se analizarán más tarde no registrarán, en beneficio de la claridad del análisis, más que algunos ítems: [31] aceleración del ritmo cardíaco, flexión-extensión del tronco, movimiento de los miembros inferiores y de los miembros superiores, movimientos de succión y movimientos de cabeza.[32] Da la impresión de que cada bebé manifiesta un tipo de respuesta que le es propio. Algunos prefieren brincar como pequeños Zidane; otros se centran en el lenguaje de las manos, apartándolas o apretándolas contra el rostro o contra el corazón como pequeños cantantes; otros aún responden a la voz materna chupándose el pulgar; mientras que una minoría apenas acelera los latidos de su corazón y permanece con los brazos y las piernas cruzados.[33] Estos últimos probablemente piensen que aún tienen entre seis y ocho semanas por delante para demorarse sin ningún problema en este alojamiento uterino y que ya tendrán tiempo para responder a estas estúpidas indagaciones de los adultos.

Las respuestas intrauterinas representan ya una adaptación a la vida extrauterina. Al final del embarazo se manifiestan incluso movimientos defensivos que prueban que el niño sabe ya tratar ciertos problemas de orden perceptivo: retira la mano al notar el contacto con la aguja de la amniocentesis[34] o, por el contrario, viene a pegarse contra la pared uterina cuando el especialista en háptica* aprieta suavemente el vientre de la madre. Mucho antes de que se produzca el nacimiento, el bebé deja de estar dentro de la madre y pasa a estar con ella. Comienza a establecer algunas interacciones. Responde a sus demandas de comportamiento, a sus sobresaltos, a sus gritos o a su sosiego mediante cambios de postura y aceleraciones del ritmo cardíaco.

En donde se aprecia que la boca del feto revela la angustia de la madre

Verdaderamente, hay personas que poseen una misteriosa forma de inteligencia. En los años cuarenta, René Spitz había asociado la observa-

---

* Se denomina háptica, según un término introducido por el filósofo alemán Max Dessoir, a la rama de la fisiología y la psicología empírica que se ocupa del estudio de las sensaciones táctiles. *(N. d. t.)*

ción directa de los bebés con una serie de suaves experimentos. Hablar frente al rostro de un bebé provoca su sonrisa. Volver la cabeza mientras se le habla o ponerse una máscara no le divierte en absoluto.[35] Estas observaciones experimentales no excluían el trabajo de la palabra, que confiere a la persona una coherencia interna. ¿Cómo se las arregló este psicoanalista para describir, ya en 1958, los comportamientos de un feto que no podía ver? ¿Cómo hizo para observar el «prototipo de la angustia […], el origen fisiológico del desarrollo del pensamiento humano», y cómo pudo apreciar el efecto autoapaciguador de los comportamientos de la boca, a la que llamaba «cavidad primitiva»?[36] Cincuenta años más tarde, los médicos que realizan ecografías confirman sin dificultad este efecto apaciguador. Cuantos más movimientos hace el feto con la boca, menos se agita su cuerpo.[37] Realiza ya los prototipos de comportamiento correspondientes a los actos de lamer, comer, besar y hablar que constituirán el eficaz tranquilizante que le acompañará de por vida.

No ha nacido uno aún y ya se está uno tejiendo. La memoria de corto plazo que surge en ese momento permite los primeros aprendizajes. Se trata de una memoria sensorial,[38] una especie de sabiduría del cuerpo que conserva las informaciones llegadas desde el exterior y da forma a nuestros modos de reaccionar.

Una situación natural permite observar a simple vista de qué modo los fetos de siete meses y medio adquieren las estrategias de comportamiento que ya empiezan a caracterizarles. Cuando los bebés prematuros vienen al mundo con varias semanas de antelación, se constata que no se desplazan al azar en el interior de las incubadoras. Casi todos brincan y ruedan sobre sí mismos hasta lograr algún contacto. Algunos se calman tan pronto han tocado algo, que puede ser una de las paredes de la incubadora, su propio cuerpo o un estímulo sensorial proveniente del entorno humano, como una caricia, el acto de cogerlo en brazos, o incluso, simplemente, la música de una palabra. Otros bebés, poco dados a la exploración, apenas se mueven, mientras que algunos son difíciles de calmar. Parece que los bebés prematuros capaces de moverse hasta entrar en contacto con lo que les tranquiliza son aquellos que han estado en el seno de una madre sosegada. Por el contrario, los mocosos que se mantienen prácticamente inmóviles o los que se comportan de un modo frenético y resultan difíciles de calmar serían los pertenecientes a madres desdichadas o estresadas, madres deseosas de abandonar al niño o, al contrario, tendentes a ocuparse de él en exceso.[39]

Por consiguiente, ¿podría actuar un determinado contenido psíquico de la mujer encinta sobre el estado del comportamiento psíquico del recién nacido? Formulada de este modo, sin más explicaciones, la cuestión corre el riesgo de evocar una suerte de espiritismo, si no supiéramos que la transmisión psíquica es materialmente posible. Basta con asociar el trabajo de una psicoanalista[40] con las observaciones de comportamiento que realizan los obstetras para hacer visible el hecho de que el estado mental de la madre puede modificar las adquisiciones de comportamiento que efectúa el bebé que alberga.

Por mucho que digamos que el embarazo no es una enfermedad, no por ello deja de ser una dura prueba. Pese a los inauditos progresos del seguimiento de las mujeres encintas, «sólo el 33% de las mujeres embarazadas están psíquicamente sanas, el 10% sufren trastornos emocionales notables, el 25% presenta alguna patología asociada, y el 27% ha tenido antecedentes ginecológicos y obstétricos responsables de situaciones de angustia».[41]

El contenido psíquico, ya sea de euforia o desesperación, se halla constituido por una representación mental que pone en imágenes y palabras, en el escenario interno, la felicidad de tener un hijo o su dificultad. El contexto afectivo y social es justamente el que puede atribuir un sentido opuesto a un mismo acontecimiento. Si la madre está gestando el niño de un hombre al que detesta, o si el simple hecho de convertirse en madre como su propia madre evoca recuerdos insoportables, su mundo íntimo será sombrío. Ahora bien, las pequeñas moléculas del estrés atraviesan fácilmente el filtro de la placenta. El abatimiento o la agitación de la madre, su silencio o sus gritos cuajan en torno al feto un medio sensorial materialmente distinto. Lo que equivale a decir que las representaciones íntimas de la madre, provocadas por sus relaciones, ya sean éstas actuales o pasadas, sumergen al niño en un entorno sensorial de formas variables.

Cuando los estímulos biológicos respetan los ritmos del bebé, permiten el aprendizaje de los comportamientos de apaciguamiento. Sin embargo, cuando la desesperación materna vacía el entorno del bebé o lo inunda con las moléculas de su estrés, el niño puede aprender a aletargarse o a volverse frenético.

La historia de la madre, sus relaciones actuales o pasadas, participan de este modo en la constitución de ciertos rasgos de temperamento en el niño que va a nacer o que acaba de nacer. Antes de la primera mirada, antes del primer aliento, el recién nacido humano se ve engullido por un mundo en el que la vida sensorial tiene ya una historia. Y en ese medio es en el que deberá desarrollarse.

Hacer que nazca un niño no basta, también hay que traerlo al mundo

Para describir cómo son las primeras puntadas del jersey temperamental, habrá que seguir un razonamiento que describe una espiral de interacción. Hay que observar lo que hace un bebé (frunce el ceño), el efecto que causa en el ánimo de la madre («tiene mal carácter», o «se siente mal»), cuál es el elemento que organiza las respuestas que se dirigen al niño («¡Ya te domaré yo, ya!», o «¡pobrecillo, hay que ayudarle!»), y cuál es el elemento que modifica, en sentido inverso, lo que el bebé hace (llantos o sonrisas).

Freud ya intentó realizar un razonamiento en espiral al asociar la observación directa del «juego de la madeja» con las representaciones mentales del niño. Cuando la madeja se aleja, el niño queda asombrado, pero cuando reaparece, sonríe... «Combinando ambos métodos llegaremos a un grado de certeza suficiente», decía Freud.[42]

Desde esta perspectiva podemos describir el «cómo» del primer encuentro. Cuando un bebé viene al mundo, lo que ese bebé es en ese momento provoca un sentimiento en el mundo con historia de la madre. Su apariencia física implica un significado para ella. Y esa representación provoca una emoción que la madre expresará al niño.

El sexo del niño, por supuesto, es un poderoso vehículo de representaciones. Me acuerdo de una señora que acababa de traer al mundo un bebé. Cuando el marido, feliz, vino a saludar a su crecida familia, la madre le dijo: «¡Perdóname, perdóname; te he dado una hija!». Semejante frase, y la forma en que había sido formulada, ponía palabras a 25 años de historia personal en los que el hecho de ser una niña significaba una vergüenza. Y la madre, en su deseo de colmar de felicidad al marido, pensaba que le humillaba al darle una hija, un ser menguado. Es fácil imaginar que, desde la primera frase, el triángulo familiar queda ya constituido. La niña tendrá que desarrollarse en un mundo sensorial integrado por los comportamientos que le habrá de dirigir una madre imaginariamente culpable y que tenderá a redimirse. ¿Se mostrará quizá excesivamente amable con su marido para hacerse perdonar la humillación que cree haberle infligido? ¿Se transformará tal vez en madre obligada, atada a este recién nacido que será la encarnación de su propia vergüenza? ¿Dejará acaso escapar determinados gestos y palabras que indiquen a la muchacha la desesperación implícita en el hecho de ser una mujer? Este bebé aún no sabe que deberá convertirse en una señorita y ya se ve obligado a desarrollarse adaptándose a los gestos y a las palabras que componen su entorno, y que se deben a la idea que su madre se hace respecto de la condición de las mujeres.

En cuanto al marido, tendrá que ocupar su lugar de padre en relación con estas dos hembras. Según cuáles sean sus propias representaciones de macho, tal vez se muestre de acuerdo con su mujer, y en ese caso el bebé deberá convertirse en mujer en un contexto saturado de un sentido de vergüenza. O tal vez el padre tenga el coraje de rehabilitar a su mujer y a toda mujer, en cuyo caso, el bebé tendrá que llegar a ser mujer en un contexto sensorial de gestos, de mímicas y de palabras que serán portadores de un significado fuertemente sexuado. Es fácil imaginar que, 25 años más tarde, la joven que se haya desarrollado en este medio diga lo siguiente: «Mi madre se pasaba la vida expiando la vergüenza que le producía ser mujer, y lo hacía siendo un ama de casa excesivamente buena. Mis hermanos recibían el trato de un pachá, y mis hermanas se sentían exasperadas por ese modelo materno. ¡Menos mal que mi padre nos revalorizaba al admirarnos!». Aunque también se podría escuchar esto: «Le reprocho a mi padre que no nos haya ayudado a hacer frente a nuestra madre».

Cada hogar pone en escena su propio decorado y en él, como en el teatro, se asocian e interactúan las representaciones de cada uno de los miembros de la familia, dando como resultado un determinado estilo familiar.

Los rasgos físicos del niño adquieren para los padres un significado privado que les habla de su propia historia. Lo mono que es el bebé, sus mejillas regordetas, la redondez de su tripita y los plieguecillos de sus piernas hacen las delicias de la mayoría de los padres, ya que estas características físicas significan que se han convertido en verdaderos padres porque tienen un verdadero bebé. Sin embargo, esta misma monada rolliza puede adquirir un significado totalmente opuesto cuando su historia personal les ha inculcado el miedo a convertirse en padres.

A veces se da el caso de que algunas madres nieguen el nacimiento del niño que acaban de traer al mundo: «Tuve una ciática muy fuerte... Tenía un fibroma...». En todos los casos, por así decirlo, se trata de mujeres aisladas para quienes el embarazo ha llegado a adquirir el significado de una tragedia: «Si me quedo embarazada de este hombre, perderé mi familia y mi vida». Y en esos casos, la negación les permite calmar la angustia, mientras su propio embarazo se desarrolla a su pesar. Este conflicto, y, sobre todo, su modo de resolución –que alivia a la mujer obviando su realidad («No me habléis de mi embarazo»)–, le impiden adquirir el sentimiento de estar convirtiéndose en madre.

¡En la mayoría de las ocasiones, saben perfectamente que acaban de traer al mundo un bebé! Tan pronto se presenta un niño a sus padres, éstos se ponen a buscar el menor indicio físico que pueda permitirles percibir al recién nacido como hijo suyo: «Tiene el cabello de su abuelo... Es fuerte como su padre... Tiene la nariz de mi madre...». Desde el primer vistazo, la morfología habla de la genealogía. Este relato permite acoger al niño y concederle su lugar en la historia de la familia.

Durante los primeros días, las características del comportamiento, el «cómo» del comportamiento del recién nacido, adquiere una función algo más personalizada. «Su estilo de comportamiento [...] y la forma en que se comporta un bebé [...] durante las primeras semanas que siguen a su nacimiento, influyen en la forma en que los demás se comportan ante él».[43]

Los recién nacidos no pueden ir a parar a ningún otro sitio que no sea la historia de sus padres

Ciertos padres tienen la dicha de acoger a niños de temperamento fácil. Estos recién nacidos manifiestan desde su llegada al mundo unos ciclos biológicos regulares y previsibles.[44] Los padres se adaptan sin dificultad, lo que les permite no experimentar el nacimiento del bebé como la llegada de un pequeño tirano. Todo acontecimiento nuevo alegra a este niño que se despierta sonriente y se calma al menor contacto familiar.

Sin embargo, la mayoría de los determinismos humanos no son definitivos. Esta trama temperamental es tan fácil de tejer que muchos padres se sienten libres a pesar de la presencia del recién nacido. Al desarrollar su intensa vida social de muchachos jóvenes, desorganizan este prometedor punto de partida. Un niño demasiado fácil corre el riesgo de verse solo, lo que altera el eslabón siguiente. Y al revés, un pequeño problemático que obligue a los padres a una mayor vigilancia puede reparar el trastorno y mejorar el tejido del vínculo.

Otros bebés son lentos, linfáticos. Se echan para atrás y se repliegan ante toda novedad. Sólo una vez que se sientan seguros se atreverán a explorar la novedad y a retomar su desarrollo.

Si este rasgo temperamental se expresa en una familia de estilo existencial apacible, el vínculo se tejerá con lentitud y el niño se desarrollará bien. Por el contrario, este mismo estilo de comportamiento en una familia de velocistas podría exasperar a unos padres impacientes: «¡Vamos, muévete!». Al asustar al niño, estos padres agravarán su lentitud.

Los lactantes difíciles representan el 5% de la población de recién nacidos. Siempre de mal humor, con despertares ariscos, protestan ante cualquier cambio y se sienten mal cuando no los hay. No pudiéndoseles consolar sino a duras penas, resultan agotadores para los padres. Este temperamento es ciertamente la consecuencia de un tejido prenatal trabajoso; y, al igual que todos los demás rasgos del comportamiento, será interpretado por los padres. Si viven en unas condiciones sociales y afectivas que les concedan una gran disponibilidad, si su sentido del humor les permite desdramatizar esta prueba realmente fatigosa o prestarse la suficiente ayuda mutua como para poder descansar, en unos cuantos meses el temperamento difícil se calmará y el niño, al sentirse más seguro, cambiará de estilo de comportamiento. Sin embargo, según cuáles sean las circunstancias de su propio contexto o de su propia historia, los padres no siempre conseguirán superar esta prueba.

Un padre agotado por sus condiciones de trabajo o entristecido por el significado que adquiere el niño («Me impide ser feliz, viajar, continuar mis estudios»), una madre aprisionada por este pequeño tirano, vivirán sus chillidos nocturnos o su carácter intratable como una voluntad persecutoria. Exhaustos y decepcionados, se defienden agrediendo al agresor que, sintiéndose inseguro, chilla y aumenta más aún su temperamento arisco.

Los niños excesivamente activos se lanzan sobre todo lo que pueda constituir un acontecimiento. Tan pronto como aprenden a gatear, tiran de los manteles, meten los dedos en los agujeros peligrosos, se lanzan sin miedo abajo y arriba de los peldaños de la escalera. Algunos años más tarde, provocarán el rechazo de las personas de su entorno. En el colegio, donde la obligación de permanecer inmóvil es inmensa, se comportan como inadaptados, lo que explica su mal pronóstico social. Sin embargo, en otro contexto, en el campo o en una fábrica, lugares en donde la motricidad posee un valor de adaptación, este frenesí de acción hace de ellos unos compañeros muy solicitados.

La organización cultural interviene muy pronto en la estabilización de un rasgo temperamental. En China, cuando la vida del hogar es tranquila, ritual e imperturbable, los recién nacidos se estabilizan enseguida. Por el contrario, en Estados Unidos, unos padres agitados y ruidosos alternan el huracán de su presencia con el desierto de sus reiteradas ausencias. Los niños se adaptan a esta situación desarrollando unos rasgos de comportamiento que alternan el frenesí de la acción con la ceba a que se los somete, a través de los ojos y la boca, con el fin de colmar el vacío de su desierto afectivo.[45]

Las estrategias de socialización se diferencian muy pronto. Un rasgo de temperamento impregnado en el bebé antes y después de su nacimiento debe encontrar una base de seguridad en los padres. Sobre el cimiento de esta seguridad se levantarán los andamios de la primera planta del estilo de relación.

La base inicial reposa sobre un triángulo. El recién nacido aún no sabe quién es y quién no es él mismo, ya que en esta fase de su desarrollo un bebé es lo que percibe. Ahora bien, en su primer mundo, percibe un gigante sensorial, una base de seguridad a la que llamamos «madre» y en torno a la cual gravita otra base menos pregnante a la que denominamos «padre». En este triángulo, todo recién nacido recibe las primeras impresiones de su medio y descubre quién es gracias a los primeros actos que efectúa en él. Este bebé sometido a la influencia de sus cuidadores habita los sueños y las pesadillas de sus padres. Será la asociación de sus mundos íntimos la que disponga en torno del niño el mundo sensorial de sus guías de desarrollo.

Cuando Carmen vino al mundo, ya se había visto un tanto sacudida por las pruebas médicas de su madre, que había padecido mucho y se había visto obligada a permanecer en cama durante todo su embarazo. «Tan pronto como la vi, me dije: "me gustaría que siempre fuese pequeña".» Por la misma época, el padre había estado a punto de quedar en bancarrota. Ahora bien, un fracaso social de esa magnitud le habría vuelto a supeditar a su mujer, que poseía un buen nivel universitario, mientras que él sólo había podido contar con su arrojo para montar una empresa. Psicológicamente, su éxito le había colocado en situación de igualdad con su mujer, pero la posibilidad de una quiebra amenazaba con ponerle nuevamente en situación de inferioridad. Además, cuando llegó el bebé y la madre, fatigada, tuvo dificultades para ocuparse de él, el padre restableció el precario equilibrio haciéndose cargo de la recién nacida. Los que observaban la escena decían: «Qué padre tan amable y protector. Ayuda a su mujer a pesar de sus dificultades económicas». En realidad, este comportamiento del padre transmitía a la madre lo siguiente: «Ni siquiera eres capaz de ocuparte de ella. Yo te enseñaré lo que hay que hacer. Tú limítate a cuidarte». La madre se vio muy sorprendida al constatar la hostilidad que sentía hacia este bebé que le acaparaba al marido y hacía surgir en ella un sentimiento de incompetencia. «No sé por qué Lucien (mi primer hijo) fue tan fácil de criar. Aquel bebé me dio confianza en mí misma, mientras que Carmen me hizo vulnerable.»

Los actores de este triángulo representan unas escenas permanentemente cambiantes que definen unos entornos bien perfilados y quedan impregnados en la memoria del niño, constituyendo el andamiaje cuyas líneas maestras seguirá el temperamento del bebé para construir la siguiente planta.

He aquí algunos ejemplos de andamiaje: «Yo no quería ese niño. Lo hice por mi marido. Tan pronto lo vio, dio media vuelta y huyó como un ladrón. El sereno tuvo que salirle al paso… En ese momento, todo se vino abajo, quise estampar contra el suelo la cabeza de mi hija. Él me lo impidió». Veinte años después, el marido vuelve a marcharse, esta vez definitivamente, abandonando a la madre y a la hija, que habían establecido una deliciosa complicidad.

«El primer día fue maravilloso», me dice otra señora. «Pero tan pronto volví a casa, comprendí que por causa de esa niña, jamás podría abandonar a mi marido. Sólo quise a mi hija unos pocos días.» Diez años más tarde, la chiquilla decora toda la casa con dibujos y declaraciones de amor a su madre.

«Marietta siempre ha tratado de rebajarme. Cuando era un bebé, se negaba a aceptar el pecho pero tomaba el biberón con una gran sonrisa en brazos de su padre. Tenía celos de ella. No conseguía que nuestra relación fuese más próxima.» Hoy en día, la muchacha no deja pasar una sola ocasión de humillar a su madre.

«Quiero al bebé para mí sola. Detesto a los hombres. Sueño con vivir encerrada con mi hija. Nos haríamos compañía en nuestra soledad.» Cinco años más tarde, la fusión entre ambas es extrema. La madre llora cuando la chiquilla tiene un catarro y la niña se niega a ir al colegio, temerosa de que su madre muera durante su ausencia.

Los escenarios son infinitos. La escena del teatro familiar está compuesta por los relatos de cada uno, por las historias que precedieron al encuentro, y, más tarde, por el contrato inconsciente de la pareja y las modificaciones que se introducen en él con la llegada del bebé.

Este conjunto de narraciones, no siempre armoniosas, constituye el campo de presiones gestuales y verbales que moldea al niño. El sentido que los padres atribuyen al bebé arraiga en su propia historia, como una especie de animismo que atribuyese al niño un alma emanada de su pasado adulto. Sin embargo, sometidas al efecto de la siempre imprevista afloración de los acontecimientos, las historias se reorganizan sin cesar. De este modo, un riesgo vital puede transformarse en un elemento vigorizador. Évangélia gritó en 1923, viendo a su hija en la maternidad del Flower Hospital de Nueva York: «¡Lleváosla, no quiero verla!». Esta frase expresaba su desesperación por haber dejado Grecia y encontrarse sola en Nueva York. Su marido, abatido, había olvidado inscribir a la niña en la oficina del Registro civil. Los primeros años del desarrollo de la pequeña Maria fueron difíciles, volviéndola lenta y frágil a causa de su aislamiento afectivo. Algunas décadas más tarde se convertiría en la magnífica Maria Callas, cuyo talento y personalidad conmocionaron el mundo de la lírica.[46]

Las alteraciones iniciales debidas a la desdicha de los padres, la difícil historia de la pareja y su pasado personal, explican sin duda la compensación bulímica de la joven Maria, que trataba de colmar así su vacío afectivo. Sin embargo, más adelante, el encuentro con el círculo operístico, al colmarla de una forma distinta, añadió un nuevo elemento determinante que le dio una asombrosa voluntad de trabajar y adelgazar.

Cuando el marco en el que se desenvuelve el recién nacido es en realidad un triángulo compuesto por sus padres y por él mismo

La tendencia actual ya no es la de explicar los trastornos mediante una causalidad lineal e irreversible del estilo siguiente: «Se convirtió en un obsesivo porque su madre, a la edad de ocho meses, le colocaba violentamente sobre el orinal». Hoy tendemos a pensar más bien que el fenómeno observado es el resultado de una cascada de determinantes: «Cuando su madre le puso violentamente sobre el orinal a la edad de ocho meses, ya presentaba un temperamento particular, pues agredía a las figuras con las que se vinculaba. Dado que no disponía de ningún otro vínculo posible, debido a que su padre se alegraba de poder ausentarse, el niño no logró eludir esta violencia educativa. Y entonces se enfrentó a la madre negándose a ser conducido al orinal».

Este tipo de razonamiento sistémico permite la observación directa de lo que sucede entre un lactante y sus padres y, además, al asociarlo éstos a su propia historia, explica también los comportamientos que se dirigen al niño.

Cada familia realiza un tipo de alianza que establece en torno del niño un campo sensorial particular que guía su evolución. Pese a ser cierto que cada pareja adopta un estilo que no se parece al de ninguna otra, Élisabeth Fivaz y Antoinette Corboz sugieren estudiar cuatro tipos de alianza: las familias cooperadoras, las estresadas, las que caen en el abuso y las desorganizadas.[47]

Ya no se trata de observar la díada madre-hijo, como se ha venido haciendo durante medio siglo, añadiendo periódicamente que habría que estudiar también el efecto introducido por el padre. La actitud de estas dos investigadoras consiste más bien en considerar a la familia como a una unidad funcional, un grupo práctico en el que cada acción de uno de sus miembros provoca las reacciones de adaptación de los demás. Por consiguiente, el triángulo es la situación natural de desarrollo de todo ser humano. Durante los días que siguen a su nacimiento, un potro o un cordero se desarrollan en respuesta a los estímulos sensoriales que provienen del cuerpo de la madre. Este cuerpo a cuerpo constituye un entorno suficiente para el desarrollo de sus respectivos aprendizajes. Sin embargo, a partir del segundo o tercer mes de vida, el bebé humano deja de vivir en un mundo en el que predomine el cuerpo a cuerpo. Mira más allá de ese cuerpo a cuerpo y habita ya en un triángulo sensorial en el que lo que descubre se percibe con los ojos del otro. Y eso lo cambia todo. Puede negarse a mamar en brazos de su madre y aceptar en cambio, sonriente, el biberón en el regazo de su padre. E incluso cuando mama, teniendo a su madre de frente, la simple presencia de su padre modifica sus emociones.

En las familias cooperadoras, los tres miembros del triángulo permanecen en contacto unos con otros y coordinan sus mímicas, sus palabras y sus actos.

En las alianzas de este género, los bebés manifiestan un temperamento cómodo: Mike es un bebé de tres meses de temperamento más bien fácil. Después del biberón, su madre juega con él, le toca, le habla, y Mike dialoga con ella, respondiendo al más pequeño movimiento del rostro materno y al menor sonido de sus palabras. Con frecuencia es el propio bebé el que da la señal del fin de la interacción, desviando la mirada y dejando de sonreír y de babosear. Su madre percibe inmediatamente este indicio de comportamiento y lo interpreta diciendo: «¡Eh, chiquitín, no irás a echarte a llorar!». Mira a su marido, con aire inquieto. El padre coge al niño y le dice: «¡Cuéntale tus desdichas a tu padre!», y se pone a jugar y a sacar la lengua. Interesado por este cambio de entorno, Mike se tranquiliza de inmediato y recupera la sonrisa.[48]

Este triángulo sensorial funciona de forma armónica porque los padres se sienten bien. Tras haber hablado con ellos, podríamos deducir que su propia historia les ha permitido atribuir a ese niño un significado asociado a la felicidad. Su lazo amoroso se ha desarrollado plenamente, los dos miembros de la pareja desean participar de la plenitud del otro. Entonces, cuando llega la pequeña prueba de Mike disponiéndose a llorar porque se ha cansado de la interacción, la madre busca la mirada de su marido, quien interviene a su vez gustosamente. La resolución de la pequeña desventura se ha vuelto fácil gracias a la cooperación de los padres. Este medio sensorial intersubjetivo en el que se encuentra inmerso Mike es el resultado del desarrollo y de la historia de sus padres, felices de suscribir un contrato de ayuda mutua.

A veces, las parejas establecen una alianza basada en el estrés y el escenario de las interacciones adquiere una forma distinta. Cuando la pequeña Nancy se enfrenta a su madre, ésta no tiene en cuenta los signos que manifiesta su marido, que desea intervenir. La resolución del problema sólo es incumbencia de la madre. La interacción se prolonga durante más tiempo y se desarrolla sin placer. Sólo la exploración del mundo íntimo de los padres podría explicarnos por qué la madre no invita al baile a su marido y por qué se queda el hombre ahí, en segundo plano, cuando le habría sido posible imponerse. El niño tendrá pues que desarrollarse en un medio compuesto por una madre crispada y un padre retraído.

En las familias que caen en el abuso la alianza se realiza a expensas de un tercero. En la misma situación de observación triangular, la madre del pequeño Franckie se dirige a él como lo haría a un adulto. Cuanto más se ocupa de él la madre, más se interesa el chiquillo por el padre, le mira y babosea mirando en su dirección. Unas cuantas explicaciones del marido permiten comprender que no le disgusta esta situación que escenifica la competencia entre los padres. No le disgusta pensar que es él quien concentra la atención del niño, pese a que sea ella la que realice el trabajo. Su pasividad aparente expresa en realidad su secreto triunfo.

El papá payaso y el bebé cómico

Cuando la madre se dirige a un bebé de tres meses y le habla como se le habla a los adultos no hay duda de que lo hace porque se adapta a la representación que se hace de su hijo y porque, debido a su propia historia, no desea rebajarlo considerándolo como un lactante. Esto es un contrasentido, ya que es preciso adaptarse al nivel de desarrollo del niño para tirar de él hacia arriba, para educarlo. Ahora bien, cuando se habla en la jerga del bebé a un lactante, dirigiéndole mímicas exageradas y una extraña música verbal, el niño, fascinado por estos mensajes caricaturescos, mantiene la atención en este tipo de estilo de comunicación compuesto por superseñales durante tres o cuatro minutos. Sin embargo, cuando se le habla como a un adulto, con la mímica y la prosodia característica de una persona adulta en su cultura, el lactante no se interesa en este tipo de interacción más que durante un minuto. Esta es la razón de que los payasos, que se disfrazan de superseñales con su exagerada boca, sus colores intensos, sus cómicos sombreros, sus grandes zapatos, sus gestos, sus enormes mímicas y su extraña música verbal, fascinen mucho más a los niños que un comentario erudito sobre la serpiente monetaria.

El tercer participante en este ping-pong de gestos y de mímicas faciales es el propio bebé, que no desencadena menos respuestas en los adultos que éstos en él. Asombra pensar hasta qué punto el simple movimiento de los labios de un bebé puede regocijar a un adulto durante varios minutos. La expresión de la emoción placentera del niño va a provocar respuestas que, al serle dirigidas, organizarán su entorno sensorial. Un niño de temperamento arisco induce un medio afectivo muy diferente al que propicia un lactante de temperamento fácil.[49] Con una salvedad, aunque se trata de una salvedad fundamental: que el adulto que percibe una mímica facial en el bebé atribuye a esta percepción una emoción que procede de su propia historia. Según sea la construcción de su propio imaginario, puede atribuir a las mímicas faciales de un bebé arisco el significado de una emoción de ternura: «¡Pobrecillo, hay que hacerle caso! El hecho de que, gracias a mí, se sienta apaciguado, me produce un sentimiento delicioso». O, por el contrario: «No soporto a este bebé tan desagradable. Su mímica triste me exaspera porque significa que desaprueba todo lo que hago por él». Cada una de estas interpretaciones provoca comportamientos que se dirigen al niño de formas diferentes –tiernas u hostiles–. Y a su vez, el niño deberá responder a estos comportamientos. Supongamos que un recién nacido expresa su temperamento cariñoso mediante la búsqueda de un contacto tranquilizador, dando y recibiendo besos o acurrucándose junto a alguien. Será la historia de los padres la que atribuya un sentido a este pequeño escenario: «Es preciso que un niño aprenda a seducir. Me gusta experimentar la ternura que ese comportamiento provoca en mí. Resulta fácil calmarle». Otros padres atribuirán a esta misma búsqueda de contacto un significado diferente: «Hace eso para seducirme. Se comporta ya como un pequeño manipulador que intenta esclavizarme. ¿Qué se habrá creído este "pelotillero"?». La respuesta de los padres organiza entonces un entorno sensorial de gestos, actitudes, mímicas y palabras que tejen otro tipo de vínculo. En el primer caso, el niño dirá más tarde: «el afecto permite resolver todos los conflictos», mientras que en el segundo, quizá piense: «cuanto más amor doy, más me rechazan». Un mismo rasgo de temperamento puede adquirir de este modo distintos significados, según cómo sean las familias. Y en una misma familia, se puede manifestar un estilo de comportamiento con un niño y otro distinto con su hermano y su hermana, lo que estimula la resiliencia de uno y la vulnerabilidad de otro. Esta forma de abordar el problema permite comprender por qué algunas madres maltratan de modo increíble a un lactante y se muestran adorables con sus hermanos y hermanas. Este mismo razonamiento de la espiral de la interacción se aplica a los padres, a la fratría e incluso a las instituciones. Un hogar de acogida constituye, pese a la diversidad de personas que lo componen, una verdadera «personalidad» cuya representación viene constituida por sus muros y reglamentos. El comportamiento de un niño en un hogar permitirá que se establezca una sintonía afectiva, mientras que en otro provocará un rechazo.

Sin embargo, pese a la diversidad de los encuentros y el carácter plástico de los comportamientos, las variaciones no son infinitas ya que se puede descubrir sin dificultad el carácter de los más pequeños e incluso analizar su manera de afrontar y resolver los problemas de su existencia.

El temperamento y el carácter son dos de los componentes de una misma persona. Ambos han sido descritos por la psicología clásica y son difíciles de disociar. Admitamos que el temperamento constituya la parte hereditaria y biológica que se encuentra impregnada en la personalidad. Este temperamento se transforma casi inmediatamente en un carácter compuesto por una serie de atributos, atributos adquiridos al modo de un aprendizaje.[50] Habrá pues que pensar el vínculo como un sistema de comportamiento en cuya organización intervienen todos los que participan en la interacción. El bebé, coactor de la relación, sale ganando, ya que su temperamento, su manera de comportarse, provocan la organización del nicho ecológico que le permite sobrevivir. Los padres también sacan provecho, porque la circunstancia de haber traído al mundo a su hijo contribuye a que puedan proseguir su aventura personal. Al ajustarse al otro, cada uno de los participantes en la interacción confiere a la familia su asombrosa individualidad.

Desde el momento en que aparece el impulso psico-sensorial en el feto, desde el momento en que el organismo se vuelve capaz de producir una representación lógica, de volver a traer a la memoria una información pasada, el lactante se impregna con las características más destacadas de su entorno, las aprende, las incorpora. A partir de ese instante, el principio de su vida psíquica queda organizado por un Modelo Operatorio Interno[51] (un MOI), una forma predilecta de tratar las informaciones y de responder a ellas.[52] Sin embargo, esta predilección es ya una huella del medio, una sucinta memoria, un aprendizaje. ¡Tan pronto como se ve empujado a la vida psíquica por su biología, el lactante aprende por predilección aquello que su medio le enseña a preferir!

Si aceptamos la expresión de «medio sensorial dotado de sentido», y sabiendo que el mundo sensorial se halla compuesto por las respuestas de comportamiento que se dirigen al niño, y que la atribución de sentido a los comportamientos se debe a la historia de los padres, quedaremos en condiciones de observar clínicamente cómo se tejen las primeras ligaduras del temperamento. Los gestos y los objetos puestos de relieve se convierten en los elementos sobresalientes del entorno que mejor perciben los niños. Lo que equivale a decir que los gestos y los objetos quedan resaltados por el hecho de haber sido dotados de sentido por la historia de los padres. En el momento de la ontogénesis del aparato psíquico, el embrión responde en primer lugar a las percepciones (pinchazo, presión, sonidos de baja frecuencia). Después, el feto aprende a responder a ciertas representaciones biológicas (memoria de imágenes, de sonidos o de olores). Por último, el niño que ya habla responderá a las representaciones verbales. A partir de ese momento, se podrá provocar o suprimir un sufrimiento mediante un simple enunciado: «Mamá te ha abandonado», o, por el contrario: «No llores más, enseguida vuelve».

Quiéreme para que tenga el coraje de abandonarte

Esta forma de abordar el desarrollo del vínculo permite comprender por qué los niños se ven obligados a desarrollarse en el seno mismo de los problemas que sus padres plantean. Estos modelos operatorios internos (MOI), impregnados en la memoria biológica del niño por el medio sensorial dotado de sentido de los padres, constituyen sus guías de desarrollo.

La historia de las ideas es curiosa. En los años cuarenta, los psicoanalistas René Spitz y John Bowlby tuvieron una «asombrosa convergencia»[53] de ideas con el ornitólogo Nikolaas Tinbergen y el primatólogo John Harlow. Para ellos, el hecho de realizar observaciones directas y de modificarlas mediante pequeñas variaciones experimentales no impedía en modo alguno la existencia de intimidad y de afectividad en el trabajo de la palabra. Nikolaas Tinbergen observó experimentalmente el elemento desencadenante del cebado de las crías de gaviota por un señuelo de cartón, mientras que René Spitz desencadenaba la sonrisa del bebé humano mediante una estilizada máscara. Estos dos investigadores también constataron que toda privación de entorno afectivo detenía el desarrollo de los seres vivos que tienen necesidad de establecer un vínculo afectivo para alcanzar la plenitud. A partir de 1940, Mary Ainsworth comenzó a sostener en su tesis que «la figura del vínculo afectivo actúa como una base que proporciona seguridad para la exploración del mundo físico y social del niño».[54] Tras haber trabajado varios años en Londres con John Bowlby, pudo comprobar sobre el terreno, en Uganda, la pertinencia de esta teoría. Sin embargo, ya entonces le parecían asombrosas las diferencias individuales: cada bebé tenía su propia forma de utilizar a su madre como base de seguridad para explorar el medio.[55]

La figura del vínculo afectivo (madre, padre, o toda persona que se ocupe con regularidad del niño), además de tener una función de protección, permite la puesta en marcha de un estilo de desarrollo emocional e induce una predilección de aprendizaje.[56]

La espiral de la interacción funciona desde los primeros días: el niño va a buscar en su madre las informaciones sensoriales (olor, brillo de los ojos, bajas frecuencias de la voz) que necesita para establecer un sentimiento de familiaridad. Tan pronto como se siente seguro, comienza a explorar el entorno. Sin embargo, su forma de explorar depende de la forma en que su madre haya respondido a su búsqueda de familiaridad.

En menos de tres meses, el lactante habrá adquirido una estabilidad de comportamiento, un «cómo» de la relación, una forma de ir él mismo en busca del tranquilizante natural y del estímulo para la exploración del que tendrá necesidad si quiere equilibrar su vida emocional. Antes de que termine su primer año de vida ya se habrá afianzado su pequeño carácter. Sabremos cómo procederá para expresar sus angustias, para calmarse, para seducir a los desconocidos, para huir de ellos o, en ocasiones, para agredirles. En pocos meses, el lactante, que no era más que lo que percibía, se ha convertido en un actor en su triángulo. Y eso trastoca su manera de ser en el mundo.

Si me hallo solo en mi desierto, frente a un vaso de agua, el problema es sencillo: si tengo sed, bebo. Pero basta la simple presencia de un tercero para que beba ese vaso de agua… bajo su atenta mirada. Mi emoción habrá cambiado de naturaleza, ya que, mezclado con el placer de beber, experimentaré el desagrado de beber… ante los ojos de alguien que se muere de sed. Cuando estoy solo respondo a un estímulo. Pero en un triángulo, la situación cambia y, de un solo golpe, me veo obligado a responder a una representación. Es decir, todo lactante que se desarrolle en el triángulo de un vínculo afectivo experimenta emociones que tanto pueden desencadenarse por efecto de sus percepciones como a causa de sus representaciones.

No bien termina el primer año de nuestra existencia, nos vemos ya inmersos en un proceso que nos lleva a relativizar el mundo de las percepciones y a comenzar a levantar el andamiaje de la teoría del espíritu que atribuye a los demás emociones, creencias e intenciones.

El andamiaje del modo de amar

Una vez alcanzada esta altura del andamiaje, podemos observar e incluso valorar el modo en que queda impregnado un temperamento en el niño. Una sencilla prueba puesta a punto por Mary Ainsworth permite evaluar este «cómo» de la vinculación afectiva precoz.

Una discreta observación experimental permite observar cómo se las arregla un niño de una edad comprendida entre los 12 y los 18 meses para resolver la inevitable angustia que experimenta cuando su madre se ausenta, y también nos permite observar cómo reacciona a su regreso. Ocho sesiones de uno a tres minutos permiten revelar su estrategia: a) En primer lugar, le vemos jugar en compañía de la figura de su vínculo afectivo (madre, padre, o adulto que le resulte familiar); b) La madre se va; c) Llega una extraña y el niño se encuentra en presencia de una figura desconocida y d) La madre regresa.

Una vez cumplidas las cuatro secuencias, volvemos a iniciarlas postulando que el niño, que acaba de vivir esta situación, ha aprendido que su madre va a regresar. Hay por tanto una sucesión de sentimientos: seguridad, separación, presencia no familiar, reencuentro. Esto nos permite describir cuatro tipos de relación de vínculo afectivo: protector, de evitación, ambivalente y desorganizado.[57]

El vínculo afectivo protector,[58] el más frecuente (65%), y fácilmente observable en cualquier cultura, es el que muestra un niño que, al obtener seguridad gracias a la presencia de una persona con la que está familiarizada, no duda en alejarse de su madre para explorar su pequeño mundo y volver después a su lado para compartir el entusiasmo de sus descubrimientos. En el momento de la primera separación, este tipo de niño encuentra una solución para resolver su angustia. Se aproxima a la puerta, se concentra en sus descubrimientos, acepta parcialmente los intentos de apaciguamiento que realiza la persona desconocida, y, tan pronto como regresa su madre, se precipita hacia ella para intercambiar algunos contactos y sonrisas, mostrándole el resultado de sus exploraciones.

El vínculo de evitación (20%) revela otra forma de abordar la relación afectiva. En presencia de su madre, el niño juega y explora pero no comparte. Cuando la madre «desaparece», su desamparo es difícil de consolar. Y cuando vuelve, no corre hacia ella para obtener seguridad; como mucho, dirigirá su atención hacia un juguete que no esté demasiado alejado.

El vínculo afectivo de carácter ambivalente (15%) muestra un niño muy poco dado a la exploración mientras su madre está presente. Su angustia es grande cuando desaparece. E incluso tras su regreso, sigue siendo difícil de consolar.

Por su parte, el vínculo afectivo desorganizado (5%[59]) describe la situación de aquellos bebés que no han podido elaborar estrategias de comportamiento que les permitan tranquilizarse y explorar. No saben utilizar a su madre como base de seguridad cuando se halla presente, y tampoco saben obtener tranquilidad aproximándose a ella cuando regresa. En este pequeño grupo, la estrategia afectiva es curiosa. El niño permanece inmóvil cuando regresa la madre, a veces se aproxima a ella con la cabeza vuelta hacia otro lado, o llega incluso a golpearla o morderla.

Al terminar el primer año, los niños ya exhiben un estilo de relación, una forma de ir en busca del afecto que necesitan.

Estos pequeños escenarios de comportamiento permiten comprender que, en el vínculo afectivo de tipo protector el niño adquiere un recurso interno. A la edad de doce meses, ya ha aprendido cómo debe utilizar a su madre para explorar su mundo y compartir sus victorias. ¡Y cuando la madre «desaparece», sabe cómo encontrar un sustituto en un objeto o en una persona! En esos casos, obtiene su seguridad mediante el contacto con un osito de peluche u otro objeto impregnado que represente a su madre ausente, o bien se aproxima tímidamente a la desconocida para tratar de establecer con ella un nuevo lazo de seguridad.

En el comportamiento de evitación, la madre no ha adquirido ese estatuto privilegiado de figura de vínculo afectivo. Su presencia no provoca la cálida interacción que permite al niño restablecer sus recursos tras cada prueba exploratoria. Esta es la razón de que, tras la ausencia de la madre, que al partir ha convertido en un desierto el mundo sensorial del niño, su regreso no provoque la feliz reposición de energías que propicia el reencuentro. Este tipo de niño no ha adquirido el recurso interno que le permitiría encontrar, en caso de desaparición de la madre, bien un sustituto capaz de brindarle seguridad, bien ir en busca de un nuevo vínculo afectivo con una desconocida.

En el vínculo afectivo ambivalente, los bebés poco dados a la exploración son difíciles de consolar y no han aprendido a establecer más relación de ayuda que la que obtienen mediante la expresión de su angustia. Sin angustia, nos encontramos en pleno desierto. Con la angustia nace la esperanza de que alguien venga en nuestra ayuda.

Por último, los niños cuyo vínculo afectivo pertenece al tipo desorganizado se encuentran completamente desorientados. En el transcurso de los 12 a 18 primeros meses de su existencia, no han podido desarrollar la menor estrategia de búsqueda afectiva o de lucha contra la desesperación. Su madre es a un tiempo fuente de consuelo y origen del temor de la pérdida. Estos niños no saben dirigirse a ella para adquirir seguridad y tampoco saben acudir a la extraña, no saben encaminarse hacia un objeto y tampoco saben orientar su atención hacia su propio cuerpo, el cual, siendo absolutamente familiar, habría podido proporcionarles un sentimiento de seguridad mediante comportamientos autocentrados de balanceo, ritmos de amodorramiento o chupeteos del pulgar. Entonces aparecen una serie de movimientos extraños que, a los ojos de un adulto, no quieren decir nada. Y dado que este niño no comunica ningún significado con su cuerpo inmóvil, su mirada ausente y sus gritos imprevisibles, transmite una impresión de extrañeza que desorienta a su vez al adulto.

Los orígenes míticos de nuestros modos de amar

Cuando nos entrenamos para poder razonar en términos de sistemas circulares no cerrados, comprendemos que estas distintas estrategias de comportamiento provienen de orígenes diferentes.

El fallo que desajusta el sistema puede provenir del niño. Puede incluso ser de origen biológico. Y en absoluto hay que excluir las respuestas afectivas de los padres, que tejen un tipo de vínculo afectivo en función del sentimiento que esa alteración provoca en ellos. Pienso en un padre lleno de ternura ante la trisomía de su hijo. La vulnerabilidad del niño, su amabilidad, su cabeza redonda, sus comportamientos de muñeco patoso, todo inflamaba su deseo de hacer feliz a un niño tan desamparado. La alteración biológica del chiquillo, al encontrar una necesidad de entrega, necesidad que probablemente arraigaba en la historia del padre, había tejido entre ambos un espléndido vínculo afectivo, hasta el punto de que el padre había renunciado a trabajar para poder ocuparse mejor del niño. Sin embargo, la madre, desdichada, herida por la anomalía del bebé, se sentía exasperada por la delectación que encontraba su marido en el sacrificio. En el triángulo que se formó de este modo, la madre adoptaba la figura de la bruja y el marido la del ángel. Y eso era injusto, porque el marido «se había quedado en casa» de muy buena gana –hasta tal punto le aburría su oficio–, mientras que la madre trabajaba 14 horas al día para sostener un hogar en el que se la había demonizado.

Los mitos sociales pueden modificar este triángulo, incluso en el caso de que el único elemento responsable de poner en marcha las interacciones alteradas sea un trastorno biológico. En el síndrome de Lesh-Nyhan, del que ya he hablado, un gen defectuoso se muestra incapaz de degradar el ácido úrico. El niño se vuelve tan violento que muerde, se lacera y llega a golpearse la cabeza contra el suelo. Los servicios sociales, que ignoraban las determinaciones genéticas y se complacían en detectar la violencia doméstica, acudieron rápidamente a socorrer a este niño, acusando a los padres de maltrato. Otro ejemplo de contrasentido mítico es el que nos proporciona la enfermedad de los huesos de cristal. Este tipo de niños pueden fracturarse un hueso con un simple estornudo. De este modo, algunos radiólogos se creyeron en condiciones de poder suministrar una «prueba» radiológica de la crueldad de los padres y se consideraron autorizados para acusarles de comportamiento violento.[60]

Cuando una relación se encuentra alterada, es posible incidir sobre uno de los dos miembros de la pareja que interactúa, pero, si lo que queremos es producir una modificación de conjunto, resulta más eficaz introducir una tercera persona. Una madre que se siente perseguida por su hijo, al que percibe como un ser extraño, muestra frecuentemente una tendencia a permitir que una tercera persona se haga cargo de él, por ejemplo, un médico, un educador o un juez. Si esta tercera persona no interviene, el riesgo de maltrato crece. Pero si interviene, la mediación modifica las respuestas maternas.

Los cuatro tipos de vínculo afectivo que se han indicado y que aparecen entre los 12 y los 18 meses caracterizan el andamiaje de las primeras plantas. Son pertinentes pero pueden modificarse tan pronto como surja un acontecimiento que cambie un solo punto del sistema. Puede tratarse del bebé cuando nos encontramos ante una enfermedad curable, como en la fenilcetonuria, en la que una simple dieta, al metamorfosear por completo al niño, mejora inmediatamente a la madre. Ésta constituye un punto privilegiado, ya que, en ocasiones, su depresión provoca que se instale en el bebé un supervínculo de naturaleza ansiosa.[61] Al notar que le rodea un medio sensorial trágico y silencioso, el niño, que ni se encuentra seguro ni recibe estímulos, se ata a su base de inseguridad y ya no se atreve a abandonarla. Sin embargo, la presencia reconfortante del marido, la palabra vigorizadora de un tercero, o la puesta en marcha de un proyecto, al mejorar la situación de la madre, pueden transformar al niño. En la mayoría de los casos, los niños de madres deprimidas terminan por aletargarse y desinteresarse del mundo. No obstante, es fácil «reanimarlos», a condición de que la madre se encuentre mejor o que haya un sustituto que decida entrar en el mundo de estos niños y les invite a establecer una relación. Sin embargo, son los adultos los que han de proporcionar las guías de resiliencia, ya que los niños que conviven con una madre deprimida saben aceptar las invitaciones pero no se atreven a tomar la iniciativa. No solicitan la interacción de los demás, pero se muestran encantados de que se les anime a interactuar.[62]

El temperamento de un niño de entre 12 y 18 meses de edad, su estilo de comportamiento, su modo de establecer el vínculo afectivo, todo ello constituye un excelente testimonio de los primeros pespuntes de su lazo. Esta base, bien tejida, podrá resistir mejor en caso de desgarro, pero cuando una ligadura falla a causa de algún accidente de la vida, existen numerosas posibilidades de poder volver a dar la puntada.

Los cuatro tipos de vínculo afectivo tienen un buen pronóstico… ¡a corto plazo! Un niño impregnado por un vínculo protector (65%) tiene un pronóstico de desarrollo mejor y una mejor resiliencia, ya que, en caso de desgracia, habrá adquirido un comportamiento de seducción capaz de enternecer a los adultos y transformarlos inmediatamente en base de seguridad. Los niños con vínculos afectivos de evitación (20%) mantienen a distancia a los responsables que estarían dispuestos a ocuparse de ellos. Y en cuanto a los vínculos afectivos de los tipos ambivalente (15%) y desorganizado (5%), hay que decir que son de mal pronóstico, ya que los adultos, debido a lo difícil que es querer a estos niños, se despegan de ellos o los rechazan.

Sin embargo, estos estilos no duran más que lo que duran los contextos. En una familia, una institución o una cultura petrificadas, será difícil deshacerse de la etiqueta adquirida, y los hábitos de relación sólo podrán reforzarse. Por el contrario, en un contexto vivo, las fuerzas moldeadoras cambian incesantemente. Las presiones, que son de índole sensorial en el caso del bebé, se vuelven de tipo ritual en el caso del niño. Y cuando el deseo sexual surge en el adolescente, el tabú del incesto y los circuitos sociales rigen firmemente su estilo de relación.

Quisiera matizar lo que acabo de decir. He dicho: «Los estilos sólo duran lo que duran los contextos». He llegado a pensar finalmente que persisten pese a todo cuando el contexto cambia, dado que están impregnados en la memoria del niño. Los aprendizajes inconscientes que moldean los temperamentos hacen que los lactantes se vuelvan sensibles a determinados objetos e inducen en ellos un estilo de interacción predilecto. Cuando cambia el contexto, un breve período de adaptación inversa hace posible que el niño experimente cambios en una dirección opuesta. Un niño risueño puede volverse taciturno en pocos días y transformarse en un niño con vínculo de evitación, o incluso con vínculo desorganizado, tras la hospitalización de su madre. Otro niño, por el contrario, puede mejorar su producción de sustitutos maternos, diversificar el tipo de objetos que se la recuerdan o lograr que prospere su inclinación a la búsqueda de contactos. Puede ocurrir que un bebé inconsolable se calme tan pronto como nazca un hermano o una hermana que le proporcionen una presencia que le ofrezca seguridad.

Estos procesos de adaptación inversa permiten que otros elementos determinantes, de diferente origen, se compaginen para modificar la esfera que moldea al niño. En primer lugar, el mundo de los estímulos sensoriales cambia con la desaparición de la madre o con la aparición del segundo bebé. Sin embargo, los adultos no pueden evitar atribuir un sentido a los comportamientos de cada recién nacido: «El segundo es más cariñoso…, llora menos. No hay que ceder a los caprichos del primero». O, por el contrario: «Es maravilloso, se ayudan cuando están juntos, el uno calma al otro». La interpretación de los padres, el significado que adquiere para ellos el menor comportamiento del bebé, explican la forma de los gestos que dirigen al niño como respuesta.

Los cambios en el estilo de relación que a menudo se observan cuando se producen modificaciones en el entorno dependen a partir de ese instante de la separación entre los comportamientos temperamentales adquiridos por el niño y las diferentes interpretaciones que puedan encontrarle los adultos. Esta es la razón de que un cambio social de los padres suponga una inflexión en la trayectoria del desarrollo de los niños. Un conflicto entre los padres los desespera en la mayoría de las ocasiones, pero puede mejorar la conducta de algunos al hacerlos más responsables y permitirles superar su anterior «infantilismo». Del mismo modo, la hospitalización de uno de los padres puede desesperar a un niño y provocar la maduración de otro. E incluso un cambio de domicilio puede bloquear el desarrollo de algunos niños si los aísla en un medio nuevo, o, por el contrario, liberarlos de la sensación de agobio que antes experimentaban en un medio excesivamente protector.

Por consiguiente, en un medio estable, un temperamento impregnado en el niño genera un estilo de relación fácil, expansivo o difícil. Sin embargo, cuando el medio cambia, o cuando cambia el niño, un mismo estilo de relación puede adoptar distintas direcciones.

Cuando el estilo afectivo del niño depende del relato íntimo de la madre

Resulta que las recientes investigaciones sobre el vínculo afectivo sostienen que las primeras guías de desarrollo que estabilizan el medio del niño se ponen en marcha antes de su nacimiento, cuando la madre cuenta cómo imagina su futura relación con el bebé que lleva en su seno.[63] El mundo interno de los padres se ha forjado en el transcurso de su propio desarrollo. Un mundo interno que constituye la fuente de los «modelos operatorios internos» (MOI) que representarán el primer entorno del recién nacido.

La observación se detalla como sigue. En un primer momento, un lingüista valora el modelo operatorio interno de los padres durante una «entrevista sobre el tipo de vínculo afectivo de los adultos».[64] El lingüista les pide que cuenten cómo imaginan la relación de su vínculo afectivo con el niño que está por llegar. Unos cuantos meses más tarde, un etólogo analiza el modo de interacción que se ha organizado en torno al recién nacido. Un año más tarde, la prueba de la situación extraña definida por Mary Ainsworth[65] concede al etólogo la posibilidad de valorar el estilo de comportamiento del niño, su forma de establecer los vínculos y el modo en que él provoca, a su vez, las respuestas de los adultos.

Cuando un discurso pertenece al tipo «protector autónomo», describe unas futuras situaciones de vínculo coherentes y cooperadoras: «cuando llore, sabré calmarle. No siempre será fácil, pero nos pondremos a jugar a cosas que le permitan aprender…». Entre cuatro y seis meses más tarde, los comportamientos dirigidos al niño configuran un entorno coherente compuesto por actitudes de ayuda e interpretaciones festivas: «Ven pequeñín. Tienes un disgusto muy grande, ¿verdad?». Los gestos, las mímicas y la música de las palabras construyen alrededor del niño un medio sensorial coherente y apaciguador.

Un año más tarde, el estilo temperamental que ha quedado desvelado durante la prueba de la situación extraña revela la adquisición de un vínculo afectivo de tipo protector. El niño, reconfortado por la madre, explora su mundo. Cuando se ausenta, el bebé la simboliza inventando objetos tranquilizadores para sustituirla. Habiendo adquirido un comportamiento de seducción, transforma a la extranjera en una nueva figura de vínculo. Y cuando regresa su madre, el niño festeja el reencuentro y restablece los lazos que le unían a ella. Ha transformado su prueba de pérdida afectiva y de angustia en un triunfo creador. Esta victoria le da confianza, ya que ha aprendido que, en lo sucesivo, en caso de encontrarse solo, sabrá inventar un objeto tranquilizador o buscar a un adulto que le sirva de figura de vínculo y actúe como nueva base de seguridad. Cada vez teje mejor su ego resiliente.

Cuando el discurso de la embarazada es de tipo «desapegado», se observa que la futura madre expresa unos sentimientos disociados que extrae de sus recuerdos: «Mi madre era formidable… Nunca estaba a mi lado cuando la necesitaba…». Seis meses más tarde, la observación directa revela comportamientos difíciles de tratar por un bebé. La madre quiere cogerlo y abrazarlo afectuosamente contra su pecho en el mismo instante en el que, justamente, él siente interés por un objeto exterior. Después lo rechaza cuando se produce un pequeño disgusto que, justamente, hacía que el bebé la necesitara. Tras cumplir el primer año, el niño habrá adquirido un vínculo afectivo de evitación: nada de llantos cuando la madre se marcha, nada de seducir a una extraña, nada de fiestas gestuales cuando se produce el reencuentro.

El tercer tipo de discurso es del género que llamamos «preocupado». La madre, pasiva, temerosa, no domina su mundo interior. Se comprende mal lo que quiere decir. Con el fin de llenar el vacío de sus pensamientos, emplea muchas muletillas (esto y lo otro…, o sea…). Cautiva de una preocupación íntima mal detectada, la madre configura con sus expresiones verbales y de comportamiento un mundo sensorial que no arropa verdaderamente al lactante. Un año más tarde, los niños que han de desarrollarse en un mundo de estas características forman el grupo de los inconsolables, de los niños mal centrados y poco coherentes que tienen una elevada probabilidad de padecer accidentes físicos.

En cuanto al último grupo, constituye la demostración del modo en que una futura madre desorganizada por su propia desgracia, por un duelo reciente o duradero, por una depresión que la tortura, genera con su sufrimiento un mundo sensorial que resulta incoherente para el lactante. Esta madre puede aferrarse a él para calmarse ella, cediendo a un feroz impulso de supervínculo, y en el instante inmediatamente posterior, desesperada, agotada, zarandearlo con dureza. Esta madre considera a su hijo como un agresor cuando lo único que el niño hace es pedir un poco de seguridad. Un simple gesto, una sonrisa o una palabra apaciguadora habrían bastado, si la madre hubiera tenido fuerzas para exteriorizarlas. Este tipo de niños, embrutecidos, se vuelven incapaces de ir en busca de su base de seguridad. En el transcurso de su primer año de vida, no son capaces de aprender a salir airosos de la inevitable prueba que supone la angustia de la separación. Toda presencia les resulta insoportable, dado que les transmite angustia y les desorganiza el mundo.[66] Toda ausencia se les hace insufrible, ya que no han tenido ocasión de aprender a inventar un sustituto tranquilizador, no saben cómo aferrarse a un osito de peluche u otro objeto semejante, y no han asimilado el modo de entregarse a un canturreo o a una imagen mental que representen a la madre y asuman su función de fuente de seguridad cuando se ve obligada a marcharse.

Este esquema de razonamiento, fuertemente inspirado en las investigaciones de Mary Main, se ha visto asombrosamente confirmado por los trabajos más recientes.[67] La mayoría de los tratamientos matemáticos que analizan el comportamiento del niño entre los 12 y los 18 meses de edad, comportamiento previsto con mucha antelación por el discurso materno, han confirmado que «los modelos operatorios internos de las madres, valorados durante su embarazo, permiten predecir en más del 65% de los casos el tipo de vínculo afectivo que tendrá su hijo a los 12 meses de edad».[68]

A pesar de la importancia del efecto moldeador de las representaciones maternas, conviene matizar esta cifra que, como todos los determinismos humanos, dista mucho de verificarse en el 100% de los casos.

Una madre que recibe apoyo afectivo y tiene sostén social puede ofrecer mejores brazos

¡La forma del campo sensorial que rodea al niño y lo moldea no sólo se explica por medio de las representaciones que realiza uno de los padres (es decir, por los modelos operatorios internos que pone en marcha), sino por las que despliegan ambos! De hecho, las representaciones maternas dependen sin duda de su propia historia vital: «Cuando vi salir al bebé de mi cuerpo, vi el rostro de mi padre entre mis piernas. Me maltrató mucho. Aún le tengo miedo, así que detesté inmediatamente a ese niño». Hay que repetir no obstante que la simple presencia del marido en el triángulo hace que se combinen los psiquismos de los dos miembros de la pareja, y que eso modifica las representaciones del bebé: «Cuando mi marido está junto a mí, me siento su mujer. Ya no veo a mi padre del mismo modo, y tampoco a mi hijo. Cuando juego a ser una niña con mi marido, veo a mi hijo de distinta forma, y ya no me da miedo». Lo que se impregna en el niño es la pareja que forman los padres, el modo en que los dos se asocian, la reunión de sus mundos psíquicos y no una serie de causalidades lineales.

Así es como opera el triángulo, organizando entornos sensoriales y acciones de tipo cooperador, estresado, abusivo o desorganizado.[69] Entre 12 y 18 meses más tarde, estas parejas de padres con estilos diferentes habrán impregnado en el niño unos estilos de relación más o menos resilientes. En caso de pérdida o de desgracia, ciertos niños habrán aprendido a ir por propia iniciativa en busca de los sustitutos afectivos necesarios para la continuación de su desarrollo. Por el contrario, una madre sola o desesperada por su pasado, por su marido o por su entorno social podrá empujar al niño, sin pretenderlo, al aprendizaje de un estilo de relación de evitación, ambivalente o embrutecido. Cuando sobrevienen los accidentes de la vida, cuando los lazos se desgarran, estos niños tienen dificultades para encontrar en su nuevo medio los elementos necesarios para reanudar su desarrollo. Necesitan encontrar a unos adultos con el suficiente talento como para tenderles una mano a pesar de lo difícil que les resulta a esos niños establecer un vínculo afectivo. En ocasiones es preciso que algunas personas responsables adquieran una formación profesional que les capacite para entrar en el mundo de estos niños difíciles y permitirles tejer al menos una resiliencia.

La última corrección importante que es preciso introducir en esta noción de impregnación de los temperamentos, consiste en recordar que, por el simple hecho del empuje vital, los niños no pueden no cambiar. En cada etapa de su desarrollo, se vuelven sensibles a nuevas informaciones. Por consiguiente, las guías de resiliencia cambian de naturaleza: tras haber sido de carácter sensorial en el bebé, se convierten en guías de tipo ritual en la edad de la guardería, y se transforman por completo con la aparición de la palabra. Esta es la razón de que la fuerza de la asociación entre las representaciones maternas y la adquisición por parte del niño de un particular estilo de vínculo afectivo disminuya al llegar la edad escolar.[70] En este estadio de su desarrollo se incorporan las guías exteriores a la familia. Por el simple efecto de la maduración de su sistema nervioso y de la adquisición de la palabra, el mundo del niño se amplía. Se vuelve capaz de ir a buscar a lugares más alejados las informaciones necesarias para su plena expansión. Comienza a escapar al mundo de lo sensorial confeccionado por los padres, y se muestra dispuesto a ir en busca de otros elementos determinantes.

Este proceso de alejamiento no puede producirse mientras el niño se encuentra prisionero de su madre, de su padre o de una institución. Cualquier desgarro será difícil de reparar si el sufrimiento de la madre la hace incapaz de brindar seguridad al niño, si la psicología del padre hace imperar el terror, o si una sociedad petrificada transforma en estereotipos los comportamientos que se dirigen al niño. Si la madre está enferma, se siente alterada o se encuentra prisionera de un marido o de una sociedad rígida, los niños adquirirán unos estilos de vínculo afectivo que los vuelvan inseguros o que resulten embrutecedores.[71] En caso de accidente, estos niños son vulnerables. Sólo pueden tejer una resiliencia si encuentran a unos adultos motivados y formados para este trabajo, cosa que depende esencialmente de quienes han de tomar las decisiones políticas.

Efectivamente, los niños que han establecido con facilidad un vínculo afectivo no tendrán ninguna dificultad en pasar a la siguiente fase de su andamiaje psíquico, debido a que es agradable quererlos y a que se han convertido ya en autores de su vínculo. Este estilo temperamental es una forma de amar que facilita el tejido de ulteriores vínculos afectivos: los que se establecerán en la guardería y con los adultos que no le resulten familiares, adultos a los que los niños preverbales saben transformar en base de seguridad. De este modo, se consolida una estabilidad interna con la complicidad inconsciente de los adultos que, atraídos por estos niños, robustecen más aún a los que ya eran fuertes.

Lo que corre el riesgo de instalarse en el caso de los niños impregnados con un vínculo afectivo generador de inseguridad es una espiral de signo opuesto. Un niño con vínculo de evitación no gratifica a un adulto, un niño ambivalente lo exaspera, y un niño embrutecido le desanima, todo lo cual agrava sus dificultades de relación.

Sin embargo, los estudios diacrónicos, los que hacen un seguimiento de los niños durante varias décadas, observan que es en esta categoría de los vínculos productores de fragilidad donde con más frecuencia se producen las metamorfosis. La memoria del niño se impregna con un vínculo afectivo frágil cuando es imposible salir de la díada madre-hijo porque el observador se niega a ello –bien por consideraciones de método, bien por alguna cuestión de ideología–, y cuando la madre se aísla por razones que emanan de su propia historia o a causa de las obligaciones sociales. Sin embargo, en este estadio del desarrollo la memoria es muy viva y el menor cambio de contexto modifica las adquisiciones del niño. Las relaciones conyugales evolucionan, los miembros de la pareja no son inmutables, las madres mejoran tan pronto encuentran un apoyo, y también puede suceder que quienes han de tomar las decisiones políticas dejen de provocar la desesperación de la familia impulsando la economía o creando instituciones sociales y culturales capaces de proponer nuevas guías a estos niños frágiles. Se constata entonces que el simple hecho de disponer en torno al niño una serie de informaciones cada vez más lejanas, primero sensoriales, más tarde verbales, y finalmente sociales y culturales, facilita su plena expansión, ya que de este modo se promueve la apertura de su conciencia.

Un entorno constituido por varios vínculos afectivos aumenta los factores de resiliencia del chiquillo. Cuando la madre falla, el padre puede proponer al niño unas guías de desarrollo que serán diferentes a causa de su distinto estilo sexual, pero que poseerán no obstante la suficiente eficacia como para darle seguridad y estímulo.[72] Y si el padre llega a fallar también, los demás miembros del grupo doméstico, las familias de sustitución, las asociaciones de barrio, los clubes de deporte, los círculos artísticos o de compromiso religioso, filosófico o político pueden a su vez proporcionar apoyo al niño.[73]

Esto equivale a afirmar que en el transcurso de los dos primeros años, la apertura de la conciencia del niño por efecto de una serie de informaciones cada vez más alejadas de una base de seguridad, así como la puesta en marcha, en torno a él, de un sistema protector compuesto por varios vínculos, favorece la probabilidad de que se produzca una resiliencia. Sin embargo, pese a ser cierto que una madre con apoyo afectivo y social ofrece mejores brazos a su hijo, y que una familia robustecida por las decisiones económicas y culturales dispone alrededor del pequeño unas mejores guías de resiliencia, también hay que tener en cuenta que este proceso muestra que una pulsión que en principio es únicamente biológica ha de recibir, tan pronto se manifiesta, su correspondiente contenido histórico.

Cuando los gemelos no tienen la misma madre

La situación de los gemelos va a permitirnos trabajar esta idea. Se concibe sin dificultad que los mellizos, al haber sido concebidos a partir de óvulos distintos y presentar una morfología y un temperamento diferentes, provoquen en los padres sensaciones y sentimientos dispares. En el caso de los monocigóticos, o gemelos idénticos, este razonamiento sigue siendo pertinente. En la época en que no existía la ecografía, era frecuente que las mujeres acogieran con alegría al primer bebé y que su primera frase predijera el modo en que se disponían a organizar la esfera de los comportamientos dirigidos al niño. Con frecuencia, el anuncio del segundo gemelo representaba una conmoción para estas mujeres exhaustas que ya creían haber terminado el parto. La idea de tener que seguir sufriendo, justo cuando ya se consideraban liberadas, las llevaba a reclamar, en la mayoría de los casos, la anestesia que no habían querido aceptar en el parto del primer gemelo. Este segundo bebé, pese a sus semejanzas con el primero, adquiría casi siempre el significado del que está de más. En los días inmediatamente posteriores, una minúscula diferencia de morfología o de comportamiento permitía a la madre diferenciarlos y dirigir a cada uno de ellos gestos, mímicas y palabras capaces de construir entornos sensoriales distintos. En nuestros días, la ecografía suprime la conmoción de ese anuncio,[74] pero no suprime la génesis de entornos diferentes.

Con tres meses de edad, dos gemelos dicigóticos, a los que llamaremos Mocoso y Mocosa, recibían ambos su comida en sendas sillas para bebés colocadas sobre la mesa de la cocina. A su alrededor reinaba una gran agitación. El padre, la madre, la abuela y el abuelo se atareaban para ir introduciendo cucharadas de puré en la boca de los niños. Mocoso, con triple papada y sin una sola sonrisa, comía concienzudamente. Mientras tanto, Mocosa hacía gala de un temperamento muy distinto, siempre alerta. De pronto, Mocosa, estimulada por algún ruido o algún gesto inesperado, se echa a reír ruidosamente, mientras Mocoso, insensible a esta información, continúa masticando. Los cuatro adultos perciben la carcajada de la niña, pero será la madre la que dé un significado a algo que, sin su intervención, no habría pasado de ser una sonora risotada. Dice la madre: «¡Caramba, ésta va a ser una cruz para los hombres!».

Contando la niña únicamente tres meses de edad, cabía esperar que los hombres dispusiesen aún de algunos años de tranquilidad. Sin embargo, lo que ha cambiado en ese mismo instante, por efecto de la interpretación de la madre, es la «estructura de atención». Nada más pronunciarse la frase, los cuatro adultos empezaron a concentrar su atención en la niña. Le sonreían, la acariciaban y le hablaban, mientras Mocoso, solo junto a ella, continuaba mascando. Veinte años más tarde, al someterse a unas sesiones de psicoterapia, la joven dirá: «Nuestros padres nos agobiaban con su cariño». Mientras el joven, por su parte, protesta extrañado: «¿Qué estás diciendo? Siempre estábamos solos». Y los dos tendrán razón, porque la interpretación de la madre, emanada de su propia visión de la dulce guerra de los sexos, había fraguado dos universos sensoriales distintos.

A veces, el simple comportamiento de un lactante conmueve a la madre porque evoca un punto sensible de su propia biografía. Cuando vinieron al mundo Lou y Cloclo, dos gemelas dicigóticas, pronto se hizo patente que poseían un carácter muy distinto. Una era dulce y sonreía con gran delicadeza, mientras que la otra, extremadamente vivaracha, se echaba a reír, a llorar o a brincar desde los primeros días de su vida. De hecho, la atribución de nombres de pila correspondía al estilo de temperamento de las niñas. Una había recibido el nombre de «Lou» en vista de la dulzura de sus ademanes, mientras que a «Cloclo» se le había puesto un nombre divertido porque se la consideraba divertida. Y si las primeras frases expresaban el significado que los padres atribuían al niño recién nacido, la elección del nombre de pila obedece a una influencia de afiliación. En una cultura donde la esfera social organiza la afiliación, es frecuente que el recién nacido reciba el nombre de un gran hombre. Sin embargo, en una cultura donde la persona es un valor, el nombre que se da a un niño revela el sentimiento que provoca en el mundo íntimo de sus padres. En este sentido, la similitud morfológica de los gemelos explica la frecuencia con la que estos niños reciben nombres de fonética similar, como Marie-Claire y Marie-Claude, o como Thomas y Mathieu.[75]

Para la madre de Lou, la dulzura evocaba un recuerdo casi doloroso de su propia historia: «Mi madre detestaba la dulzura de carácter. Me llamaba "Malvavisco". Quería que yo me sublevase. A mí, en cambio, la dulzura de Lou me llega muy dentro. Yo sabré comprender a una niñita dulce. Y en cuanto a Cloclo, ésa siempre sabrá arreglárselas». El temperamento de cada niña, al tocar determinados puntos sensibles y evocar recuerdos dolorosos en la historia de la madre, provocaba unas respuestas diferentes capaces de organizar mundos distintos en torno a cada niña: un mundo muy próximo en el caso de Lou, y algo más distante en el caso de la espabilada Cloclo. Transcurridos 18 meses, Lou se había convertido en una mocita apacible, fácil de consolar, mientras que la divertida Cloclo chillaba de desesperación cada vez que se separaba de sus figuras de vínculo o, simplemente, cuando se le caía al suelo el osito de peluche.

Cuando los gemelos son monocigóticos y manifiestan un temperamento similar, el menor indicio morfológico sirve de soporte para un significado. «Éste se llamará Mathieu y este otro Thomas», nos decía la señora Martin. «¿Cómo consigue usted diferenciarlos?», preguntamos. «Pues bien», contestó, «Mathieu tiene la cabeza más redondeada y Thomas la tiene un poco más alargada». Nosotros no lográbamos apreciar ninguna diferencia. Los brazaletes con la inscripción de sus respectivos nombres nos ayudaban a no confundirlos. Muy pronto, la señora Martin era ya incapaz de despistarse. Según nuestra teoría, era preciso interpretar qué significaba para ella ese indicio morfológico, y también había que establecer las respuestas de comportamiento que la diferencia craneal generaba en torno a cada niño.[76] «Me abandonaron a la edad de 18 meses», nos explicó entonces la señora Martin. Sufrí tanto que me juré a mí misma que me convertiría en una madre perfecta. Ahora bien, un bebé de cabeza redonda seguirá siendo un bebé durante más tiempo; el otro se parecerá muy pronto a un adulto.» La identidad narrativa de la señora Martin la había vuelto sensible a un índice craneal que para ella significaba lo siguiente: «Al seguir siendo bebé durante más tiempo, me permitirá ser madre durante más tiempo». Durante los meses que siguieron, la señora Martin hablaba con más frecuencia con ese bebé que con el otro. Era también ese el bebé al que primero cogía en brazos, y a él al que más sonreía. Interactuaba con el bebé de cabeza redonda mucho más que con el bebé de cabeza alargada porque su historia había atribuido un sentido privado a ese indicio morfológico. Dos meses más tarde, el señor cabeza redonda se dormía apaciblemente y se despertaba sonriendo, mientras que el señor cabeza larga, pese a tener la misma dotación genética, tenía dificultades para conciliar el sueño y se despertaba haciendo muecas de disgusto.

¡Ahora bien, si un bebé se despierta sonriente, provocará la sonrisa de la madre, y si se despierta huraño, no la verá regocijarse! Por consiguiente, cada uno de los niños, de forma inconsciente, se había vuelto cómplice de lo que podía ver en el otro. La madre, para quien el señor cabeza larga significaba «me abandonará demasiado pronto y me privará del placer de ser madre», se ocupaba de ese niño con cierto distanciamiento. El entorno sensorial, menos estimulante en su caso, modificaba la estructura de su sueño y las secreciones neuroendocrinas que se asocian al sueño. Al ver su malhumorado despertar, la madre obtenía la «prueba» de que ese niño era menos bueno que el otro. El señor cabeza larga se tenía que relacionar con una madre arisca, mientras que el señor cabeza redonda disfrutaba de una madre siempre sonriente.[77] Cada uno de los miembros de la relación veía en el otro lo que él mismo o ella misma había puesto. Con todo, es importante subrayar que ningún bebé es responsable de su madre, del mismo modo que ninguna madre es responsable de su historia.

Al tener que desarrollarse en un medio sensorial provisto de un sentido diferente en virtud de la historia de la madre, la idéntica dotación genética de los gemelos se iba estructurando en direcciones opuestas. Hacia la edad de 18 meses, la delicada Lou y el señor cabeza redonda se habían convertido en los elementos dominantes de sus respectivas parejas de gemelos. Ellos eran los que tomaban la iniciativa en las interacciones, en los actos de exploración, en los juegos y en el empleo de las palabras. Su sueño era de mejor calidad y su despertar más lozano. Esta epigénesis, este modelado de la biología por efecto las presiones del entorno, explica por qué el 80% de las parejas de gemelos dicigóticos y el 75% de las de monocigóticos suscitan la aparición de un gemelo dominante.[78] El efecto diferenciador ya no proviene de la genética sino que emana del carácter sensorial al que dotan de sentido las representaciones de los padres y las respuestas temperamentales del niño.

En el que se consigue observar cómo se transmite el pensamiento mediante los gestos y los objetos

Por consiguiente, la transmisión es inevitable. Dado que un lactante tiene necesidad de un vínculo afectivo para desarrollarse con plenitud, sólo puede desarrollarse en el mundo sensorial que otro genera. «[...] la concordancia afectiva[79] parece el eslabón explicativo más práctico para dar cuenta de la transmisión psíquica transgeneracional.[80]» La burbuja sensorial formada por los comportamientos dirigidos al niño emigra desde el mundo íntimo del adulto y termina guiando la evolución del niño. Esta herencia subjetiva, pese a ser necesaria, no siempre se transmite con facilidad, porque el niño deberá desarrollarse en la atmósfera generada por la conjunción de los problemas que le plantean sus dos padres.

Hacia el octavo mes, el vínculo afectivo que une la historia de los padres con el modelado del temperamento del niño lleva ya tiempo tejiéndose. Sin embargo, ya desde esta misma época, el niño se vuelve capaz de actuar de forma intencional sobre el mundo mental de los adultos próximos. «Será la aparición de la intersubjetividad la que permita que el lactante pase de la tríada de comportamiento a la tríada intrapsíquica [...].[81]» Y dado que el niño aún no habla, tendrá que penetrar en el mundo psíquico de los adultos mediante el gesto.

Aquí también, la observación de los gemelos va a permitirnos apreciar de qué modo la aparición de un comportamiento de designación (señalar con el índice) permite detectar el nacimiento y la construcción de un mundo intersubjetivo. Esta vez, sin embargo, lo que observaremos no será el origen del gesto,[82] sino su función, la forma en que participa en la construcción de un mundo intersubjetivo compuesto por tres personas.

Cuando un niño de diez meses apunta a un objeto señalándolo con el índice, realiza su primer acto semiótico.[83] El neuropsicólogo Henri Wallon, el lingüista Vigotsky, el novelista Vercors y el célebre Umberto Eco ya han evocado la función semiótica de este pequeño gesto. La persona que más ha avanzado en este terreno es sin duda Annick Jouanjean, que ha inspirado un gran número de observaciones de este fenómeno. Jouanjean ha utilizado la situación naturalista de los gemelos diferentes para observar cómo se pone en marcha su estilo de relación.[84] Esta autora confirma que, a partir del octavo mes, los niños manifiestan poseer una preferencia de comportamiento cuando tratan de comunicarse.

A continuación sugiero contar la historia de Julie la dulce y de Noémie la intelectual, asociando el rigor de la tesis de Jouanjean con otras observaciones clínicas con el fin de ilustrar la forma en que la modificación de un estilo de relación puede alterar el mundo íntimo de los niños preverbales.

Hasta el decimoquinto mes, Julie la dulce vocalizaba con una frecuencia cuatro veces superior a la de su hermana. Sus mímicas faciales eran más expresivas y los gestos que la niña dirigía al exterior se producían de una forma mucho más habitual. Con la misma edad, su hermana Noémie lloraba cuatro veces más y dirigía casi todos sus gestos hacia su propio cuerpo. Julie la dulce era estable, y cuando le sobrevenía alguna pequeña desventura, obtenía seguridad recurriendo al contacto de las personas a las que amaba. La preferencia de comportamiento de Noémie la intelectual cambió tan pronto como fue capaz de producir contenidos semióticos con sus gestos. ¡Aprendió a calmar sus llantos mediante el expediente de señalar con el índice!

El estilo de relación precoz de Noémie no le había permitido descubrir un procedimiento con el que obtener tranquilidad. Sin embargo, cuando cumplió el decimoquinto mes, la chiquilla se puso a señalar con intensidad con el fin de interactuar, sobre todo con su madre, y descubrió una modalidad de relación apaciguadora. A partir del instante en que la niña empezó a transmitir contenidos semióticos a través de los gestos, comenzó a llorar menos y sus comportamientos autocentrados disminuyeron. La aparición de este gesto deíctico, siempre dirigido a alguien, había permitido que la niña adquiriese, mucho antes de que pudiera expresarse con palabras, un comportamiento cuya función le resultaba tranquilizadora. Si no hubiese adquirido este gesto de designación que le permitía expresarse y comunicar con su figura de vínculo, habría continuado llorando y orientando sus comportamientos hacia su propio cuerpo para tratar de calmarse un poco.

Julie la dulce ya había descubierto, desde los primeros meses de vida y con el fin de superar sus pesadumbres, que el contacto afectivo constituía para ella un método de apaciguamiento. Por el contrario, Noémie la intelectual tuvo que esperar al decimoquinto mes para que su acceso a las destrezas semióticas se pudiese convertir en un medio para superar las pruebas que se le iban presentando. Esto nos permite afirmar que un niño no puede adquirir la resiliencia por sí solo. Para convertirse en una persona resistente al sufrimiento ha de encontrar un objeto que se adecue a su temperamento. Por lo tanto, es posible ser resiliente con una persona y no serlo con otra, reanudar el propio desarrollo en un medio y derrumbarse en otro. La resiliencia es un proceso que puede producirse de modo permanente, con la condición de que la persona que se está desarrollando encuentre un objeto que le resulte significativo.

Ahora bien, lo que confiere a un objeto su efecto resiliente es la existencia de un triángulo. En una relación cara a cara, el niño podrá apoderarse del objeto o desdeñarlo. Pero en una relación triangular, el bebé que designa una cosa la transforma en un objeto que le permita influir en el mundo mental de su figura de vínculo. A partir de ese instante, el niño mediatizará su relación con la persona que le proporciona afecto a través del objeto, pero ese objeto no habrá sido escogido al azar.

Nuestras observaciones clínicas sostienen fácilmente esta idea: tan pronto como un bebé accede al mundo de la designación, entre el décimo y el decimoquinto mes de vida, el objeto que señala habla de la historia de sus padres. Durante los dos primeros meses, los comportamientos dirigidos al niño emanaban ya de un particular contenido histórico y contribuían a organizar su burbuja sensorial. Sin embargo, a partir del momento en que el niño habita en un mundo definido por el triángulo que compone junto a sus padres, el objeto gracias al cual logrará mediatizar su relación al señalarlo con el dedo será un objeto puesto de relieve por aquellos que le brindan afecto. ¡El relieve del objeto designado por el niño habla de sus padres!

Cuando el señor Mador vuelve a casa, besa a su mujer y a su hija de diez meses. Tan pronto como se encuentra en brazos de su padre, la niña se pone a emitir unos suaves cloqueos y señala enérgicamente en la dirección de... ¡una pluma estilográfica! ¿Qué puede significar una pluma estilográfica en el mundo mental de una niña de diez meses? En realidad, el señor Mador es más animoso de lo normal. Trabaja en una empresa agrícola. Su sueño íntimo consiste en convertirse en profesor de enseñanza primaria, pero es disléxico. Cuando vuelve a casa por las tardes, besa a su mujer y a su hija y se pone inmediatamente a trabajar. Por tanto, lo que acaba adquiriendo categoría de acontecimiento en la mente de la niña es el hecho de verse levantada por los brazos de su padre para verle coger, casi inmediatamente, una pluma estilográfica. Cuando apenas se han cumplido los 18 meses aún no se tienen demasiadas historias que contar, pero se sienten unas ganas inmensas de comunicarse. En dicha situación, lo que se hace es señalar rápidamente un objeto destacado por el comportamiento de la persona que transmite afecto. Se señala hacia una pluma estilográfica, se convierte uno en actor y se comparte así un maravilloso acontecimiento: el de guiar la atención del padre en la dirección de ese objeto destacado que tan importante es para él.

De este modo se puede asistir al desarrollo del objeto en la mente del niño. La cosa, ese trozo de materia determinada, queda cargada con una emoción que surge ante la mirada de otra persona. Así, el padre, figura de vínculo, hace que resalte un objeto que su propia historia ha convertido en elemento sobresaliente. Cuando se tienen diez meses, una pluma estilográfica no sirve para escribir, sirve para compartir. Sin embargo, en este proceso, la cosa se ha transformado en objeto gracias a la potencia del artificio. Por supuesto, es la técnica lo que permite fabricar el objeto estilográfica. Sin embargo, la niña no lo habría visto nunca si la historia de su padre no lo hubiese puesto de relieve. Lo que lo ha convertido en algo sobresaliente es el artificio del verbo, ya que es posible imaginar que, en el discurso de su fuero interno, el padre debía decirse incesantemente: «No quiero ser agricultor, quiero ser profesor de enseñanza primaria: ¡a trabajar!». Y este parlamento íntimo, justificado por su propio mundo psíquico, había provocado el comportamiento que resaltaba la estilográfica. Y de este modo, la pluma estilográfica, al convertirse en un tercer actor, acaba participando en el triángulo que se instaura entre la historia de un padre y el psiquismo de su bebé.

Sin embargo, en cada fase del desarrollo, es preciso renegociar los procesos de resiliencia. La proeza intelectual preverbal que a partir del décimo mes permite compartir el mundo mental de los padres proporciona a la edad del «no», que aparece hacia el tercer año de vida, un pretexto para oponerse. A partir del octavo mes, Milou no dejaba pasar una sola ocasión de señalar las flores. Como su padre era jardinero, todo el mundo jaleaba este acto de señalamiento. Las interpretaciones verbales venían acompañadas por festejos gestuales y por mímicas de regocijo que atribuían a las flores un auténtico poder de relación. Cada vez que el niño señalaba una flor se reproducían los festejos. ¡De este modo, unos cuantos meses después, cuando el niño quería agredir a sus padres, le bastaba con destrozar una flor! En el triángulo familiar, respirar el aroma de una flor o aplastarla inducían, respectivamente, una relación afectiva de tipo alegre o colérico. Por el contrario, en cualquier otra familia, la destrucción de un ranúnculo, al no adquirir ninguna significación, jamás habría sido puesta de relieve mediante el desencadenamiento de una serie de reacciones afectivas.

Esto también quiere decir que a partir de ese instante es posible que se produzcan contrasentidos de comportamiento. Este mismo Milou, si viviera con otra familia y destrozase un ranúnculo para expresar su malestar, no habría ejecutado un gesto comprensible, ya que, siendo otro el convenio entre los padres, la destrucción de ranúnculos carecería de significado. Ahora bien, los contrasentidos vinculados a las relaciones se producen constantemente en el transcurso de una vida, y es posible que esta dificultad sea la responsable de que cada vida sea una historia. Mientras el niño no habla, se limita a expresar su mundo íntimo mediante la utilización de los argumentos de comportamiento que el adulto interpreta en función de su propia historia. Y lo que produce una inflexión en la evolución de un niño preverbal, orientándolo hacia la adquisición de un carácter vulnerable o hacia el desarrollo de una resiliencia, es este encontronazo entre dos psiquismos asimétricos.

Cuando la pequeña Josephine, de 20 meses, se pone a llorar súbitamente por razones incomprensibles para un adulto, una de las vigilantes de la institución en la que vive se pone rígida y, sin decir palabra, coge a la niña y la coloca brutalmente en una silla. La chiquilla, desesperada, redobla la fuerza de su llanto. Entonces se le acerca la otra vigilante y le dice «vamos a hacer unos mimos». ¡En dos segundos, la incomprensible congoja queda calmada! Más tarde, al hablar con las dos vigilantes, descubrimos con facilidad que la primera se había visto tan aislada durante su infancia que había aprendido a reprimir sus propias tristezas, a tragarse las lágrimas, mientras que la otra había adquirido un vínculo afectivo de tipo protector y eso le había permitido utilizar sus desventuras para establecer un procedimiento de relación.

Este tipo de contrasentidos que generan una inflexión en todo desarrollo son inevitables, dado que un indicio morfológico, un gesto cotidiano, un argumento de comportamiento e incluso un desarrollo sano provocan inevitablemente la puesta en marcha de las interpretaciones provistas de historia que existen en el entorno adulto.

El congénere desconocido: el descubrimiento del mundo del otro

Sucede que, hacia el decimoctavo mes de vida, inmediatamente después de que el niño haya dado pruebas de su capacidad para influir en el mundo mental de los demás, el descubrimiento de este nuevo mundo provoca entre uno y dos meses de perplejidad. El niño, que se contentaba con actuar y reaccionar como respuesta a los estímulos que le llegaban tanto del interior como del exterior, descubre de pronto que su mundo ha cambiado. A partir de ese momento, actúa y reacciona ante la idea que se hace del mundo invisible de los demás. ¡Se aleja del continente de las percepciones para desembarcar en el de las representaciones preverbales, y el descubrimiento de este nuevo continente transforma sus comportamientos! Sin embargo, cuando comprende que lo que se abre ante él es el mundo íntimo de los demás, queda perplejo, ya que aún no sabe cómo explorarlo.

Dos son los comportamientos que nos permiten detectar este cambio. Situado frente al espejo, el bebé que, ya desde el segundo mes, daba brincos y prorrumpía en mímicas de júbilo, queda súbitamente perplejo. Hacia el decimosexto mes comienza a evitar su propia mirada en el espejo, gira la cabeza y se observa de pasada, antes de recuperar, unas cuantas semanas más tarde, el placer aún mayor de descubrirse a sí mismo en el espejo. Cuando lo haga, sin embargo, las mímicas expresarán un júbilo menor y se interiorizará un placer de naturaleza más grave. «[…] a partir del decimoquinto mes, y en tanto no cumpla los dos años, se observan en el niño diversas reacciones de evitación y una serie de manifestaciones de desasosiego y de perplejidad que se encuentran prácticamente ausentes cuando el niño se sitúa frente a un congénere desconocido.[85]»

El otro comportamiento que da fe de esta metamorfosis es el asombroso «silencio vocal del decimosexto mes».[86] El niño que antes chillaba, reía, lloraba y baboseaba sin cesar, se vuelve de pronto silencioso. Este pequeño contexto de perplejidad permite comprender que el niño cambia de actitud en su mundo humano. Tan pronto como comprende que existe un mundo invisible en el interior de los demás y que es posible descubrir ese mundo mediante las pasarelas verbales, el niño, fascinado por este descubrimiento, experimenta un sentimiento mixto de placer e inquietud. Ahora bien, el modo en que los adultos interpretan este período de perplejidad orienta al niño hacia el placer de hablar o hacia el temor de hacerlo.

Algunos padres, regocijados con sus balbuceos, viven la perplejidad del decimosexto mes como una frustración. Puede suceder que, sin darse cuenta, den un poco de lado al niño, le soliciten menos, se aburran con él o lleguen incluso a irritarse en situaciones que antes les parecían divertidas.

Si el niño no dispone en torno suyo más que de un único vínculo afectivo, su evolución dependerá esencialmente de las reacciones del adulto que le proporciona afecto. Pero si dispone de varios vínculos afectivos (padre, madre, abuelos, fratría, guardería, colegio, instituciones), siempre encontrará a otro adulto que le proponga una nueva guía de desarrollo, otra forma de vínculo que le permita rehacer su andadura evolutiva en caso de quebranto, y que incluso pueda resultarle más conveniente. En adelante, el niño se orientará preferentemente en la dirección de este nuevo suministrador de gestos y palabras. Si falla una de las personas guía o resulta no ser adecuada para el temperamento del niño, otra vendrá a sustituirla, con la condición de que el niño haya adquirido el medio de resiliencia que le proporciona un vínculo afectivo de tipo protector, o con la condición, en todo caso, de que encuentre un adulto cuyo mundo íntimo sepa engranar con su difícil modo de vinculación. Por consiguiente, las posibilidades de resiliencia podrían aumentar por efecto de una serie de vínculos múltiples.

El período de atención silenciosa, de hiperconciencia inmóvil –difícil de observar, ya que se trata de una inhibición–, testimonia no obstante que el niño se dispone a iniciar la metamorfosis lingüística. Este es el momento en el que da comienzo la teoría de la mente.[87]

Supongamos que nos encontramos, usted y yo, a la orilla del mar y que estamos contemplando cómo se aleja un barco. Hemos convenido en decir «¡ya!» cuando lo veamos desaparecer. Es previsible que ambos digamos «¡ya!» aproximadamente al mismo tiempo, y por ello, concluiremos que el barco acaba de abismarse en el confín del mundo. Cada uno de nosotros confirmará el testimonio del otro al decir que lo ha visto con sus propios ojos y al mismo tiempo que la otra persona.

Supongamos ahora que uno de nosotros sube a lo alto de un monte para decir «¡ya!» cuando desaparezca el barco. No diremos «¡ya!» al mismo tiempo. Y será esta diferencia en los testimonios lo que nos deje perplejos y nos obligue a fiarnos menos de nuestros sentidos.[88] Tan pronto como se intenta lograr que adquiera coherencia una divergencia de opiniones de este tipo, el mundo se transforma. Deja de estar alimentado únicamente por nuestras percepciones, pero nos invita a representarnos las representaciones del otro. El hecho de que hayamos constatado al mismo tiempo la misma cosa nos reconforta y nos conduce al error. Y por el contrario, la diferencia entre nuestras dos percepciones nos anima a sorprendernos, a observar y a explorar el mundo del otro.

Es probable que el niño perplejo piense algo parecido a esto: «Me pregunto si esta música verbal que tanta fascinación me ha producido durante los primeros meses de mi vida no estará en realidad señalando algo invisible, algo que vive en otro lugar». ¡Hay motivos para dejar perplejo a un mocoso de 15 meses! ¿Qué ocurre en su mundo mental? ¿Qué es lo que le permite comprender de pronto, con su pensamiento sin palabras, que el otro está expresando realidades que vienen de un mundo invisible?

Partiendo de unas cuantas percepciones parciales, un niño bien desarrollado en su burbuja afectiva se vuelve capaz de concebir una representación coherente de algo que no es capaz de ver. Hasta ese momento, la historia de sus padres había sido la responsable de estructurar la burbuja sensorial de la que se nutría. Sin embargo, hacia el decimoctavo mes de vida, el niño toma el relevo y se vuelve capaz de atribuir un sentido a lo que percibe. La perplejidad, la mirada, el dedo índice y la representación teatral permiten detectar el desarrollo de la crisálida que le prepara ya para la metamorfosis lingüística.

Cuando las historias sin palabras permiten compartir los mundos interiores

Tan pronto como el niño comienza a hablar, sincroniza sus miradas y sus palabras con las miradas y las palabras de los adultos. Sin embargo, mientras no levanta el vuelo lingüístico, su perplejidad le hace prestar atención a las misteriosas sonoridades que salen de la boca del adulto y que sin duda revelan un fantástico más allá. Entonces, el niño estupefacto se pone a escrutar el rostro del que le habla. El dedo índice ya venía funcionando desde tiempo atrás, puesto que gracias a él podía, como si de una minúscula varita mágica se tratase, guiar la mirada del otro y crear así una serie de acontecimientos compartidos. Sin embargo, lo que ahora nos autoriza a recurrir a todas esas adquisiciones es la representación teatral sin palabras de los comportamientos de fingimiento. Se puede afirmar claramente que un niño que juega a las comiditas o finge que le duele algo es un niño que comienza a participar en la cultura humana.

Unos cuantos meses después de su nacimiento, un lactante puede imitar ya las mímicas faciales de un adulto. Puede responder con una sonrisa cuando se le sonríe, sacar la lengua cuando ve que alguien se la saca, o quedar sorprendido cuando alguien frunce las cejas ante sus ojos.[89] Estas respuestas parecen respuestas de imitación porque repiten el comportamiento del adulto, cuando en realidad es probable que el niño esté expresando una emoción de alegría, de sorpresa o de búsqueda de relación. Esta «imitación» está más próxima al fenómeno de la impronta que al de la reproducción. La impronta consiste en familiarizarse con una imagen y en expresar después la emoción que se ha generado de este modo. Se trata de un fenómeno de memoria más que de una reproducción intencional. Ahora bien, al llegar a los 18 meses de edad, un niño se complace en reproducir un argumento de comportamiento producido por una figura de vínculo. Esta imitación impulsada por el simple deleite de hacer lo mismo que «la persona que me emociona» revela que al niño le gusta habitar el mundo de otro. Unos cuantos meses después, este placer de jugar a imitar los sonidos de aquellos a los que ama permitirá la aparición del lenguaje repetitivo. Harán falta aún algunos meses para que se vuelva generativo y produzca el ensamble de palabras nuevas.[90]

Alrededor de la mesa de una guardería, cuando los niños se ponen a golpear todos al mismo tiempo en su plato de papilla, este maravilloso acontecimiento en el que participan les permite, al hacer todos lo mismo al mismo tiempo, compartir las mismas emociones, y formar parte del mundo que acaban de crear juntos con sus cucharas y sus papillas. No se trata pues de unos niños que imitan como macacos y repiten los gestos de los demás, sino de un auténtico acontecimiento creado y compartido por todos.

La representación teatral se vuelve mucho más abstracta cuando un niño de 18 meses escenifica un argumento dramático ficticio con el fin de influir en el mundo mental de un adulto. Su conciencia de sí va a tratar de manipular la conciencia del otro. Muy pronto, la elección de los roles empieza a hablar de su mundo íntimo. Cuando un niño de cuatro años imita a su hermanito de 15 meses no lo hace para «regresar» y conseguir que le quieran como a él, sino, al contrario, para compartir un mundo que ya conoce porque ya lo ha vivido. El mismo niño que aparentemente «regresa» puede representar, unos pocos minutos más tarde, el rol de uno de los padres o incluso el de un héroe de la televisión. La adquisición preverbal del don de la comedia que permite asociar nuestros mundos mentales constituye el punto fuerte de la resiliencia preverbal.

Las relaciones de afinidad son asombrosamente precoces y duraderas.[91] La edad, el sexo y el estilo de comportamiento son los elementos que determinan la elección. Al terminar el segundo año de vida, la niñas prefieren a las niñas. Los niños esperarán al final de su tercer año para mostrar preferencia por los niños.[92] Las niñas juegan a hablar mejor que los niños y gustan de intercambiar algunos objetos para entablar relaciones. Con algo de retraso, los niños jugarán mejor que las niñas cuando se trate de crear acontecimientos con palos y pelotas o de subirse a sitios difíciles.

Lo que importa, cuando se observa la puesta en práctica de los recursos internos de la resiliencia, es constatar que siempre que surja la necesidad de superar alguna pequeña prueba en la vida de un niño, éste deberá arreglárselas con el capital psíquico que haya adquirido hasta ese instante. No es difícil observar cómo crean dos bebés, al encontrarse, una estructura de afinidad con rudimentos de palabras, mímicas y juegos de fingimiento. Cuando aparece un tercer niño en este pequeño mundo interpersonal, se encuentra en la situación de un intruso y deberá hacer gala de sus cualidades de socialización.[93] Estos niños intimidados se colocan por propia iniciativa en la periferia de ese mundo y después, con mayor o menor lentitud, según la audacia adquirida en el transcurso de las interacciones precoces, se irán convirtiendo en actores de su socialización mediante la ofrenda de mímicas, vocalizaciones, trozos de cordel o piruetas cómicas. Estos procedimientos puestos en práctica por un niño intruso que trata de hacer nuevas amistades provocan respuestas muy variadas en el entorno.

Algunos niños preverbales acogen al intruso como si se tratase de un acontecimiento extraordinario, mientras que otros lo rechazan como se rechaza a un rival. A veces incluso le agreden, como si su mera presencia constituyese una agresión. Los adultos manifiestan con los niños el mismo tipo de reacción de comportamiento. Unos se dejan seducir entre risas, otros zarandean al niño intimidado o incluso rechazan a un niño zalamero o le riñen para que deje de «hacerse el interesante».

En general, todo niño «de más», al sentirse como un intruso, se ve obligado a realizar alguna ofrenda para lograr que le acepten y realimentar su vida afectiva. Sin embargo, sólo podrá defenderse con lo que haya adquirido antes de tener que pasar la prueba. Su edad, su sexo y su minúsculo pasado le han proporcionado un capital con el que deberá protegerse en el momento de la agresión.

De cómo los estereotipos sociales privilegian determinados comportamientos del bebé

Del mismo modo que hemos podido decir que la historia de los padres ponía de relieve la existencia de ciertos objetos que el niño utilizaba para triangular su relación, hemos podido demostrar que las teorías ingenuas de la cultura que forman parte de los estereotipos del discurso colectivo tienen el mismo efecto. En Costa Rica, las conversaciones con las madres han revelado la importancia que estas mujeres atribuyen a los balbuceos y a la posición de sentado. Para ellas, estos dos acontecimientos son el pretexto para iniciar una serie de festejos afectivos y de gritos de admiración. Los bebés viven entonces sus logros motores como acontecimientos señalados y los utilizan, a partir del décimo mes, para influir en su madre. Por el contrario, los bebés alemanes de la misma edad prefieren hojear las páginas de un libro, señalar con el índice en la dirección de los caracteres impresos, observar el rostro de su madre y lanzar gritos de admiración.[94] Los niños chinos se comportan de modo atento y grave hasta los tres años. Como lloran poco y es raro que sonrían se los considera «imperturbables». En realidad, están atentos al menor gesto del adulto y, a partir del tercer mes, cuando un adulto se les acerca, giran la cabeza en su dirección y le sostienen la mirada. Lo que caracteriza a estos lactantes es su capacidad para adaptarse al cuerpo del adulto que los toma en brazos. Según parece, los bebés chinos se comportan como los mejores «novios» del mundo, hasta tal punto se amoldan al regazo del adulto. Cosa que no sucede en absoluto con los bebés estadounidenses que, ya desde el tercer mes, brincan y se irritan demasiado para ser unos buenos novios.[95] Y sin embargo, el entorno de los niños chinos es muy sonoro, coloreado, móvil y estimulante, aunque se encuentra, eso sí, fuertemente estructurado por los ritos de su cultura. En el mundo de un bebé, un medio semejante garantiza una regularidad de percepciones. Desde el punto de vista del bebé, un retorno regular de informaciones sensoriales produce un medio estable pese a su intensidad. Estas regularidades sensoriales le sirven como puntos de referencia y estabilizan su mundo interno. Los bebés estadounidenses son de origen irlandés, polaco, alemán, mejicano, africano... Ahora bien, a pesar de su diferente morfología, orígenes y color de piel, manifiestan en conjunto un mismo tipo de temperamento sobresaltado, llorón, saltarín y poco dado a amoldarse a los brazos de quien los coge.

Los mitos sociales también se encuentran mediatizados en su aspecto sensorial por la expresión de las emociones de los padres. Debido a la creencia en la narración social que afirma que los niños comprenden las palabras con igual perfección que los adultos, los amerindios mohaves[96] de la región de Kansas han construido un universo sensorial que, para el gusto de un lactante, resulta monótono. Por el contrario, si consideramos, según nos ha enseñado nuestra cultura occidental, que los lactantes son un producto biológico, sucederá lo que en nuestro caso, que les garantizaremos, tal como hemos venido haciendo durante las décadas posteriores a la Segunda Guerra Mundial, un entorno higiénico, desatendiendo en cambio el despertar afectivo que provoca la naturaleza sensorial de nuestras palabras. No hay duda de que este comportamiento, propio de nuestra cultura, ha dejado en la memoria de los niños una huella de vulnerabilidad. Al descubrir en los últimos años que los lactantes perciben preferentemente los rostros de la pareja formada por sus padres, y que se sienten encantados al escuchar la entonación de sus palabras, se ha generado una nueva narración social que, robustecida por los descubrimientos científicos, les construye un mundo sensorial mejor adaptado a su mundo mental. Esto explica la adquisición de una capacidad para la socialización que, caso de que sobrevenga una prueba, representará para ellos un factor de resiliencia.

Dentro de una misma cultura, la personalidad de los padres selecciona los relatos que se presentan a sus ojos como más convenientes, lo que convierte a esos relatos en guías de desarrollo que se proponen a los niños. Esta es la razón de que los bebés chinos estén tan atentos a las superseñales intensas, coloreadas y rítmicas que les ponen ante los ojos los rituales chinos, mientras que los bebés estadounidenses se exasperan en su medio, que, al ser sonoro y resultarles estimulante, pese a parecerles incoherente y desorganizado, los convierte en niños hiperactivos. El medio sensorial que exaspera a estos bebés se organiza de este modo como consecuencia de un mito que glorifica a los adultos que trabajan día y noche, que saben afirmar su personalidad hablando en voz muy alta y que no dudan en cambiar de trabajo, trasladar su domicilio o mudar de pareja.

Esta ausencia de ritmos sociales impide la percepción de regularidades que estabilicen el mundo íntimo de los niños, y también impide la percepción de objetos destacados que mediaticen su relación. En cambio, cuando la impregnación de un vínculo afectivo de tipo protector les permite adquirir un comportamiento seductor, cuando la conquista de la estabilidad interna les permite aprender a socializarse observando un comportamiento de ofrenda, cuando la naturaleza sensorial de la palabra de los adultos ha logrado que el niño preste atención a los demás, entonces se pone en marcha uno de los más valiosos factores de resiliencia: el humor.

El humor no es cosa de risa

«La esencia del humor reside en el hecho de que uno se ahorra los afectos a los que habría debido dar lugar una determinada situación, y en que uno se sitúa por encima de esas manifestaciones emocionales gracias a una broma», decía Freud.[97]

La emoción evitada habría podido ser dolorosa, ya que el acontecimiento ha sido cruel. Sin embargo, el modo de representarlo al contarlo o al remedarlo mediante la mímica modifica el sufrimiento y lo transforma en sonrisa. En nuestros días, para parecer muy científicos, formularíamos la idea de otro modo, hablaríamos de la «reorganización cognitiva de la emoción asociada a la representación del trauma». Sin embargo, si aceptamos los beneficios de la simplicidad, diremos sin ambages que el humor es liberador y sublime, que es «la invulnerabilidad del yo que se afirma, y que no sólo se niega a permitir que se imponga el sufrimiento que proviene del exterior, sino que incluso consigue hallar la forma de convertir las circunstancias traumatizantes en un cierto placer».[98]

Es frecuente que esta idea se acepte mal, como si fuera indecente sonreír ante el sufrimiento propio. Es cierto que el margen de maniobra es estrecho y que en el humor fallido, cuando el riesgo ha sido mal calculado, la broma sienta como un tiro y humilla al que ha sido herido. Y sin embargo, los aspectos vinculados a la relación de esta representación psíquica, aspectos que transforman una desgracia en placer, se observan todos los días en el teatro familiar del humor preverbal.

La joven madre que, al traerla al mundo, había acogido a su niña diciendo a las enfermeras: «¡Hagan algo! ¿No ven que se va a morir?», era demasiado desgraciada para manifestar el menor atisbo de buen humor. Carente de la necesaria perspectiva, permanecía pegada al acontecimiento como si éste fuese una urgencia trágica. Unos cuantos meses después, la niña, apegada en exceso a la madre, la besaba sin cesar y chillaba de terror cada vez que ella se daba la vuelta para ocuparse de las labores cotidianas. Por el contrario, una madre que se siente segura escenifica por propia iniciativa la transformación de sus pequeñas desgracias. Cuando el mal no es demasiado grave, se inventa un juego que transforma las penas, sopla sobre el rasguño mientras recita una fórmula mágica, reformula con sus palabras el pequeño acontecimiento doloroso, y consigue que todo el mundo se eche a reír.

Se evita añadir al dolor del arañazo el sufrimiento de la representación del arañazo. Se procede exactamente al contrario: la puesta en escena del «drama», al reformular la prueba, la transforma en pieza teatral de la familia y en una victoria del comportamiento de relación. Esta es la razón de que hayamos afirmado que el «humor no es cosa de risa»,[99] pues, en realidad, es cosa que sirve para metamorfosear un sufrimiento y convertirlo en un acontecimiento social agradable, se utiliza para transformar una percepción que hace daño en una representación que hace sonreír.

La capacidad para convertir una prueba en una virtud ligada al comportamiento de relación se adquiere asombrosamente pronto. Ya desde sus primeros meses, lo que desencadena la sonrisa divertida de un lactante es el estrés de lo insólito. Un movimiento brusco, un gesto inesperado, la música desacostumbrada de unas palabras, todo esto desorganiza el mundo de las percepciones rítmicas y hace que la sorpresa ansiosa se transforme en placer, a condición de que el niño haya adquirido un vínculo afectivo de tipo protector. Los temperamentos confusos chillan de terror ante lo insólito, los temperamentos con vínculo de evitación permanecen aparentemente impasibles, y los ambivalentes responden en función de las reacciones del entorno.

El humor preverbal de las primeras palabras transforma la espera ansiosa en fiesta emocional. Usted mismo podría verificarlo si realiza la experiencia de «a caballito sobre mis rodillas». A partir de los seis meses, el niño que se balancea sobre sus rodillas se echa para atrás riendo tan pronto como, canturreando, le anunciamos las inminentes sacudidas del «¡pumba, pumba, que te caes!». Nuestra cancioncilla adquiere para él el valor de una señal que anuncia el movimiento de las rodillas. La sensación de un humor motor emana de la espera ansiosa y regocijada. Es lo mismo que nos pasa al contemplar una película de Hitchcock y, al darnos cuenta de que el intento de asesinato se producirá en el transcurso de la sinfonía final, esperamos el restallar del címbalo que habrá de ocultar la detonación del disparo.[100] Del mismo modo, los niños que contemplan un espectáculo de guiñol chillan por el terror y el placer que les proporciona prevenir a la marioneta de que acaba de aparecer el guardia.

Si un bebé espera lo insólito con alegría, es que ya ha aprendido a hacer de lo insólito algo familiar. Esta victoria emocional le divierte y le da ánimos, ya que impregna en su memoria la noción de que es posible reírse de algo que da miedo siempre que se consiga insertar el acontecimiento en una relación.

El humor de los primeros meses constituye un indicio que anticipa el estilo del vínculo afectivo. La voz desfigurada del «Te voy a comer» es una comedia que representa la persecución y la captura,[101] pero el niño sabe que se trata de una voz camuflada cuyo extraño timbre le divierte. Una voz que fuese auténticamente desconocida le resultaría inquietante, y una voz que fuera por completo familiar le aburriría. La alegría emana del desfase que separa a la voz familiar, un poco extraña, de la frase que anuncia la persecución. Este melodrama prepara al niño a familiarizarse con una inquietante situación extraña y, de este modo, no se asustará al encontrarse en presencia de una persona desconocida, puesto que ya habrá aprendido con sus primeros juegos que es capaz de entablar con ella una relación de familiaridad. Sabe por experiencia que puede vencer a un miedo. Ha adquirido ya un factor de resiliencia preverbal.

El hecho de que esta adquisición sea duradera no quiere decir que sea definitiva, dado que otro acontecimiento, otra relación podrá anularla o consolidarla. No obstante, esta capacidad constituye un enorme factor de resiliencia interna, ya que en lo sucesivo el niño aprende a protegerse de la rememoración de un trauma. Sabe que es capaz de superar una prueba. La niña cuya madre decía «¿No ven que se va a morir?» jamás pudo adquirir esta capacidad de distanciarse del trauma. Para ella, todo acontecimiento se convertía en un acontecimiento traumatizante, ya que el sufrimiento de su melancólica madre no le había permitido aprender a jugar con el miedo. La más mínima separación se convertía en algo trágico porque adquiría el significado de una pérdida total. Por el contrario, un niño que haya aprendido a jugar con el miedo, a reírse de él y a hacer que otros también se rían, utilizará su pequeña tragedia para elaborar una estrategia de relación. Deja de responder a los estímulos inmediatos y comienza a dominar su mundo de representaciones preverbales.

«Por consiguiente, el humor es un elemento de gestión con efectos liberadores.»[102] Y así es, con la condición de que se haga con él una representación social. A partir del décimo mes, un niño que juega a fingir ha aprendido ya a compartir su mundo. Si le sobreviene alguna pena, si se cae o se hace daño, puede provocar la ayuda que precisa, pues ya sabe cómo transformar su infortunio en relación. Cuando se produce el pequeño drama de la petición de ayuda, sus interlocutores son sus figuras de vínculo: sus padres, las personas que le dispensan cuidados, o sus compañeros. Algunos adultos, encandilados por estos comportamientos de búsqueda de afecto, se deleitan a veces robusteciéndolos en exceso, mientras que otros quedan horrorizados por el sufrimiento que el pequeño drama evoca en su historia personal y desaniman al niño, haciéndole perder este factor de resiliencia.

Necesitamos de otra persona para representar una comedia. Necesitamos interlocutores que nos den la réplica, y espectadores que hagan válidos nuestros esfuerzos. Cuando las figuras de vínculo no desaniman a los niños se constata que los bebés que conocen el humor son los mismos que, más adelante, se convertirán en los jóvenes con mayor capacidad creativa y los que más se divertirán con la aparición de acontecimientos insólitos.

Los fundamentos del andamiaje de la resiliencia

La naturaleza del acontecimiento hiriente puede corresponder a todas las instancias de un mismo aparato psíquico, ya sea éste biológico, afectivo o histórico. Sin embargo, en cada nivel, es posible desarrollar una resiliencia.

Cuando las alteraciones genéticas son graves, la resiliencia es difícil, aunque no imposible. La patología más común, y de la que ya he hablado,[103] la fenilcetonuria, provoca, cuando no se la trata, un coeficiente intelectual inferior a 50. Y sin embargo, incluso en este nivel genético en el que el gen anormal está situado en el cromosoma 12, es posible la resiliencia, pues ocurre que a veces encontramos sorpresivamente esta anomalía en personas cuya inteligencia es normal.[104] Lo más probable es que otros metabolismos hayan compensado esta deficiencia genética.

En el retraso mental causado por una «X frágil», un síndrome recientemente descubierto, se acumula en cada generación una secuencia de tres bases sobre el cromosoma X, hasta que llega un momento en el que, al impedir la expresión de los genes contiguos, esta acumulación provoca en los niños grandes dificultades para el contacto visual y un trastorno de la expresión de sí: son hiperactivos, impulsivos, hablan a toda velocidad, y de pronto, tartamudean de forma incomprensible. Cuando el entorno reacciona enérgicamente a esta dificultad de expresión, el trastorno se agrava. Sin embargo, tan pronto como se descubrió que estos niños se expresaban mal pero comprendían bien,[105] los trastornos se fueron amortiguando, ya que el entorno adulto puede responder mejor a la situación planteada.

En el síndrome de Williams, ocurre más bien lo contrario. Una pequeña lesión en el cromosoma 7 produce un retraso mental enmascarado por una expresión oral correcta. De hecho, estos niños poseen una memoria musical asombrosa que les permite canturrear perfectamente largas frases cuyo significado no comprenden, pero que recitan a la perfección.[106]

Se podría continuar durante mucho tiempo la enumeración de los trastornos de los distintos comportamientos regidos por los genes. La mayoría son capaces de resiliencia, bien mediante una modificación molecular, bien mediante la mejora de los procesos interactivos. El simple hecho de comprender mejor el mundo mental de estos niños mejora la relación y se convierte en un factor de resiliencia. Desde luego, esta resiliencia está lejos de verificarse de forma sistemática en este nivel de desarrollo en el que la presión biológica aún es fuerte, pero en ocasiones es posible obtenerla. Cuando el trastorno biológico bloquea el desarrollo, la resiliencia es difícil. Sin embargo, cuando el desarrollo se produce, aunque sea un desarrollo alterado, la resiliencia se vuelve posible. De este modo, algunos enfermos aquejados de encefalopatías graves han logrado mejorar claramente sus comportamientos a partir del instante en que se comprendió el significado de los trastornos que presentaban.[107]

Todo lactante adquiere su temperamento, su tipo de comportamiento, por efecto de una doble presión. La pulsión genética le empuja hacia el otro, pero es la respuesta del otro la que le propone una guía de desarrollo. Cuando la guía es estable, el estilo de relación se inscribe en la memoria del lactante y crea un modelo operatorio interno (MOI[108]). Y cuando sobreviene un acontecimiento nuevo, el lactante se ajusta y responde a él con el repertorio de comportamiento que ya había adquirido con anterioridad. Así pues, en cada instante de su desarrollo psíquico, el lactante se hace sensible a objetos nuevos que antes no podía encontrar. Este género de razonamiento resulta de la estimulación recíproca entre la etología y el psicoanálisis.[109] La etología nos enseña que el comportamiento y las emociones no pueden impregnarse en la memoria más que en un cierto orden y en ciertos momentos.[110] Hacia el segundo año de vida, las huellas cerebrales no conscientes de los primeros 20 meses se ven seguidas por una memoria de imágenes visuales y sonoras, memoria a la que se añadirá la de los relatos a partir del período que va de los cinco a los seis años. En cada etapa, los mismos acontecimientos generarán unos efectos traumáticos distintos.

El primer ejemplo de este tipo de razonamiento nos lo proporciona Anna Freud, que contaba la historia de Jane, una niña de cuatro años colocada en la guardería de Hampstead, Londres, en 1941.[111] Muy alegre y muy sociable, «encantada de tener nuevas experiencias», se derrumba por completo y se vuelve «inconsolable» al morir su padre y verse su madre obligada a trabajar fuera de casa. La guardería, que era un lugar de exploraciones felices cuando tenía a sus dos padres, se convierte en un lugar de tristeza desde el momento en que desaparecen. Privada de una base de seguridad, toda exploración se transformaba en agresión. Su temperamento había cambiado de forma. El vínculo afectivo de tipo protector que antes manifestaba se transformó en supervínculo ansioso. Se orientó cada vez más hacia la madre superiora del colegio y, para complacerla, se convirtió en una buena alumna. Por el contrario, la menor pérdida provocaba en ella una tristeza anormal. En la época en la que aún contaba con sus dos padres, la pérdida de objetos inducía un comportamiento de búsqueda, y luego, muy rápidamente, se ocupaba de otra cosa. Desde el fallecimiento de su padre y el alejamiento de su madre, toda pérdida se había convertido en una prueba. La muerte de su gato provocó un sufrimiento tal que, al llegar a la adolescencia, dijo: «No deberían existir gatos perdidos en el mundo».[112] Decidió hacerse veterinaria para «dar un gato a cada niño sin mamá». A la edad de veintidós años, cuando su madre decidió volver a casarse, Jane se sintió feliz en un primer momento; después, para su gran asombro, se hundió en una depresión colérica y dijo: «Es como si hubiera perdido a mi madre». Sólo se pudo recuperar tejiendo a su vez una relación afectiva estable.

Este primer estudio catamnésico, que unió una larga observación directa a la psicoterapia, permite mostrar el modo en que una privación precoz crea un movimiento de vulnerabilidad que exige una compensación para volver a alcanzar un equilibrio. El trauma inscribe en la memoria una huella biológica que se oculta bajo los mecanismos de defensa pero que no se apaga. Jane luchó victoriosamente contra la desesperanza de la pérdida afectiva. Supo hacerse querer por la madre superiora, convertirse en buena alumna, curar a los animales, ofrecérselos a los niños huérfanos como sustituto afectivo, militar por su causa, hacerse muchos amigos y dar un sentido a la vida. Hasta el día en el que, a la edad de veintidós años, la huella mnésica de la pérdida afectiva se despertó como consecuencia de la nueva boda de su madre, boda que, pese a todo, había deseado. Esta vulnerabilidad provocó una necesidad de estabilidad afectiva con su marido, y de este modo volvió a equilibrarse... «No obstante», dice Ilse Hellman, «las observaciones de su desarrollo y la evaluación de su actual personalidad muestran que el trauma no paró el desarrollo en curso ni dejó una huella incómoda en la vida adulta». Y habría debido añadir: «porque se pusieron en marcha guías de resiliencia».

En ocasiones, el desarrollo del niño se detiene cuando su medio le tiende la mano. De pronto, el niño deja de comprender que lo que percibe en el cuerpo del otro expresa su mundo íntimo. Deja de fingir, evita la mirada de sus figuras de vínculo afectivo y ni siquiera siente el deseo de señalar con el dedo hacia los objetos sobresalientes con el fin de compartir un acontecimiento. Y estos tres comportamientos señalan la existencia de un trastorno grave.[113] Cuando Baron-Cohen envió 16.000 cuestionarios a las madres de niños de 18 meses de edad para verificar si, en esa fase de su desarrollo, habían adquirido estos tres comportamientos, detectó 112 fracasos. Cuando, un mes más tarde, telefoneó a los padres, constató que ya sólo quedaban 44 niños bloqueados. Cuando examinó esta muestra de población, constató 32 retrasos de desarrollo debidos a varias razones: enfermedad del niño o de la madre, aislamientos duraderos, accidentes de la vida. Catorce niños recuperaron ese retraso tan pronto como sus padres tuvieron conciencia de él. Con todo, a los diecinueve meses se establecieron diez diagnósticos de autismo, cuando lo normal es no poderlo afirmar hasta los tres años y medio. Tres gestos (dejar de sostener la mirada, dejar de fingir y dejar de señalar) permiten detectar en fases extremadamente tempranas una detención grave de la construcción de la personalidad.

Cuando la relación conjunta echa por tierra el andamiaje

A veces el niño se desarrolla correctamente pero su medio falla. La señora Blos se encontraba en plena depresión cuando trajo al mundo a la pequeña Audrey. A la edad de 12 meses, la niña no sabía obtener seguridad al lado de nadie que no fuera su madre. Tan pronto como ésta reunía unas pocas fuerzas para ocuparse de la niña, la pequeña se arrojaba en su regazo para abrazarla o para pegarle, manifestando de este modo un supervínculo afectivo de tipo ansioso y ambivalente.[114]

Cuando se observa con regularidad a los hijos de madres depresivas, se constata la puesta en marcha de unas interacciones empobrecidas.[115] El sufrimiento de la madre no prepara bien para la relación conjunta[116] y no permite adquirir al niño los comportamientos de seducción que confieren a los adultos el placer de ocuparse de él. Sus intercambios de miradas son breves, en un contexto de mímicas faciales agarrotadas y desprovistas de expresiones de placer. Las palabras de la madre son escasas y monocordes. Los balbuceos del niño responden débilmente, sin duración ni prosodia. Incluso las relaciones corporales, poco frecuentes y distantes, se desarrollan con frialdad, como simples contactos guiados por el deber, sin contagio afectivo ni placer compartido.

En la edad adulta, Audrey aún seguía preguntándose por qué no podía evitar seducir a su madre, tan fría con ella y tan cálida con su hermano. Hasta el día en el que, a la edad de cincuenta y nueve años, decidió preguntar a su madre, ¡que ya había cumplido los ochenta y tres! A ésta no le extrañó el asunto, y hasta se había asombrado de no haberse sentido nunca inclinada a resolver el problema. En dos frases, le confió su inmenso sufrimiento cuando Audrey vino al mundo. Su marido se había desinteresado por su embarazo, pues prefería consagrarse a su aventura como artista y a su propia madre. Audrey oyó a su madre decirle: «Quise matarte para llevarte conmigo, para que no sufrieras como yo... Después, te convertiste para siempre en un recuerdo de la desgracia. Tan pronto como te veía, me sentía desesperada. Tuviste éxito en la escuela... Sin embargo, yo jamás pude tenerlo... Estaba celosa de ti... Tu hermano llegó después de mi melancolía... Había renunciado a hacerme querer por tu padre... Tu hermano es hijo de la felicidad... Y después de nacer siempre lo siguió siendo... Él era la única persona a la que podía amar...».

Esta situación clínica relativamente frecuente confirma hasta qué punto una representación íntima en el mundo de la madre organiza en torno al niño una burbuja sensorial que impregna en él un temperamento vulnerable o rico en resiliencia. Pero sobre todo, ilustra hasta qué punto participa el padre en la resiliencia. Un marido que desertiza el mundo de la madre la vuelve desertizante para su hijo. Y al contrario, un hombre que desea ocupar su puesto de marido y de padre transmite calor a la madre y participa en el triángulo. Ahora bien, el mundo sensorial que se impregna en el niño no es en absoluto el mismo en una burbuja de dos que en un triángulo. En una burbuja, el niño se ve deliciosamente capturado por una figura de vínculo afectivo que ostenta el monopolio de las relaciones afectivas. Su mundo con la madre se cierra en torno a una figura dominante, mientras que el de fuera se vuelve oscuro, sin interés e incluso inquietante. Esta burbuja afectiva monosensorial crea una especie de «impotencia adquirida» en la que, más adelante, el adolescente no habrá aprendido más que a hacerse servir en la dulce prisión afectiva de la madre. En ningún momento habrá descubierto cómo establecer una relación de otro estilo. Todo lo extraño se convierte en algo inquietante y la familiaridad extrema se vuelve repugnante. Estos niños burbuja vienen a nutrir el grueso del contingente de las depresiones adultas, ya que padecen por culpa de una elección imposible entre la repugnancia que provoca el vínculo afectivo y el miedo que suscita la ausencia de él.[117]

Esto es lo que le ocurrió al hermano de Audrey, que tampoco se desarrolló adecuadamente. Los sufrimientos no eran los mismos. A la desesperanza que Audrey sentía por no ser amada, se oponía la repugnancia de su hermano asfixiado por el amor. Si hubiera habido un padre desempeñando su papel, ¿habría logrado reconfortar quizá a la madre de Audrey y abrir la prisión afectiva del hermano?

«Desde el momento en que se desea un hijo y durante el transcurso del embarazo, existen negociaciones en la pareja encaminadas a hacer sitio a un tercero, tanto en el plano fantasmal como en el de comportamiento...» Así se construye el «nido triádico»,[118] dice Martine Lamour. En este triángulo, el niño deberá aprender varias formas de amar. No tendrá la misma madre si ésta se encuentra sola o si ama a otro. En el primer caso, aprenderá a recibir pasivamente las raciones afectivas que quiera entregarle su proveedora de bienes. En el segundo, tomará conciencia de una diferencia de estilo, aprenderá dos formas de amar, establecerá un vínculo afectivo con una madre viva y menos sumisa puesto que tendrá a otra persona a quien amar. Por consiguiente, deberá aprender a seducirla si quiere hacerse amar por ella, y en vez de exigírselo todo, se convertirá en actor de su conquista afectiva. Acabamos de topar de nuevo con la descripción del vínculo protector, vínculo mediante el cual el niño en situación de pérdida va a buscar a la desconocida con el fin de transformarla en sustituto afectivo.

Y más aún: el simple hecho de que el bebé aprenda a tejer dos vínculos de formas sensoriales diferentes le prepara para «la afiliación cultural».[119] Si ama a un padre y a una madre, más adelante se interesará por sus familias y por sus historias. Al descubrir sus dos orígenes, aprenderá una especie de método comparativo que le invitará a explorar la diferencia, a proceder a una serie de indagaciones afectuosas, y a trabar contacto, por consiguiente, con la tolerancia.

A la estabilidad de las presiones afectivas que forjan el temperamento del niño y que impregnan en él un claro recorte del mundo, el triángulo añade la apertura hacia la toma de conciencia, dado que existen dos sexos, dos orígenes, dos formas de amar, dos mundos mentales y dos culturas. Aparece una posibilidad de elección que algunos ya designan con la palabra «libertad».

Cuando sobreviene un desastre en este estadio del desarrollo, la libertad se detiene puesto que el edificio psíquico está en ruinas. Sin embargo, el flujo vital es de tal naturaleza que, al igual que un río, el niño reanudará el curso de su desarrollo en una dirección que el trauma habrá modificado. Para que el flujo vital momentáneamente represado por el accidente pueda reanudar su curso, es preciso que el niño sufra menos a causa de su herida, que su temperamento haya quedado bien impregnado por su medio precoz, y que en torno al niño herido se hayan dispuesto algunas guías de resiliencia.

Se conoce la causa, se conoce el remedio y, sin embargo, todo se agrava

A partir del momento en que Anna Freud, René Spitz y John Bowlby,[120] durante la Segunda Guerra Mundial, pusieron en evidencia la necesidad de afecto en el desarrollo de los niños, se habría podido creer que, habiendo detectado la causa y disponiendo del remedio, este género de sufrimientos por carencia afectiva iban a desaparecer. Lo que se observa es lo contrario. La depresión precoz y las carencias afectivas no solamente no han desaparecido, sino que aumentan incluso en las familias acomodadas, según constata Michaël Rutter.[121]

Sabemos que la mayoría de los trastornos son reversibles, sabemos cómo hay que abordar el problema, lo hacemos… ¡y aumenta el número de carencias afectivas! La explicación es clara. Las carencias provocadas en los años cincuenta por la privación afectiva en los hospitales y en las instituciones han experimentado una regresión muy importante en los países desarrollados. Conocemos los síntomas, y hoy en día los clínicos saben detectar una depresión precoz del lactante desde la aparición de la primera señal de «retraimiento en la relación».[122] Antes de llegar al cuadro trágico del bebé abandonado, inmóvil, paralizado, sin mímicas faciales, con la mirada perdida, insomne e inapetente, podemos apreciar la aparición de una pequeña lentitud de respuesta, el atisbo de un repliegue sobre sí mismo, el surgimiento de «un vínculo afectivo melancólico entre un bebé de mirada paralizada y una madre de mirada perdida».[123] Si interpretamos este retroceso como un rasgo de temperamento propio de un niño bueno, dejaremos que se desarrolle un auténtico cuadro depresivo puesto que nos acabamos de dar una buena razón para no ocuparnos de un niño que empieza a dejarse ir. Sin embargo, si aceptamos la idea de que un niño tiene que hacer tonterías para demostrar su alegría de vivir, nos inquietaremos por este retroceso.

De hecho, nunca existe una causa única. Cuando una madre está sola con su bebé, transmite su sufrimiento si está deprimida. El niño deja de jugar, sus desarrollos se ralentizan y toda novedad le inquieta. En un pequeño grupo de 35 lactantes que se vieron inmersos durante dos años en la depresión de su madre, se dieron catorce veces más trastornos del desarrollo que en el grupo de control.[124] Pero el problema está justamente ahí: ¿es normal que una madre esté sola con su bebé?

Cuando se curan, las madres proponen a su hijo una ecología sensorial más estable y más estimulante. Ahora bien, a partir de la octava semana, un niño percibe preferentemente a una de sus figuras de vínculo afectivo. Si este objeto es estable, el niño, al vincularse a este objeto de amor, estabilizará sus comportamientos y aprenderá las primeras características de su temperamento.[125] La plasticidad del desarrollo hará el resto, tan potente es el flujo vital. Por consiguiente, no hay que buscar el origen de la detención del desarrollo en la depresión de la madre, tan frecuente en la actualidad,[126] sino más bien en la causa de su depresión. Algunas mujeres tienen dificultades para recuperarse de la conmoción hormonal del embarazo y el parto, ya que las hormonas tienen a menudo un efecto euforizante. Muchas madres primerizas se sienten vacías después de haber dado a luz. El embarazo había llenado tanto su vida que el parto provoca a veces una sensación de pérdida, o con mayor frecuencia, de vacío, un vacío similar al que experimentan los estudiantes después de la intensa preparación de unas oposiciones. Al día siguiente, se sienten inútiles en vez de liberados. Sin embargo, las causas más frecuentes de la depresión posparto son de orden conyugal, histórico y social.

Las causas son conyugales cuando el padre escurre el bulto y lleva al bebé junto a su propia madre para que sea ella la que se ocupe de él..., o cuando menosprecia a su mujer porque no sabe ocuparse de un recién nacido. Por consiguiente, y a través de su comportamiento, el padre modifica la forma en que la madre constituye la burbuja sensorial que rodea al bebé.

Las causas son históricas cuando la madre atribuye a su hijo un significado maléfico: «Se parece a mi padre que tanto me pegó», o: «Me impide volver a mi país». En esos casos, la madre dirige al niño unos comportamientos adaptados a esa representación dolorosa que emana de su pasado.

Por último, son sociales cuando nuestra evolución tecnológica o nuestras leyes modifican la condición de las madres. En la época en la que no se comprendían bien las relaciones madre-hijo, los lactantes nunca estaban tan solos. Los estudios sobre las separaciones revelan una disociación neta entre los discursos colectivos, que tienen en cuenta a los niños, y la burbuja de comportamiento que les moldea y que se expresa a pesar nuestro. En Italia, el 8% de los niños de uno a tres años crecen en un lugar distinto al de su propia familia, mientras que esa cifra alcanza el 40% en Estados Unidos y el 50% en Francia.[127]

Por supuesto, las guarderías y los lugares donde se cuida a los más pequeños han hecho fantásticos progresos. En ellos, los niños alcanzan perfectamente bien su pleno desarrollo, hasta el punto de que muchas madres primerizas se sienten desvalorizadas y piensan que las profesionales son más competentes. «¡Que llegue pronto el lunes para que mi hija vuelva a la guardería! Allí es más feliz que conmigo», una frase que cada vez se oye con mayor frecuencia. Existe una gradación enorme entre ciertas instituciones, como las existentes en China, Rusia o Rumania, donde se aparca a los niños sin cuidado alguno, en espera de la muerte, y otras en las que a veces disfrutan de un mejor entorno que en su propia casa, como sucede en Francia. Estamos lejos de la película de los Robertson[128] en la que se observan, en 1952, los comportamientos desesperados de un niño pequeño desgarrado por una breve separación. Sin embargo, veinte años más tarde, en 1974, los estudios sobre los comportamientos aún revelaban que los niños de las guarderías manifestaban casi todos hacia la edad de dos o tres años un vínculo afectivo inseguro.[129] Se produce un cambio radical a partir de 1980, momento en el que este estilo de vínculo afectivo desaparece en los niños de las guarderías. El hecho de quedar al cuidado de puericultoras motivadas y cada vez más competentes ha transformado la burbuja que sustituye a la madre. Y sobre todo, los niños que se les confían ya no son hijos de pobres. Incluso al contrario, son hijos de mujeres acomodadas, mujeres que han alcanzado su pleno desarrollo y se hallan implicadas en la aventura social. Ahora bien, incluso en el caso de que los niños se confíen a las guarderías, la figura del vínculo afectivo sigue siendo la «madre acompañada». Cuando esta base de seguridad está bien impregnada en el temperamento del niño, la guardería se convierte en una oportunidad que permite la plena realización personal y en una estimulante conquista.

Esta mejora de la condición de las madres y sus bebés plantea al menos un problema: el pleno desarrollo se produce sobre el filo de la navaja. Si la madre es desgraciada en el trabajo, se vuelve a encontrar con el argumento de la transmisión de la desdicha, y si las guarderías son demasiado grandes o, como sucede en nuestras sociedades urbanas, están organizadas de manera «anómica»,[130] sin estructuras espontáneas, sin rituales de interacción ni costumbres, los niños se hacen vulnerables a la mínima separación. Aprenden a temer la pérdida y se defienden de ella desarrollando un tipo de vínculo afectivo frío y distante que les encauza en la dirección de una afectividad ligera. Este arte de amar poco les protege del sufrimiento de amar mucho. Sin embargo, la vida se vacía de su sabor, y sucede como con una amputación, que también preserva del mal. Ahora bien, nuestra urbanización planetaria, nuestras carreras sociales inestables, crean medios cambiantes y guarderías anómicas en las que todo se ve incesantemente trastornado.

Esto es lo que se aprecia en los medios en que se desenvuelven los marinos profesionales,[131] o de los altos funcionarios que trasladan bruscamente su domicilio cada dos o tres años. Los intereses de la empresa no son forzosamente los de la familia y sus hijos. No hay tiempo para tejer un vínculo, para establecer una lealtad.[132] No resulta impensable que un día el Estado eduque a nuestros hijos. Siempre lo ha hecho de forma insidiosa cuando nos obligaba a pasarnos la vida entera en una misma granja, con una única lengua, con una sola creencia, y cuando decidía la carrera de los jóvenes mediante la imposición de circuitos sociales diferentes para los ricos y para los pobres, para los primogénitos y para los hijos menores, para los chicos y para las chicas. Sin embargo, en esa época, el padre representaba al Estado en la familia y lo más frecuente era que la madre aprendiese a respetar la ley de su Dios. El Estado gobernaba por familia interpuesta, lo que no era anómico, sino todo lo contrario.

Hoy en día, cuando la tecnología necesita que se sigan estudios y facilita el desarrollo de las personalidades, los vínculos se hacen ligeros y las estructuras familiares se vuelven menos opresoras. ¿Podría suceder que, en poco tiempo, el desarrollo de nuestros hijos tuviera lugar fuera de las familias?

Virginidad y capitalismo

Por supuesto, el proceso comenzó hace tiempo en Europa, cuando surgió la noción de padre biológico al mismo tiempo que la de posesión de un bien. Los hombres sin bienes y sin nombre no tenían nada que legar. El pueblecito conocía al tipo que había engendrado al niño, pero ese padre parecía transparente cuando se lo comparaba con la opacidad del que poseía una cierta extensión de tierra, un castillo o una tienda y podía dejarlos en herencia. «En semejante contexto social, el himen se convertía en la rúbrica de la paternidad.[133]» Cuando la mujer era virgen y se la encerraba después de la boda, la probabilidad de ser el padre biológico de los niños que ella gestase se hacía casi segura, con la condición de hacer de la sexualidad extraconyugal un crimen capital.

Los niños que nacían en semejante contexto social tenían a su disposición guías de desarrollo verdaderamente muy diferentes. En algunos pueblos de África ecuatorial, se dice que «se necesita a la aldea entera para criar a un niño». Hay toda una dotación de hombres que se reparte los papeles de padre: uno le enseña a labrar la tierra, otro a cazar; el antepasado exige cuentas, mientras otro convecino le enseña a transgredirlas. Las mujeres se agrupan para ayudarse mutuamente, pero la madre biológica sigue siendo una destacada figura de vínculo afectivo. En caso de tristeza, ella es la que conserva el poder de consuelo más eficaz y hacia ella se dirige el niño que sin embargo dispone de varios vínculos afectivos.[134] Un niño que se queda huérfano en un contexto como este no conocerá el mismo destino que deberá vivir quien, en otra cultura, al perder a su padre, se vea desposeído de toda identidad y de toda herencia, y por consiguiente tendrá muchos problemas para socializarse.[135]

En un grupo humano con vínculos estrechos, la desaparición de una guía se compensa con la aparición de otra. Pero en una cultura en la que el propietario exige la virginidad y el aislamiento social de su mujer para ser un «padre prácticamente seguro», tanto como ella es «madre segura», la guía constituye un vínculo exclusivo. En esos casos su desaparición aniquila al niño. Existen incluso países como Bangladesh en los que a un niño que pierde a su padre se le considera como un huérfano total y es arrebatado a la madre para ser confiado a una institución anónima.[136] Un huérfano de padre africano tiene muchas más posibilidades de convertirse en resiliente que un huérfano cuyo padre sea natural de Bangladesh. Sin embargo, las culturas se pasan la vida cambiando y cuando no cambian, mueren. Hoy en día, la generosidad africana se difumina como consecuencia de los hundimientos económicos, políticos y sanitarios. En Ruanda, después del genocidio, los adultos consideran a los niños abandonados como brujos. Les tienen miedo y hacen que los camiones militares se los lleven.[137]

En cuanto al esquema occidental, ¡acaba de sustituir la anatomía del himen por la dosis de ADN! ¡La «rúbrica biológica» señala al que ha dado el golpe y debe pagar! Un padre sin vínculo afectivo, puede que incluso ignorante de la existencia del niño, está obligado por la ley a transmitir sus bienes o a pagar una pensión.

La virginidad, que era una obligación capitalista impuesta a las mujeres para garantizar la transmisión de los bienes, se reemplaza por el ADN, obligación individualista impuesta a los hombres para pagar su fechoría. Un famoso futbolista acaba de ser condenado a pagar una pensión a una mujer que le designó como «padre», es decir como hombre que ha cometido la fechoría de la relación sexual. El hecho de que se negara a someterse a un análisis se consideró como un reconocimiento de paternidad, sobre las mismas bases que en la época medieval facultaban a los regidores y a los jueces a instar a las mujeres a proceder a la «denuncia de los padres» para así obligarles a entrar en la familia y ocupar su sitio en ella. Hoy en día, el poder de separación del dinero permite que el hombre mantenga las distancias afectivas… con la condición de que pague. Y la tecnología punta se pone al servicio de las mujeres para asumir ese tipo de… «vínculo».

El vínculo ligero se convierte en un valor de adaptación para una cultura técnica. Creemos estar ante un problema afectivo cuando en realidad se trata de un discurso social. Las representaciones culturales, las leyes que aventajan a un sexo o que ponen trabas al otro, intervienen pese a todo en la burbuja sensorial que rodea al niño. Los orfanatos rumanos para niños «incurables» ofrecían pocas guías de resiliencia puesto que había en ellos muy poco humanitarismo. Hasta el día en que los responsables de este país empezaron a valorar a las familias de acogida. Algunas campesinas, algunas familias, algunas instituciones, tras conseguir modificar la idea que su cultura se hacía de estos «niños monstruo» cambiaron su porvenir. Desde el momento en que se les propuso un vínculo, un gran número de ellos, incluso aquellos que estaban aparentemente muy alterados, supo aferrarse a él y reanudar pese a todo su desarrollo.[138] Al cambiar la representación colectiva, un puñado de cuidadores modificó el medio y los comportamientos dirigidos a estos niños. Al dejar de considerarlos como monstruos, se proporcionaron el asombro de verles evolucionar como niños. Por supuesto, sufrían heridas graves, pero por lo menos volvían a vivir, a amar y a aprender, como si quisieran darnos la siguiente lección: «Cuantos más lugares de acogida existan, menos prisiones y centros de encerramiento existirán».

Podemos imaginar que en los tiempos de los cazadores-recolectores las mujeres no tenían marido y los niños no tenían padre. El triángulo sensorial debió organizarse alrededor de la madre, figura central del vínculo de afecto, un círculo de mujeres, rodeado a su vez por un tropel de hombres. La situación de huérfano, que era muy frecuente, no modificaba demasiado este entorno. «A menudo, esas familias del Antiguo Régimen que daban tanta impresión de solidez eran de hecho familias inestables, incompletas, «hechas añicos»; a causa de los repetidos golpes de la muerte, las parejas se deshacen y se rehacen. En el siglo XVIII, por ejemplo, más de la mitad de las uniones (51,5%) duraba menos de 15 años, más de un tercio (37%) tenía una duración inferior a los diez años, debido al hecho de la muerte de uno u otro cónyuge..., y en particular a causa del elevadísimo índice de mortalidad de las mujeres entre veintiuno y cuarenta años.»[139] Esto explica que un hombre pudiese casarse tres o cuatro veces sin haberse divorciado nunca. En un contexto en el que se lleva luto por un allegado prácticamente cada seis meses, la familia daba una impresión de solidez porque con cada pérdida se recomponía, se reformaba para ofrecer a sus hijos un triángulo sensorial estable y provisto de sentido.

Por eso, la muerte del padre tendrá un efecto devastador para el niño en un triángulo y en una cultura dados, mientras que en otra pareja y en otra cultura, el niño herido podrá volver a empezar.

El padre precoz es una rampa de lanzamiento

La presencia del padre precoz en el triángulo permite al lactante adquirir una aptitud para la socialización que, en caso de pérdida ulterior, ofrecerá al niño un factor de resiliencia. El actual adalid de la figura del padre, Jean Lecamus, ha estudiado los efectos, no del padre social –que es asombrosamente diferente en función de las culturas–, ni del padre simbólico que nace de la palabra, sino del padre real, el que asea, juega, alimenta, riñe y enseña. La simple presencia de este padre de carne y hueso tiene un efecto de «rampa de lanzamiento».[140] Las disposiciones sensoriales del padre y la madre son biológicas en este estadio del desarrollo. Pero el carácter sensorial no tiene la misma forma puesto que el del macho es diferente al de la hembra.

Las madres sonríen más, vocalizan más, pero mueven menos al lactante. Son más intelectuales y más dulces. Por el contrario, los padres son silenciosos, tienen una mímica seria, hacen brincar al niño y juegan con él al ascensor, lo que provoca con regularidad grandes carcajadas.[141] Ahora bien, algunos meses más tarde, estos dos estilos sensoriales diferentes provocan efectos de socialización distintos. «Con sus guasas y sus intentos de desestabilización, el padre incita al niño a adaptarse a la novedad».[142] Este efecto socializador «rampa de lanzamiento» conlleva un tipo de aprendizaje que fomenta la asunción de riesgos, orientación que las madres moderan con su presencia sonriente y expresiva.

Tutelado por dos medios sensoriales diferentes, el niño aprende a dirigirse de forma diferenciada a cada uno de sus padres, y esta disparidad es una forma de toma de conciencia. El niño descubre dos figuras de vínculo afectivo distintas pero asociadas. En caso de pérdida afectiva, ya sea momentánea o duradera, porque los padres deban ausentarse o porque, por desgracia, han desaparecido, el hecho de haberse formado en un triángulo en el que los compañeros están asociados y son diferentes habrá enseñado al bebé un comportamiento de impulso social que constituye un factor de resiliencia.[143] El simple hecho de que los dos padres hayan podido impregnar en su hijo una manera de inducir la existencia de relaciones diferentes ayudará al niño, en caso de desgracia, a abordar mejor su resocialización. Si, por ejemplo, se tiene que colocar a un niño de 20 meses en un medio de sustitución, observaremos que ya habrá aprendido a orientar sus demandas de acción hacia los hombres y sus demandas de relación hacia las mujeres. Estos niños, impregnados por un padre real, han aprendido a familiarizarse con la novedad.

Existen culturas en las que los niños no tienen padre. Si un grupo de mujeres se ocupa de los niños pequeños, el triángulo podrá funcionar de todas formas puesto que alguien, mujer u hombre, aceptará participar en él. Pero si la personalidad de la madre la induce a «tener un niño para mí sola», no se producirá la apertura del triángulo, sino una relación de dominio, deliciosa al principio, pero más tarde agobiante hasta la náusea.

Puede ocurrir que una madre esté sola porque su marido haya muerto o se haya ido. En este caso, el triángulo aún podrá existir con la condición de que otro hombre consiga hacerse un sitio, que la madre siga haciendo vivir al muerto mediante los objetos, las fotos y los relatos que lo convierten en un héroe,[144] o que una abuela, una tía o una amiga quieran prestarse al juego del triángulo.

La sexualización de los roles es tanto biológica como histórica y social. La carencia también está sexualizada: perder a un padre en un estadio preverbal repercute en una dificultad para las tomas de conciencia y frena la socialización. Sin embargo, la alteración también depende del sexo de la criatura. Los chicos parecen sufrir más que las chicas. ¿Será quizá que, al identificarse con su madre, las chicas pueden seguir desarrollándose en un mundo femenino en el que se sienten bien? Los chicos, por el contrario, al identificarse con su madre, deben abandonarla un día, so pena de experimentar angustias de naturaleza incestuosa. Ahora bien, si la cultura no dispone en torno a estos niños unas guías de desarrollo para ayudarles a arrancar, no encontrarán más soluciones que la inhibición o la explosión.

Para precisar esta idea, Lévy-Shiff[145] estudió a 20 niñas pequeñas y a 20 niños pequeños cuyo padre había muerto antes de que nacieran, y comparó durante tres años el desarrollo de esta muestra con la de 139 niños y niñas de la misma edad y del mismo medio. Resultó que todos los niños y niñas sin padre establecieron un vínculo afectivo excesivamente fuerte con su madre. Al hacerse más dependientes, menos dados a la exploración y más emotivos, se volvieron más difíciles de consolar en caso de una separación banal. A pesar de que era frecuente que la madre idealizara al marido desaparecido, se notaba la falta de un padre real, y los niños y niñas en su conjunto se fueron haciendo menos autónomos y más conformistas. Se sometían a una madre acosada a la que agredían en caso de frustración.

Cuando el padre muere después de haber cumplido su labor como padre real, los hijos han adquirido algunos factores de resiliencia: saben ir en busca de aquel o aquella que les habrá de servir de guía. Arno Petersen estudió a un grupo de 18 chicos y de 9 chicas criados desde su nacimiento por una madre sola y comparó su evolución con la de otro grupo de 10 chicos y 18 chicas impregnados, durante sus primeros meses, y antes de la muerte del padre, por un triángulo parental. El grupo de niños y niñas completamente desprovistos de padre se pegó a la madre y manifestó hacia ella un amor hostil, mientras que los que habían conocido a los dos padres, pese a no tener recuerdo de ello, conservaron las huellas que les habían hecho más sociales y más proclives a la exploración, sobre todo los chicos.[146]

Esta evaluación del efecto de los padres permite decir que hoy en día un padre biológico puede ser sustituido por otro macho o por una pistola inyectora. Pero el padre real debe imprimir su marca sensorial en las huellas mnésicas de sus hijos, sobre todo en sus hijos varones, para hacer de ellos chicos que se alegren de entablar nuevas relaciones y de partir en busca de lo nuevo.

Cuando el Estado diluye al padre

Ahora bien, no todos los padres tienen el deseo ni la posibilidad de ser padres reales. Pueden morir y no existir más que en la representación, lo que acarrea un desarrollo particular. El ideal maravilloso de un padre héroe que no envejece nunca empuja al niño a explorar mejor lo imaginario que lo real, a no abrir los ojos para ver las relaciones tal como son, y arriesgarse de este modo a no ver llegar un peligro.

Dado que ningún desarrollo puede realizarse en otro sitio que no sea en el interior de una cultura, un hombre puede decidir no ser padre porque su historia le lleva a pensar que esa responsabilidad le genera demasiada angustia, o porque su cultura vacía de todo significado a la función paterna.

Paradójicamente, este parece ser el caso de nuestra cultura. Desde los años setenta, las mujeres deciden no ser solamente esposas y madres, simples anexos de los hombres o personas consagradas a los hijos. Quieren añadir a sus vidas un desarrollo personal completo y participar en la aventura social, justamente en el momento en que los padres se vuelven borrosos. El ejemplo del himen nos ha permitido comprender que con el desarrollo de la propiedad, la designación del padre era capitalista. Sin embargo, mientras nuestros discursos hacen llamamientos a los padres, nuestras leyes y nuestras obligaciones sociales no les animan. El padre occidental, del que se dice que se vincula afectivamente a los niños en las familias recompuestas, adquiere de hecho el estatuto de pieza añadida a la familia. Se le considera como un sucedáneo, como un bálsamo contra las angustias de la soledad, como una ayuda para la vida cotidiana. Estamos lejos del padre romano, que alzaba al hijo o le dejaba morir, del «monseñor» medieval que enseñaba la práctica de la caza y de la lectura a su hijo, o del padre napoleónico que representaba al Estado en la familia.

En la época aún reciente en que había demasiado padre, las madres, pilares de la vida familiar, no eran, en el plano social, sino meros anexos del marido. Hoy en día, los nuevos padres son cada vez con mayor frecuencia «compañeros de mamá». Uno se puede llevar bien con ellos, a veces incluso mejor que con el primer padre, pero su descolorida presencia marca menos su huella en el psiquismo del niño. Incluso las mujeres que reivindican la presencia de los padres reales participan involuntariamente en su insipidez. Las puericultoras y las educadoras reconocen que se sorprenden al tener que decir a los padres que vienen a buscar a su hijo a la guardería o a la escuela: «Dígale a su mujer que Eva ha tomado bien su biberón y que le hemos dado su jarabe».[147] Los nuevos padres sólo podrán ocupar verdaderamente su sitio en las familias nuevas si logran establecer con los niños relaciones reales, las que tejen un vínculo. Al valorar a un padre así, estas mujeres se arriesgarían a tener menos posibilidades de conservar la plena custodia de sus hijos en caso de separación, pero los hombres volverían a hacerse responsables.

No es impensable que la función paterna pueda llegar a desaparecer. Los padres transparentes resultan fáciles de borrar. Ya ha ocurrido en la historia. Entre los escitas, pueblo iranoeslavo que hace 3.000 años ocupaba el norte del mar Negro, los hijos varones sólo aprendían a guerrear, a manejar el arco y a dominar el caballo. En una cultura en la que la violencia era un valor adaptativo, los más fuertes de esos varones debían adorar ese tipo de vida. Las chicas, segundo sexo, sólo asumían las obligaciones «secundarias», como la atención de los cultivos, la vida cotidiana, el arte o la educación. Podemos imaginar que deseaban dar a luz varones para convertirlos en héroes, educados para morir de forma cruel y gloriosa. En un contexto semejante, los sufrimientos debían proporcionar un gran número de resilientes, puesto que la sociedad admiraba a los heridos que regresaban al combate.

Parece que en Nueva Guinea se encuentran aún hoy en día culturas de este tipo, es decir, culturas en las que las mujeres son las encargadas de garantizar todo lo que resulta esencial para la vida, de forma que los hombres puedan consagrarse a la única actividad seria: la de batirse a lo largo y ancho de las montañas de escarpadas pendientes.

Hace cincuenta años, en Europa, el nazismo llegó incluso a pensar, puesto que lo único importante era la cualidad racial, que bastaba con provocar el emparejamiento de guapas rubias con orgullosos sementales de cráneo alargado, y ocuparse después de que el Estado educara a sus hijos, para dar al mundo una juventud hermosa de calidad superior.[148] La locura de centímetros que caracterizó a la cultura occidental de aquella época llegó hasta los «Lebensborn» en que nacían estos niños.*

Siendo una cultura en la que el centímetro atribuía sus cualidades al niño, todo se medía: la talla, la altura del cráneo, la longitud de la nariz y la separación entre los ojos. Cuando se considera a los hombres en función de su aspecto numérico (talla, peso, velocidad, dinero), también se juzga a las mujeres según el mismo criterio. Por consiguiente, para «revalorizar» a las damas, se organizaban campeonatos de donantes de leche materna (veintitrés litros por semana las más destacadas) o se concedían medallas a las fábricas de hijos (dieciocho hijos por mujer indicaba el premio Cognacq-Jay). En Francia existieron varios Lebens-

---

* Bajo el régimen nazi, la organización de «bienestar social» Lebensborn (fuente de vida) fue creada para las mujeres y los hijos de los miembros de las SS, a los que se atribuía el derecho y el deber de esparcir su semilla entre las jóvenes nórdicas. Al no tratarse de matrimonio sino de eugenesia, la agrupación Lebensborn dispuso varios recintos en la Europa ocupada para atender a las solteras que los hombres de Himmler dejaban embarazadas. (N. d. t.)

born en los que poder «ayudar» a que dieran a luz sus hermosos productos las numerosas mujeres con maridos ausentes.[149] La calidad biológica de estos niños era sin duda alguna buena, ya que se puede creer lo indicado en los certificados que acreditaban su condición de arios. Y no obstante, sólo un número muy reducido se desarrolló de forma sana: un 8% murió como consecuencia de la privación de afecto; el 80% sufrió graves retrasos mentales o se convirtió en psicópata delincuente. Sólo unos cuantos consiguieron socializarse, con heridas afectivas que les empujaron a una reivindicación extrema de sus orígenes.[150]

Por la misma época, los bombardeos sobre Londres llenaban los orfanatos de lactantes embrutecidos. En algunas instituciones, ninguno moría, mientras que en otras, el 37% se dejaba arrastrar a la muerte porque no había tenido ningún encuentro afectivo.[151]

Era frecuente que los supervivientes se convirtieran en delincuentes o en psicópatas, y que sufrieran graves retrasos intelectuales. Y sin embargo, algunos encontraron a su alrededor guías de desarrollo que supieron aprovechar para reanudar su desarrollo.[152]

Ceaușescu también pensaba que los niños no tenían necesidad de afecto para desarrollarse: un 40% de los huérfanos y de los niños abandonados murió como consecuencia de esta idea. Hoy en día, en Argelia, la mortandad de los niños abandonados en las guarderías infantiles ha pasado del 25% en 1977 al 80% en 1986,[153] cuando la tasa media de mortandad infantil en la población general es actualmente del 5,5%. La extrema variabilidad de las cifras confirma que no existe igualdad en los traumas. Prácticamente todos los niños estaban sanos. Algunos encontraron la muerte porque no hallaron a su alrededor ninguna guía de resiliencia. Muchos se hicieron delincuentes o psicópatas porque, siendo más fuertes por su temperamento, supieron agarrarse a algún frágil hilo de resiliencia, suficiente para sobrevivir pero no para socializarse. Y algunos pudieron tejerse valientemente porque, al ser capaces de encontrar manos tendidas, se defendieron victoriosamente de los golpes que, en cascada, debe soportar un niño al que no se ha encauzado por el «buen camino».

Duelos ruidosos, duelos silenciosos

Perder a la propia madre antes de saber hablar es arriesgarse a perder la vida, es arriesgarse a perder el alma, puesto que nuestro mundo sensorial se vacía y nada se puede impregnar en nuestra memoria. Perder al propio padre antes de saber hablar, es arriesgarse a perder el impulso, el gusto por la vida, puesto que el mundo sensorial que nos permite sobrevivir nos embota hasta la náusea. Sin embargo, ser padre y ser madre es cosa que depende de los discursos sociales, puesto que en nuestra historia, todos los roles, todos los significados, han sido atribuidos a los padres. Y los hijos siempre se han desarrollado en estructuras afectivas y sociales que difieren en función de las culturas. Por el contrario, sea cual sea la cultura, todos estos niños necesitaron encontrar a su alrededor una estructura estable y diferenciada que les ofreciera un marco de desarrollo.

Algunas experiencias de duelo precoz tienen efectos duraderos, mientras que otras, curiosamente, sólo tienen efectos breves o incluso parecen no tenerlos. De hecho, lo que marca la diferencia es el carácter más o menos «ruidoso» del duelo.[141] Del mismo modo que existen objetos sobresalientes que el niño percibe preferentemente, existen acontecimientos «ruidosos» para un adulto que son «silenciosos» para un niño. Cuando un bebé pierde a sus padres antes de la edad de la palabra, todo su mundo sensorial queda deshabitado, y la percepción de esa carencia altera el desarrollo. Si en ese momento se le propone un marco afectivo estable, reanudará su evolución, volverá a vivir en una familia análoga, con la condición de poder familiarizarse activamente con este nuevo triángulo. La misma prueba para un bebé confuso, indiferente o ambivalente resultará más difícil de superar. Dependerá entonces del significado que el adulto atribuya a este comportamiento. La primera reacción de algunos bebés abandonados son los gritos y una hipercinesia que es un equivalente preverbal de la llamada de socorro. Eso cansa a un adulto poco motivado o preocupado. Este niño exasperado exaspera al adulto que, sin querer, agrava el rechazo. Por el contrario, algunos niños reaccionan a la pérdida durmiendo más tiempo.[155] Ocurre que esta reacción temperamental les protege doblemente. Por una parte, porque sufren menos por la carencia y no se agotan agitándose, y, por otra, porque es más fácil encontrar familias de acogida para estos «niños marmota». Los bebés protestones parecen más sensibles a las agresiones del medio,[156] mientras que los bebés marmota han aprendido a refugiarse en su interior cuando la vida se vuelve demasiado dura.

Más adelante, un niño huérfano toma conciencia de la muerte. Hacia los seis o siete años, lo que le trastorna deja de ser la percepción de la carencia y pasa a ser la percepción de la pérdida. En este estadio, su lenguaje interior le hará sufrir cuando se diga: «Soy un niño menguado porque no tengo mamá». Será la comparación con los demás lo que le hará adquirir un sentimiento desvalorizado de sí mismo: «Los educadores decían delante de mí que era un niño basura, un niño acabado, echado a perder. Cuando obtuve mi diploma de escultor, mi «madre juez» dijo que, para un niño de la calle, estaba muy bien haber conseguido ese diploma. Inmediatamente, me sentí orgulloso de mí mismo».[157]

Por regla general, cuando se estudia la evolución de los grupos de niños agredidos o enlutados, se experimentan dos asombros. El primero es el de ver aparecer todas las formas de psicopatología habitual (fobias, obsesión, histeria, agitación...). El segundo es el de que ninguna de estas manifestaciones es duradera.[158] Sólo llega a serlo si el medio es fijo, lo que no es posible en una situación de vida espontánea, pero que sí ocurre cuando se ha puesto en marcha una institución como respuesta a una representación cultural inmutable, es decir, como respuesta a una certeza.

Cuando, tras la Segunda Guerra Mundial, se colocó a niños desgraciados, abandonados o cuya madre estaba simplemente enferma, era demasiado pobre, o vivía sola, se les empujó a entrar en circuitos sociales de los que difícilmente podían salir. Algunas «guarderías infantiles célebres, como la de Medán, fundada por Émile Zola, o los inmensos hogares de «convalecencia» de la Asistencia pública en París, fueron durante mucho tiempo lugares en los que se acumulaban niños que se encontraban inevitablemente abocados a graves carencias de armonía evolutiva con retraso intelectual».[159] Bastó con actuar sobre el discurso social, con trastornar las certezas, con mostrar que niños que sufrieron el mismo trauma y luego fueron criados por separado manifestaron evoluciones diferentes,[160] para llegar a la conclusión de que era la propia institución la que creaba lo que combatía. Para luchar contra la debilidad mental de los pobres, algunos responsables políticos optaron por colocar a sus hijos en estos circuitos, provocándoles el mismo retraso. Este tipo de representación social, junto con las instituciones que la ponen en práctica, impiden el factor de resiliencia más precioso: el del encuentro que despabila. Cuando en 1950, el niño Bruno Roy, hijo ilegítimo, fue internado en Mont-Providence, en Quebec, se volvió retrasado en pocos años. Cuando este orfelinato se transformó en hospital psiquiátrico para poder cobrar un precio por día más jugoso, los cuatrocientos niños pasaron de la guardería –«fábrica de enfermos mentales»– al hospital psiquiátrico –«nihilismo terapéutico»–.[161] En el siglo XIX, la agricultura abría los brazos a estos niños convertidos en anormales. En el siglo XX, el hospital psiquiátrico toma el relevo, puesto que ya no se necesitan trabajadores agrícolas. El devenir de estos niños es comparable al de toda institución donde el desierto afectivo conduzca a la muerte psíquica y a veces física. Muchos mueren, y los supervivientes se vuelven retrasados, impulsivos, pendencieros o sumisos. Y sin embargo, algunos de ellos consiguieron salir bien parados. Bruno Roy se hizo profesor de literatura y llegó a ser presidente de la Unión de escritoras y escritores de Quebec. Desde el momento en que los huérfanos se agruparon en el «Comité de huérfanos de Duplessis», su nueva identidad social, los combates cotidianos, las lecturas y las duras tareas bastaron para despertarles y para mejorar su rendimiento.

Resiliencia y conductas de seducción

Todo esto no debe impedirnos tener en cuenta que Bruno Roy nunca fue un retrasado. Pese a la desolación del desierto afectivo, supo constituirse un mundo interior, un ensueño poético que le protegió de la repulsiva realidad. Pese a la agresión sexual de una mujer de la limpieza y de los golpes de una familia de acogida, supo construir un lento andamiaje con todos sus pequeños logros, lo que finalmente le llevó a un puesto de responsabilidad intelectual y a una agradable realización personal.

Antes de alcanzar el mundo de la palabra, es probable que el pequeño Bruno Roy hubiera adquirido ya una resiliencia preverbal. La causa quizá fuera el gusto por la belleza, que aparece desde los primeros meses, y que, asombrosamente, ha interesado poco a los psicólogos. Pero, sobre todo, se habían impregnado en él las conductas de seducción propias de un vínculo de tipo protector. ¿Podría haberse producido esa impregnación en el transcurso de los meses inmediatamente anteriores al abandono? La plasticidad de los aprendizajes es tan grande en esa época de la vida en que nuestro sistema nervioso fabrica veinte mil neuronas por segundo[162] que muchas heridas y huellas neurológicas son fácilmente reversibles. «Una buena parte de los déficits precoces pueden resolverse si el entorno cambia a mejor.[163]» Y es que en esto reside el problema: el niño es capaz de cambios asombrosos, mientras que el adulto que se encarga de él empieza a volverse rígido en cuanto a sus aprendizajes y sus concepciones del mundo.

Muy a menudo es la mirada del adulto la que bloquea el desarrollo del niño. Cuando se coge a los bebés del útero de la madre durante la cesárea, aún se encuentran embotados por la medicación que ha recibido la madre como anestesia; la cabeza de estos bebés se balancea, se amoldan desmadejadamente a los brazos de los adultos y responden con lentitud a los estímulos reflejos. Los padres se asombran de su torpeza. Pero al cabo de cuarenta y ocho horas, los productos han sido eliminados, e incluso cuando el niño ha vuelto a ser vivaracho, ¡sus propios padres siguen afirmando que es lento![164] La madre, que guarda en la memoria la idea de un bebé lento, persiste en responder según la representación que se ha hecho de él, más que por su percepción.

Si está sola, es muy posible que siga sujeta a su propia representación. Sin embargo, cuando está rodeada por sus allegados, que no tienen la misma memoria que ella, evolucionará gracias a ellos, y sus observaciones le abrirán los ojos. El discurso de los adultos que rodean al bebé, al cambiar la mirada de la madre, cambiará también los comportamientos dirigidos al niño, proponiéndole así nuevas guías de desarrollo. Los pequeños «césares» o los pequeños heridos podrán entonces conocer un vínculo afectivo de tipo protector que impregnará en ellos las conductas propias de la seducción.

Todo comportamiento específico de «niño pequeño» inhibe la agresividad de los adultos. El niño reduce el espacio que ocupa, disminuye la intensidad de sus vocalizaciones, redondea los ángulos inclinando la cabeza, haciendo mohines, sonriendo con los ojos. Mirar de lado para no tener siquiera que hacer frente a la mirada del adulto como un descarado ni verse obligado a evitarla como un pícaro, son las manifestaciones de comportamiento propias de la búsqueda de afecto que caracterizan a un niño impregnado por un vínculo protector. En una situación comprometida, estos argumentos de comportamiento hablan de un estilo de resolución de conflictos que posee un gran poder de atracción. Los niños hipercinéticos, que vociferan y no se están quietos, acaban por generar en sus padres un papel de constante prohibición que exaspera a todo el mundo. Los niños amorfos que no reaccionan nunca a las invitaciones, acaban por generar en sus padres un papel de permanentes estimuladores que los fatiga.[165] Por el contrario, los bebés que ya han aprendido a resolver sus conflictos mediante conductas de seducción regocijan a los adultos. «Siempre tuve puntos de apoyo, apoyos que adoptaron la forma de un «favoritismo» que me permitió, sin demasiado estrépito, superar la experiencia del asilo. En cada etapa de mi vida infantil, tengo el recuerdo de una relación privilegiada: Marcelle Archambault, de la guardería Saint-Paul; la hermana Olive de los Ángeles, de la guardería Mont-Providence; Madeleine y Roger Rolland, que me llevaban a su casa; el hermano Jean-Paul Lane, del orfanato Saint-Georges-de-Joliette.»[166]

La adquisición de ese comportamiento de seducción, testigo precoz de un estilo de relación y de una forma de resolver los conflictos, constituye sin duda uno de los principales factores de resiliencia. Todos los que han sido heridos durante la infancia se asombran, al llegar a la edad adulta, del número de manos tendidas que lograron encontrar. ¿Pudo ocurrir que los adultos se sintieran encantados de tender la mano… a esos niños en concreto?

La metáfora del tejido de la resiliencia permite dar una imagen del proceso de la reconstrucción de uno mismo. Pero hay que ser claro: no existe reversibilidad posible después de un trauma, lo que hay es una perentoria obligación de metamorfosis. Una herida precoz o una grave conmoción emocional dejan una huella cerebral y afectiva que permanece oculta tras la reanudación del desarrollo. El jersey así tejido adolecerá de la falta de un pespunte o presentará una urdimbre particular que desviará la continuación del tejido. Puede volver a ser hermoso y cálido, pero será diferente. El trastorno puede repararse, a veces incluso de forma ventajosa, pero no es reversible.

Antes de acceder a la capacidad de utilizar sus propias palabras, los más pequeños tejen involuntariamente su resiliencia siguiendo una pulsión biológica que se entrelaza con las reacciones de los adultos. Los primeros años constituyen un período sensible para la construcción de los recursos internos de la resiliencia. Sin embargo, cuando un accidente de la vida provoca una laguna, se puede reparar, contrariamente a lo que se pensaba hasta ahora. Incluso en aquellos casos en que los primeros años fueron difíciles, el principio de la impregnación del triángulo sigue siendo posible durante mucho tiempo. Sencillamente, se aprende más rápido cuando la memoria es vivaz, y más lentamente a medida que nos vamos haciendo mayores.

Con este pequeño capital de comportamiento psicológico desembarca el niño en el universo de la palabra. Hasta ese momento se desarrollaba en el universo de los demás. Ahora, la historia que se cuenta a sí mismo es la que debe converger con la historia que le transmiten sobre su persona.

No existe pues ruptura entre el mundo preverbal y el de nuestros discursos. Existe una continuidad metamorfoseada por efecto de la palabra. La mariposa que revolotea en un mundo aéreo no tiene ya nada que compartir con la oruga que se arrastraba por el suelo. Sin embargo, proviene de ella, y la aventura continua, pero su paso por la fase de crisálida ha operado una metamorfosis.

A partir de este momento, la resiliencia cambia de universo. Va a habitar en el efecto mariposa de la palabra.

Capítulo 2

LA MARIPOSA

A los monstruos no les gusta el teatro

«Sólo un monstruo puede decir las cosas tal como son[1]». Por fortuna, es algo imposible. El simple hecho de tener que elegir las palabras que relatan la experiencia manifiesta una interpretación. Intenten si no relatar una escena de horror con absoluta frialdad, la convertirán en algo aún más terrible: «He oído un ruido en el descansillo. Ese ruido no evocaba ninguna situación habitual. No era el del ascensor. Ni el del vecino introduciendo la llave en la cerradura. He abierto la puerta, y he visto delante de mí a mi vecino, de pie, con los ojos muy abiertos, en llamas. Las llamas sobrepasaban un poco su cabeza. Azules. Inestables. Unas veces sobre la cabeza, otras veces sobre el hombro. La boca entreabierta. Paralizado. Sin articular palabra. Sentí mucha sed. Cuando cayó como una tabla, tuve que ir a la cocina para beber agua antes de llenar un cubo para rociarlo…».[2] El simple recuerdo de las imágenes inscritas en la memoria sustenta el horror. Y sin embargo, si el testigo hubiera relatado las cosas de este modo: «Tuve un sentimiento de extrañeza al oír en el descansillo un ruido que no me evocaba nada familiar, ni el ruido del ascensor, ni el del vecino hurgando en su cerradura. Abrí la puerta con un presentimiento, como a veces me ocurre en las grandes conmociones de la vida. De repente, he visto a mi vecino, de pie, quemándose vivo. Cuando me precipité a la cocina para llenar un cubo de agua con el que rociarle, me sentí extrañado por la sed intensa que sentía. Cuando apagué el fuego, había caído al suelo. Por suerte, pude limitar los daños…».

En el segundo relato, los hechos se ven modificados por las palabras. La escenificación del horror da un papel al que habla y modifica la imagen de una pesadilla de efecto fascinador. Esta interpretación concede cierta distancia, un principio de dominio sobre la emoción aterradora. No se trata de que deba uno convertirse en titiritero, el testigo dice la verdad, se trata de distanciar el choque que se ha impregnado en nosotros, que ha quedado impreso en el fondo de nuestra memoria.

El acto de la simple palabra crea una separación que nos hace existir en calidad de sujeto, un sujeto cuya forma de interpretar el mundo es personal y única.[3] Antes de la palabra, el niño podía sufrir a causa de una agresión física o por carecer de la figura de vínculo afectivo, y de esta forma ver trastornado su desarrollo. Pero a partir del momento en que ya habla, puede sufrir por segunda vez la carencia de una figura de vínculo afectivo, puede sufrir por la idea que se hace de la agresión y por el sentimiento que experimenta ante la mirada de los demás.

Por esta razón, la idea de «metamorfosis» es indispensable para toda teoría del trauma. A partir del momento en que un niño habla, su mundo se metamorfosea. A partir de ese instante, la emoción se alimenta de dos fuentes: en primer lugar, la sensación que desencadena el golpe que ha recibido, y, en segundo lugar, de lo que se añade a esa sensación, es decir, del sentimiento provocado por la representación del golpe. Y esto equivale a decir que el mundo cambia a partir del instante en que se habla, y que es posible cambiar el mundo hablando.

Además, la imagen de la metamorfosis permite señalar que se puede vivir en mundos radicalmente diferentes y que no obstante se hallan en relación de continuidad. La crisálida abandona el mundo de la tierra y de la sombra para levantar el vuelo hacia el del aire y la luz. El niño se aleja del mundo de las percepciones inmediatas para habitar cada vez más en el de las representaciones de su pasado y de su porvenir.

Ion se extrañaba mucho de las lagunas de memoria de su pasado cuando se embarcaba en el relato de su vida. Algunas imágenes extrañamente precisas impregnaban su memoria, justo antes de la adquisición de la palabra hacia el vigésimo mes: su padre leyendo un gran periódico en la mesa…, una tableta de chocolate hurtada subiendo a un escabel…, una curiosa escalera exterior que pasaba bajo una roca antes de descender hasta la casa de la vecina… Le decían que era imposible tener recuerdos tan precoces, hasta el día en que, cuarenta años más tarde, los azares de la vida le hicieron volver a ver a esa vecina y ella le confirmó la rareza de la escalera que había marcado al niño. Ion se extrañaba por la existencia de un largo período sin recuerdos que se extendía a lo largo de varios años. La memoria sólo regresó cuando se produjo el episodio del arresto de su madre. Varios policías de paisano derribaron la puerta, ella gritó, se resistió al principio, y luego se resignó cuando los hombres se la llevaron. A continuación, los hombres confiaron al pequeño Ion a unos vecinos que le llevaron amablemente a una institución para niños en donde su memoria, una vez más, dejó de guardar cualquier dato.

Hacia los ocho años de edad, Ion decidió hacer obras de teatro, pero como no sabía escribir, lo que pidió representar a sus compañeros del orfelinato fue… ¡la detención de su madre! La alternancia de recuerdos claros y precisos, con períodos de sombras sin memoria puede explicarse por los efectos de la palabra. Antes de la palabra, los niños, cuya memoria es breve, viven en un mundo aún muy contextual. Pero, en el momento en el que empiezan a comprender la palabra de los demás, los objetos se cargan con el sentido que les dan los adultos. La emoción que de este modo se atribuye a las cosas, graba en la memoria del niño la extrañeza que siente ante el gran tamaño del periódico de su padre…, la extrañeza que siente ante la transgresión del hurto de chocolate…, la que le provoca la rara condición de la escalera.

Cuando la madre se deprimió porque se sentía en peligro, el mundo que rodeaba al niño se apagó, aletargando su psiquismo e impidiendo toda inscripción de datos en su memoria. El momento del arresto quedó grabado con toda la precisión de los gestos, de la palabra, tan grande era la emoción. Pero el orfelinato adormeció de nuevo su mundo. Hasta el día en que el niño, al ejercitar su identidad narrativa (¿qué me ocurrió…? ¿cómo comprenderlo…? ¿qué resultará de todo esto…?), decidió convertirse en dueño de su destino, retomarlo en su mano, haciendo que sus compañeros del orfelinato lo representaran. A partir del instante en que accedió a las palabras, su mundo se metamorfoseó por la luz que sus palabras arrojaban sobre ciertas personas, ciertos gestos y ciertos objetos. Sin embargo, como su entorno no le había dado la posibilidad de aprender a escribir, Ion tuvo que llevar a cabo el control de su herida mediante la representación corporal, mediante el lenguaje de los gestos y de las palabras. (Habría sido mejor escribir «el control mediante palabras de la representación de su trauma».) Al representarlo, hacía de esto un acontecimiento socializado, un acontecimiento aceptado por sus colegas, los actorcitos del orfelinato. No sólo metamorfoseó la incomprensión de su trauma –¿por qué hicieron desaparecer a mi madre? ¿por qué me pusieron en este terrible entorno?–, sino que lo transformó en un acontecimiento representable, y, por consiguiente, susceptible de ser dominado, comprendido y dotado de sentido. Además, revalorizaba su propia estima, ya que le permitía dejar de ser una cosita miserable y zarandeada para convertirse en un director de escena admirado por sus compañeros. No obstante, lo esencial de esa pequeña representación teatral, realizada en el hondón de un orfelinato inmundo, es que Ion representaba a su madre desaparecida y lograba que volviese a cobrar vida al hacer que la representaran.

Y es que sólo se puede hablar de traumatismo si el niño debe afrontar un día la realidad de la muerte.[4] No sólo debe hablar, sino que debe además representarse el fin, lo absoluto, el definitivo no retorno. Antes de este estadio de desarrollo, se puede hablar de un golpe y de una alteración del entorno que obstaculizan la evolución del niño. Se puede evocar la falta de una figura que le priva de una guía de desarrollo. En este estadio, el niño que se encuentra a merced de su entorno ha adquirido ya ciertas aptitudes de temperamento que le permiten reaccionar con mayor o menor eficacia. Sin embargo, cuando al aproximarse la edad comprendida entre los seis y los ocho años, afronta la muerte cercana, inminente, casi real, debe dominar, para salir airoso, la representación de su pérdida y descubrir otro factor de resiliencia: la escenificación del acontecimiento traumatizante a través del dibujo, del relato, del juego o del teatro. A una edad comprendida entre los diez y los quince meses, ya había adquirido un comportamiento capaz de comedia, es decir, un comportamiento capaz de fingir que le permitía influir en el mundo del otro y participar en una intersubjetividad. La continuación de su desarrollo le permite ahora dar forma a su prueba gracias a una representación artística. La eficacia resiliente es mayor, puesto que el niño, mejor equipado gracias al dibujo, a la palabra o a la comedia, consigue dominar la forma que quiere dar a la expresión de su desgracia. Sin embargo, si se halla menos sometido a la inmediatez de sus percepciones, llega a ser, por el contrario, aún más dependiente del mundo psíquico de los demás. La representación de su tragedia pasada y de sus sueños de porvenir depende ahora de las reacciones de los espectadores, de la opinión de los jueces y de los estereotipos del discurso social. Si el otro le dice que su trauma no existe, que él mismo se lo ha buscado o que carece de esperanza, que está hundido y que jamás podrá recuperarse,[5] entonces el trauma se convertirá en algo devastador puesto que impide todo proceso de reparación o incluso de cicatrización. Es pues en el discurso social, tanto como en los relatos íntimos del niño, donde hay que procurar comprender el efecto devastador del trauma.

Ahora bien, las sociedades han pensado el trauma de maneras muy diferentes, y la mayoría de las veces ni siquiera lo han pensado. A veces se decía que era una ilusión, más recientemente se afirmaba que era irreparable.

¿Es posible pensar en la carambola psíquica?

El afán de explicar antes de haber comprendido habla de la forma en que una sociedad piensa la condición humana. Desde el comienzo del pensamiento médico, en Hipócrates, la enfermedad se ha venido asimilando a una desorganización de la naturaleza del Hombre. Todo padecimiento del cuerpo o del alma se atribuía bien a un traumatismo, esto es, a una lesión procedente del exterior, bien a un mal, es decir, a una desgracia de origen moral.[6] Todo choque proveniente del exterior provocaba una ruptura, una lesión del tejido vivo, una discontinuidad. Por su parte, las enfermedades provenientes del interior se atribuían a causas dietéticas o humorales, no a causas traumáticas. El trauma físico, el que más fácil de comprender resulta, ya había sido correctamente descrito por los cirujanos de aquella primera época. Sin embargo, desde que el concilio de Letrán prohibiera en el siglo XII el uso del escalpelo, la disciplina quirúrgica dejó de progresar. La era de las pestes en la Europa del siglo XIV embruteció a los médicos que, en su frenesí explicativo, debieron refugiarse en las causas inaccesibles: «Los que no incriminaban la ira celestial buscaban sobre todo razones en la astrología. Para Guy de Chauliac, la conjunción de Saturno, de Júpiter y de Marte en el decimocuarto grado de Acuario, el 24 de marzo de 1345, cambió la luz por las tinieblas... Los vapores deletéreos, nacidos de esa perturbación, habían avanzado lentamente hacia el oeste y continuarían generando perjuicios mientras el sol permaneciera bajo el signo de Leo».[7] Esta explicación es irrefutable. Ningún experimento podrá desmentirla. Por consiguiente, se la consideró verdadera y, aún hoy, se cita con frecuencia.

La ventaja del trauma estriba en que revaloriza el acontecimiento. Dado que teníamos ante los ojos la causa del mal, sabíamos sobre qué era preciso intervenir. El siglo XIX científico fue pues muy aficionado a la noción de traumatismo: el artillero de Pinel se volvió imbécil porque había sido fuertemente sacudido por la emoción al ser felicitado por Robespierre.[8] En aquella época no se concebía el traumatismo como algo grave, puesto que el discurso imperante pretendía que el progreso era continuo: bastaba pues con poner en reposo a un organismo previamente quebrantado y esperar a que todo volviera a su sitio.

A finales del siglo XIX, la industria había jerarquizado de tal modo a los hombres que la desigualdad de los traumatismos se explicaba por la degeneración de ciertas personalidades. Charcot, el fundador de la neurología, explicaba las parálisis histéricas por la incapacidad de la mujer para afrontar un choque emocional. Y Pierre Janet, el gran psicólogo, evocaba la insuficiencia de las fuerzas emotivas que no permitían integrar el choque en la experiencia.

Encontrándose el conocimiento en semejante contexto social, Freud fue el primero en conceder realidad al traumatismo sexual, antes de pensar que el propio sujeto se traumatizaba al imaginarlo. «En 1937 [...] se expresa de manera explícita y afirma que las causas de la enfermedad mental eran, bien constitucionales, bien traumáticas.[9]» El año de su muerte, en 1939, aún se preocupaba por los efectos del trauma en su obra *Moisés y el monoteísmo*, pero esta vez añadía una noción de índole más social: la del «traumatismo de masas».

De hecho, la guerra de 1940 impulsó el auténtico trabajo clínico y científico al tratar de evaluarse los efectos físicos y psicológicos que presentaban las víctimas de la Shoah.*

En la década de los cincuenta, esta nueva forma de abordar la noción de traumatismo fue seguida por una tempestad de agresiones sociales en todos los continentes y en todas las culturas.

Hoy en día, el traumatismo se piensa como un acontecimiento brutal que aparta al sujeto de su desarrollo sano previsible. Por consiguiente, es el propio sujeto el que debe decir lo que le sucedió, y no hay duda de que es preciso emplear un tiempo verbal en pasado, dado que, siendo la identidad humana esencialmente narrativa, es al sujeto a quien le corresponde contar con sus propias palabras lo que le ocurrió, y no a otra persona. En nuestro actual contexto cultural, la metáfora del choque que quebranta ha dejado prácticamente de ser orgánica, y cada vez se vuelve más narrativa. Así pues, una vez que la imagen traumáti-

---

* «Shoah» es la voz hebrea que designa al Holocausto, el asesinato de millones de judíos por el régimen nazi. (*N. d. t.*)

ca se haya convertido en un mero capítulo pasado de la historia personal, serán la acogida de la sociedad, las reacciones de la familia, la interpretación de los periodistas y de los artistas lo que oriente la narración –ese impulso que nos lleva a dar testimonio– en la dirección de un trastorno duradero y secreto, en la dirección de una indignación militante o en la dirección de una integración de la herida. «De este modo, y según los casos, el trauma puede conducir la personalidad y el entorno a situaciones definidas por trastornos duraderos en una atmósfera de prejuicio o, por el contrario, a situaciones definidas por trastornos compensados a los que se añade como aderezo una reflexión estimulante sobre el sentido de la vida».[10] Un mismo acontecimiento traumatizante puede conducir a un secreto, análogo a una especie de cuerpo extraño en el fondo del alma, a una compensación combativa que no reconocerá jamás por qué se lucha, o a una reflexión enriquecedora sobre el sentido de la vida.

Ya no es posible pretender que un trauma provoque un efecto predecible. Es mejor estar dispuesto a pensar que un acontecimiento brutal trastorna y desvía el devenir de una personalidad. La narración de semejante acontecimiento, piedra angular de su identidad, conocerá destinos diferentes en función de los circuitos afectivos, los circuitos relacionados con la historia de quienes intervienen en el acontecimiento, y los circuitos institucionales que el contexto social disponga en torno al herido.

Propongo abordar a la luz de este razonamiento los grandes traumas planetarios que hoy en día provocan las guerras, la miseria y las heridas íntimas ocasionadas por las agresiones sexuales y el maltrato.

Durante la guerra ruso-japonesa de 1904, Honigmann habló por primera vez de «neurosis de guerra» en los oficiales rusos. Más tarde, los militares británicos describieron la llamada «sacudida de los obuses», un principio invocado para explicar mecánicamente los trastornos psicológicos, que, según la hipótesis, se deberían «al aire desplazado por la bala de cañón», el cual provocaba una especie de «conmoción cerebral» y generaba manifestaciones histéricas.[11] Todas las teorías explicativas de principios de siglo se dan cita en este razonamiento en el que una fuerza mecánica invisible sacude el cerebro que, alterado, produce síntomas pseudomédicos. Los trastornos constatados se «explicaban» mediante los discursos que estaban de moda y en los que se hallaban inmersos tanto los enfermos como los médicos.

La emoción traumática es una conmoción orgánica provocada por la idea que se tiene del agresor

De hecho, Anna Freud y Dorothy Burlinghan fueron las primeras que intentaron comprender las consecuencias psicológicas que padecían los niños londinenses sometidos a los bombardeos. Asociaron la observación directa de los trastornos a una prolongada asunción psicológica.

Hoy, esta patología afecta a cientos de millares de niños, víctimas de los bombardeos de los kibutz israelíes antes de la Guerra de los Seis Días, a los desterrados por las deportaciones ideológicas de Pol Pot y de los jemeres rojos, a los desgarrados por la guerra en la parte meridional del Líbano, a los que padecieron las explosiones que han sacudido África, a los sometidos a las agresiones crónicas que sufren los palestinos, a los irlandeses, a los perjudicados por la violencia colombiana, a los damnificados por las incesantes represalias que se producen en Argelia, y a los afligidos por otras mil violencias de Estado.

¡Las personas más afectadas por esta inmensa violencia política son los niños! ¡Varios millones de huérfanos, dos millones de muertos, cinco millones de minusválidos, diez millones de traumatizados, doscientos o trescientos millones de niños que aprenden que la violencia es una de las formas de las relaciones humanas!

El estallido de las fuerzas políticas y técnicas se convierte en una forma legítima de resolución de los problemas humanos. Cuando el otro se niega a ceder a los deseos o a las ideas de los poderosos de turno, la violencia es legal y todo el mundo obedece.

Hoy en día, las consecuencias psíquicas de estas inmensas agresiones se hallan bien descritas: los trastornos debidos al estrés postraumático[12] constituyen una forma de ansiedad que se incrusta en la personalidad como consecuencia del impacto de la agresión. El agente estresante obliga a tener que codearse con la muerte y, por efecto del espanto, se impregna tan poderosamente en la memoria del niño que toda su personalidad se desarrolla en torno a esta aterradora referencia. La reviviscencia organiza la continuación del desarrollo cuando el recuerdo y el sueño hacen que el psiquismo reviva la memoria del tormento. El niño, para sufrir menos, debe descubrir estrategias de adaptación que pertenezcan al tipo de evitación: puede aletargarse con el fin de no pensar, esforzarse por sentir desapego, tratar de evitar las personas, los lugares, las actividades e incluso las palabras que evocan el horror pasado, aún vivo en su memoria. Y como nunca ha podido expresar tanta negrura, porque era demasiado duro y porque le hacían callar, nunca ha aprendido a dominar esta emoción, a darle una forma humana, una forma que pudiera ser compartida en sociedad. Entonces, sometido a un afecto ingobernable, alterna el embotamiento con las explosiones de cólera, la amabilidad anormal con una repentina agresividad, la indiferencia aparente con una hipersensibilidad extrema.

Sin embargo, dado que no se puede decir que un trauma produzca efectos predecibles, es importante analizar la variables de dichos efectos.[13]

La primera variable que salta a la vista es que somos asombrosamente indulgentes con las agresiones de la Naturaleza. A menudo perdonamos lo que nos hacen las catástrofes naturales, tal como las inundaciones, los incendios, los terremotos y las erupciones volcánicas. Construimos hospitales en Nápoles, sobre las laderas del Vesubio, reconstruimos ciudades cerca del Monte Pelado en la Martinica, allí donde sabemos que volverán a ser destruidas. Tratamos de seducir al agresor y de canalizar su furia por medio de ofrendas o erigiendo diques y elevadas paredes. Le perdonamos porque nos seduce. Experimentamos tanta belleza ante un cielo teñido con los colores de un incendio, tanta fascinación ante el empuje de un torrente que arranca las casas, tanta admiración ante un volcán que arroja su lava, que deseamos, pese a todo, codearnos con el agresor. La multitud bloquea las carreteras ante un incendio, se aglutina a lo largo de las riberas inundadas, y escala en procesiones familiares las laderas de un peligroso volcán.

En cambio, cuando se trata de relaciones humanas, el agresor pierde su poder de seducción. Nos reunimos para contemplar el incendio que nos transmite euforia, pero si asistiéramos a una escena de tortura, a una escena en la que un grupo de hombres humillara a otro, nos identificaríamos hasta tal punto con uno de los dos que la indignación haría que nos sublevásemos. Ayudaríamos con todas nuestras fuerzas a los verdugos con el fin de perseguir a los torturados, que no cosechan sino lo que merecen, que se han comido nuestro pan, que han insultado nuestras creencias o comprado nuestras casas, cosa que merece algo más que la muerte. O, por el contrario, nos apresuraríamos a socorrer a los torturados cuyo mundo, valores y afecto compartimos.

Nuestra fascinación por las catástrofes naturales (que nunca llamamos «horrores naturales») explica que el perdón que tan fácilmente concedemos a un volcán contraste hasta tal punto con los efectos devastadores y prolongados del horror de los suplicios humanos.[14]

Lo que otorga al golpe su poder para provocar traumas es el estilo de desarrollo de la persona herida

La edad también es una variable importante para evaluar el efecto traumatizante de una agresión. El significado que atribuye un niño a un acontecimiento depende del grado de construcción de su aparato psíquico. Un niño de pecho sufre a través del sufrimiento de su madre puesto que habita el mundo sensorial que ella construye, pero no sufre las causas de su sufrimiento. Por el contrario, un adolescente, en el momento en que tiene intención de socializarse, puede resultar conmocionado por aquello que causa la depresión de su madre, abatida porque su marido ha quedado en paro.

Sólo podemos relacionarnos con los objetos a los que nuestro desarrollo y nuestra historia nos han vuelto sensibles, pues les atribuimos un significado particular.

En la edad preescolar (entre los dos y los cinco años), el trauma se materializa sobre todo en aquellas cuestiones relacionadas con una separación o una pérdida afectiva.[15] El niño herido reacciona con comportamientos de apego ansioso. Se apega al objeto que tiene miedo de perder y ya no puede separarse de él. Por el contrario, el vínculo de tipo protector le da tal sentimiento de confianza que se atreve a separarse de esos objetos y partir a explorar otro mundo diferente al de su madre. En este estadio, los efectos del trauma se manifiestan mediante comportamientos regresivos, enuresis, encopresis, pérdida de los aprendizajes, terrores nocturnos, miedo a las novedades. Antes del período comprendido entre los seis y los ocho años, los niños se representan la muerte como una separación, pues todo alejamiento se convierte para ellos en un análogo de la muerte, en una pérdida irreemplazable, una ruina de su mundo.

En la edad escolar, la personalización del niño es más avanzada. Comprende mejor la depresión de sus padres y la causa de su desgracia. Ahora bien, el arma principal para afrontar la adversidad es la fantasía. El aspecto repetitivo de las reproducciones artísticas constituye un entrenamiento, una especie de aprendizaje que permite integrar el trauma, digerir la desgracia y volverla familiar e incluso agradable una vez que se ha logrado metamorfosear. La reproducción del acontecimiento que, antes de la fantasía no era más que un horror que no podía representarse, se convierte en hermosa, útil e interesante. ¡Atención! ¡No es la desgracia la que se vuelve agradable! ¡Al contrario! Es la representación de la desgracia la que demuestra el dominio del trauma y su distanciamiento en tanto que obra socialmente estimulante. Al dibujar el horror que me ocurrió,[16] al escribir la tragedia que debí sufrir,[17] al hacer que otros la representen en los teatros de la ciudad,[18] transformo un sufrimiento en un hermoso acontecimiento, en algo útil para la sociedad. He metamorfoseado el horror, y, en adelante, lo que me habita ya no es la negrura, sino su representación social, una representación que he sabido hacer hermosa para que los demás la acepten y obtengan con ella alguna felicidad. Enseño cómo evitar la desgracia. La transformación de mi terrible experiencia podrá permitir que otros alcancen el éxito. Ya no soy el pobre niño que gime, me convierto en alguien a través del cual llega la felicidad.

La fantasía constituye el recurso interno más preciado de la resiliencia. Basta con disponer en torno al niño herido unos cuantos papeles, unos lápices, una tribuna, unas orejas y manos para aplaudir, y veremos operar la alquimia de la fantasía. Anny Duperey da fe de la resiliencia de una chica mayorcita cuyo vínculo afectivo era de tipo protector antes de la muerte de sus padres: «[…] la herida que me han dejado en el lugar en que antes se hallaba su amor».[19] Un vínculo de evitación habría producido obras frías, técnicas, obras cuya forma habría seducido a otros espectadores. He conocido a niños obsesivos asombrosamente liberados por la presión que imponía la consigna teatral que usaba el realizador para codificar cada gesto, cada palabra y cada postura. Estos niños no se atrevían a hacer una elección en su vida cotidiana, pero, extrañamente, sobre el escenario de un teatro parecían espontáneos porque todo estaba dirigido, y eso les hacía felices, ¡eso les daba un sentimiento de libertad!

Incluso los vínculos confusos, al expresar el desorden doloroso de su mundo interno, conseguirán conmover a ciertos adultos.

Lo más asombroso de estos artistas infantiles, es que el hecho de haberse codeado con la muerte modifica su representación del tiempo y les da un sentimiento de urgencia creadora. «Dios mío, permíteme vivir hasta los diez años, tengo tantas cosas que ver», rogaba cada noche un niño agnóstico de ocho años, que no conocía la religión de sus padres, puesto que había vivido, sin familia, en campos de refugiados desde la edad de cuatro años.

«Es hoy cuando hay que crear», dicen estos niños que, en condiciones materiales indescriptibles, escriben sus «memorias» en la parte no impresa de un periódico sucio, o que escalan montañas de basura a las cinco de la madrugada, sólo para tener el placer de contemplar los colores del sol naciente. En *Les Quatre Cents Coups* [*Los cuatrocientos golpes*] de François Truffaut, el niño héroe, Antoine Doinel, se fuga de una institución y corre durante varios días, simplemente para ver el mar. Esta urgencia creadora explica el arrojo anormal de estos niños y su intensa necesidad de belleza. Es en el presente donde hay que vivir, es ahora cuando hay que maravillarse, con rapidez, antes de que llegue la muerte, tan próxima.

Hoy en día, los grupos que menos ayudan a sus hijos a poner en marcha sus defensas creadoras son los grupos de refugiados. Los adolescentes camboyanos expulsados por Pol Pot y que fueron a parar a los campos de Tailandia han generado muy pocos resilientes (50%). En otros campos, por el contrario, el 90% de los niños superaron los trastornos. Sólo un 10% de los afganos, un 20% de los kurdos y un 27% de los libaneses padecieron alteraciones.[20] El porcentaje de síndromes patológicos varía entre el 10% y el 50%. Estas grandes diferencias de respuestas se explican por la gran variabilidad de las historias y de los medios que acogen a estos niños. Los armenios, ya se refugiaran en un entorno cristiano o en un entorno musulmán, no padecieron este tipo de trastornos. Los padres que sobrevivían a las masacres se callaban como todos los heridos, lo que trastornaba a los niños, pero consiguieron organizar un entorno provisto de sentido. La religión y sus rituales constituyeron sin duda el factor de cohesión del grupo, pero los padres que deseaban integrarse y no volver al país de los asesinos transmitieron a los niños el gusto por la escuela y por la creatividad. Durante mucho tiempo, estas dos palabras, escuela y creatividad, constituyeron los principales factores de integración, y cuando un niño puede alcanzar un desarrollo pleno en su entorno, los procesos de resiliencia se llevan a cabo sin dificultad. Por el contrario, los grupos de refugiados camboyanos en Tailandia, desarraigados y separados de su medio, ni siquiera tenían la posibilidad de inventar una neocultura. Socorridos por la ayuda internacional, sólo disponían para sobrevivir de unos cuantos procesos arcaicos de socialización: el del jefe de grupo al que refuerzan sus lugartenientes de rapiña.[21]

La adaptación que protege no siempre constituye un factor de resiliencia

El devenir de los síndromes traumáticos también es variable: cuadros agudos que desaparecen en seis meses, cuadros crónicos que organizan la personalidad, o negaciones que reaparecen cincuenta años más tarde, estas son las cosas que observamos. A menudo se advierte la constitución de la personalidad amoral, de la psicología de superviviente, de identificación con el agresor, de constante desconfianza, de dificultades escolares, circunstancias todas ellas que se transmiten, a veces, incluso de una generación a otra. Estos cuadros son incontestables, pero hay que destacar su asombrosa variabilidad en función de la acogida que brinden al niño magullado su grupo y su cultura. Ninguno de estos sufrimientos es irremediable, todos pueden metamorfosearse, cuando se proponen guías de resiliencia. ¡Esto no quiere decir que el tormento sea despreciable, pero dado que está ahí, no habrá más remedio que hacer algo con él, a fin de cuentas, uno no puede abandonarse a la desgracia!

Entonces, confrontados a la prueba, hay varias estrategias posibles. Contrariamente a lo que se piensa, una adaptación excesivamente buena no es una prueba de resiliencia, e incluso ocurre que una culpabilidad torturadora organiza estrategias de existencia resilientes.

Los niños que han de enfrentarse al trauma no pueden no adaptarse. Sin embargo, la adaptación no siempre es un beneficio: la amputación, la sumisión, la renuncia a llegar a ser uno mismo, la búsqueda de la indiferencia intelectual, la glaciación afectiva, la desconfianza, la seducción del agresor, todos estos valores son sin duda adaptativos, defensas no resilientes. Adaptarse es abrazar, adherirse, pero, ¿puede uno abrazar a un agresor...? Dado que los niños no pueden desarrollarse en ningún otro sitio que no sea el del entorno que les agrede, ¿cuáles serán sus estrategias de adaptación y cuáles serán sus defensas resilientes?

Las amnesias postraumáticas se producen cuando la conmoción ha sido violenta o cuando ha sobrevenido en un niño que ya antes se había vuelto vulnerable por su temperamento confuso. Estas amnesias son bastante raras. Lo que sí se produce en la mayoría de los casos es la urgencia del relato. Pero este relato no siempre es posible. Cuando el niño ha sido herido antes de cumplir los siete o los ocho años, aún no ha adquirido el dominio de la representación del tiempo ni el dominio del manejo de las palabras que le permitirían componer una historia. Además, el simple hecho de haber rozado la muerte, la suya o la de sus allegados, hace que exista un sentimiento inminente del tiempo («Haz que viva hasta los diez años») y crea una psicología de superviviente en la que, paradójicamente, cada año transcurrido es un año ganado que nos aleja de la muerte.

Este acontecimiento absoluto, el trauma, se inscribe en la memoria con una precisión asombrosa. Lo nebuloso es el contexto del trauma, y, por consiguiente, es el contexto lo que es susceptible de interpretaciones proyectivas. El trauma captura nuestra conciencia y nos ciega por la precisión de los detalles. Esta huella impregnada en la memoria se examina retrospectivamente en los sueños y en las ensoñaciones. Lo que explica que los niños magullados, entre los tres y los ocho años, entre el nacimiento de la palabra y el dominio del tiempo, conviertan al acontecimiento traumático en el punto de partida de su identidad narrativa. El relato de mi existencia comienza con una catástrofe, con una especie de escena originaria, con una representación tan intensa, tan luminosa, que ensombrece los demás recuerdos. Mi historia comienza con un acontecimiento extraordinario: he estado a punto de ser expulsado del mundo, y sin embargo estoy aquí, como un superviviente, mi cuerpo está aquí, pero cómo decirles a ustedes, sin hacerles sonreír, que una gran parte de mi alma ha sido expulsada del planeta social en el que ustedes viven. Mi relato es tan inimaginable que les va a hacer sonreír, que les va incluso a dejar atónitos, que les va a poner furiosos, que les va a impulsar a reprenderme moralmente o tal vez algo peor: hay quien corre el peligro de experimentar placer al escuchar el relato de mi desolación.

Entonces, como me veo obligado a contarme mi propia historia para descubrir quién soy, y dado que ustedes no son capaces de comprenderlo, me dirijo a mi fuero interno para referirme con detalle y sin parar la inmensa prueba que gobierna en secreto mi proyecto de existencia, como un mito de los orígenes escenificado ante un único espectador: yo mismo. Me voy a convertir en autor y actor de mi destino y en el único testigo autorizado de mis combates. Vuestra opinión carece de interés, ya que ustedes no conocen la clave del espectáculo que represento ante sus ojos.

El niño Pero tiene diez años. Nunca ha ido a la escuela. De hecho, no hay ya ninguna escuela en las afueras de Zagreb. Su familia ha desaparecido. Desde hace tres años, ha sobrevivido en barracones donde, de vez en cuando, le daban algo de comer. Para no sufrir demasiado con el desmoronamiento humano que le rodeaba, se esforzaba por alcanzar la indiferencia. Un día, una maestra reunió a unos cuantos niños, y al hacerles estudiar, se asombró de las cualidades intelectuales de Pero. Lo confió a una familia de acogida que lo envió al colegio. El distanciamiento llegó a ser para el niño una necesidad adaptativa. Le bastaba acallar su pasado para parecer uno más. Le llamaban «el bello tenebroso», pues guardaba silencio cada vez que a su alrededor se hablaba de la familia o de la vida íntima. Y sin embargo, él era alegre, y jugaba bien al fútbol. Se convirtió rápidamente en el primero de la clase. Un compañero le invitó a su casa, y allí Pero descubrió el lujo con divertido deleite. Los padres del pequeño Bozidar eran bastante amables. Contaron a Pero las dificultades que tenía su hijo para proseguir su escolaridad. A pesar de que tenía una hermosa habitación, una bonita mesa de trabajo y unos padres buenos. El lujo de la casa de Bozidar hacía destacar la miseria de la barraca de tablones en que vivía Pero, y sin embargo, era Pero el que experimentaba un sentimiento de superioridad.

El efecto que provoca una causa depende de su significado. Y la barraca de tablones, la soledad afectiva, adquirieron para Pero el significado de una victoria. «A pesar de las inmensas penalidades que acompañan mi origen, tengo más éxito en la escuela y en el fútbol que mi compañero el rico Bozidar». Esta divergencia adaptativa daba al pequeño Pero un estilo de relación no exento de encanto. Cuando le llamaban «el bello tenebroso», se sentía fortalecido por sus tinieblas: «Basta con que me calle para estar protegido». Por otra parte, admiraba mucho a los adultos que actuaban sin hablar, sin tener que justificarse. Las personas habladoras le parecían débiles. Los hombres con los que se identificaba trabajaban sin decir una palabra, sin mendigar la aprobación de los demás.

Cuando un combate heroico se convierte en un mito fundador

Esta representación de sí mismo había llegado a metamorfosear el horror del trauma de los orígenes en su fuero interno. «Sé perfectamente que mi silencio me protege y me hace fuerte». El estrépito de lo real impone a estos niños un mito de los orígenes. El trauma los coloca en posición de héroes, de niños fuera de lo corriente, de valerosos desgraciados que se han convertido en vencedores. La obligación de mantener su relato en secreto, la obligación de vivir en el mundo íntimo donde la vergüenza de haber sido humillado se mezcla con el orgullo de haber triunfado sobre la desgracia, dan una aparente coherencia a la divergencia: «Me callo para ser fuerte, y no porque tenga vergüenza». La exigencia de conservar en lo íntimo el relato les hace dueños de su pasado: «El hecho de reflejarlo en un relato permite introducir de nuevo la temporalidad en la representación, y, de ese modo, transformar la huella en pensamiento, la escena en argumento, la reviviscencia en rememoración»,[22] explica Michèle Bertrand.

El relato heroico produce un efecto defensivo. Si no fabricaran un mito, estos niños quedarían despersonalizados por el trauma. Y como el acontecimiento traumatizante se encuentra incesantemente presente en su memoria, hacen de ese acontecimiento un relato que metamorfosea el horror, una rememoración cuya escenificación les hace dueños de su pasado. Es una legítima defensa, por supuesto, pero también es un riesgo de delirio. Si el teatro del mundo íntimo no se socializa nunca, puede inflarse, robustecerse, ocupar toda la vida psíquica y aislar del mundo al niño herido. Por consiguiente, el niño, tras haberse visto obligado al relato silencioso para adquirir una personalidad, se ve obligado a socializar dicho relato para no delirar. Sin embargo, el prójimo no siempre es capaz de escuchar semejante mito de los orígenes. Entonces, el niño aprende el lenguaje de los adultos y utiliza los circuitos que le propone su cultura para socializar su tragedia. Si la cultura no dispone en torno al niño herido ninguna posibilidad de expresión, el delirio lógico y el paso a la acción proporcionarán un apaciguamiento momentáneo: el extremismo intelectual, la delincuencia política, o los impulsos psicopáticos se manifiestan regularmente cuando se obliga a estos niños a permanecer prisioneros de su pasado. Sin embargo, tan pronto se les ofrece una posibilidad de expresión, vemos nacer a una persona marginada con gran capacidad creadora. De hecho, todo creador es forzosamente un marginado, ya que pone en la cultura algo que no estaba ahí antes de llegar él. Ahora bien, estos chiquillos rotos, víctimas del incesto o niños maltratados, ya han llevado a cabo ese trabajo de marginación. Los niños heridos pueden elegir entre pasar a la acción o concentrarse en la innovación cultural. Será la cultura de su medio lo que les encauce en uno u otro sentido.

Esta es la razón de que en los traumatizados se observen con regularidad dos cuadros opuestos y que no obstante se hallan asociados. El de la hiperadaptación hecha a base de indiferencia, de amoralidad, de desconfianza y de delincuencia que, en un solo encuentro, puede orientarse en la dirección de la generosidad, de la intelectualización, del compromiso social y de la creatividad.[23]

Jean Genet conoció esta situación, y él mismo se presenta a esta luz desde la primera frase: «El uniforme de los condenados a trabajos forzados tiene rayas rosas y blancas... No voy a ocultar las razones que me convirtieron en un ladrón... Yo tensé mis resortes, dispuesto a cometer un crimen». Un único encuentro con un editor orienta su destino en una dirección creadora: «A través de la escritura obtuve lo que buscaba... Lo que me guía no es lo que he vivido sino el tono con el que lo transmito en un relato. No son las anécdotas sino las obras de arte... Conseguir una leyenda. Sé lo que quiero».[24]

Este trabajo de la memoria es inevitable para que los heridos y los delincuentes se transformen en héroes. «Su genialidad no es un don, es la salida que inventan en los casos desesperados, es la historia de su liberación, su victoria verbal».[25] Una herida, incluso una herida horrible, puede constituir un momento sagrado, ya que se convierte en el instante de la metamorfosis en la varita mágica, en el escobazo de la bruja que hace que, a partir de ese momento, haya siempre un antes y un después. Lo banal desaparece cuando se ha conocido lo extremo. Ya no hay «historia profana, ya sólo hay una historia santa; o, si se quiere, como en las sociedades que llamamos "arcaicas", [lo que hacemos es] transformar continuamente la historia en categorías míticas».[26] Estos relatos fabulosos hablan de la condición humana. Ponen en imágenes la manera que tenemos de sentirla. La culpa se encuentra en el corazón de los mitos, y la transgresión, la iniciación y la muerte también. Todos los niños que han conocido situaciones extremas se ven obligados a convertirse en autores de mitos. Al haber cometido el crimen fabuloso de asesinar a sus padres o de haber transgredido las normas de la sexualidad, han de afrontar muy pronto la tortura de la culpabilidad y de la expiación que apacigua.

Sin culpabilidad no hay moralidad

Desde el instante en el que la victoria verbal invita a la revisión emocional del pasado, la culpabilidad surte un efecto extraño, ¡se convierte en un elemento vinculante! La dotación de contenido histórico a la propia peripecia salva al niño de lo impensable ya que le confiere un pasado pensado. Pero también opera la convicción de que él es responsable de lo que le ha ocurrido, ya que es esa convicción la que permite a todo ser humano convertirse en sujeto de su destino,[27] en autor de sus actos y no en un objeto zarandeado, golpeado por las circunstancias, sumiso.

¡Pero bueno, esto es nuevo! Lo estereotipado de nuestro razonamiento actual tiende a hacernos creer que hay que desembarazarse de la tóxica culpabilidad judeocristiana, tiende a convencernos de que sin ella seríamos felices y nos encontraríamos desintoxicados. Los perversos, desposeídos de toda culpabilidad porque su empatía, su aptitud para ponerse en el lugar de otro, no se ha desarrollado, destrozan a cualquiera con gran placer. Ahora bien, la empatía, único fundamento biológico y psicológico del sentido ético, conduce a la moral al mismo tiempo que a la culpabilidad.

Sentirse responsable de la desgracia que nos ha ocurrido es un sufrimiento añadido, por supuesto, es un tormento que se desarrolla en la representación. Se añade al espanto de la agresión real, y es la reunión de ambas cosas lo que produce el trauma. Supongamos que la asombrosa culpabilidad de las víctimas no existiera; nos encontraríamos con dos argumentos opuestos; el que dice: «Mi desgracia es culpa de los demás. Detesto a mis padres por haber sido asesinados, me han abandonado. Eran los responsables de mi felicidad, y al morirse se han convertido en la causa de mi desgracia. Sobrevivo gracias al odio que siento hacia ellos». Se oyen cosas así. Pero también he oído explicaciones como las de una mujer policía que, en la época anterior a su violación, adoraba lo «clandestino», la pelea y hasta la bronca: «Soy débil, soy pasiva, soy el juguete sexual de los hombres que se aprovechan de mí. No puedo hacer nada para evitarlo, sólo soy una mujer».

El hecho de sentirse culpables permite a los niños heridos adquirir una significación ante sí mismos: «No soy pasivo, ya que gracias a mí la milicia detuvo a mis padres en Beirut. Esta culpabilidad, que me tortura, también me ofrece la posibilidad de sentirme mejor estableciendo relaciones de redención y de expiación. Al menos tengo algo que hacer, una conducta que seguir. Cargo sobre mí la desgracia de los demás y no me lamento cuando doy a otros el amor que yo no he recibido». Esta defensa resiliente es muy costosa, pero teje un vínculo. Además, sufrir culpabilidad, es darse la prueba de que no se es un monstruo. E incluso supone afianzar en uno mismo la convicción íntima de que se es profundamente moral. Por consiguiente, las categorías están claras: «Formo parte de los ángeles, puesto que me siento culpable, sólo los monstruos pueden reírse de la muerte de sus padres».

Dando amor y ayudando a los demás, reparo mi dignidad herida por la agresión. La tendencia reparadora de los niños muy pequeños ya había sido subrayada por Melanie Klein, y «la gratitud que los demás sienten como resultado de esa reparación enseña al niño un estilo de relación esencialmente ético».[28] Este sentimiento de responsabilidad, exacerbado por el trauma, explica la madurez precoz de los niños magullados y nos permite comprender que los niños excesivamente protegidos, los niños a los que se priva del ejercicio de unas cuantas responsabilidades, difícilmente desarrollarán un sentimiento ético. «De este modo, después de un período de anomia marcado por la ausencia de leyes morales, la ignorancia de toda regla y de todo deber particular, se instala, a partir de los dos años y, por término medio, hasta los siete, el estadio de la heteronomía definido por una moralidad...»[29] Los niños heridos, cuando se convierten en resilientes, se ven obligados a desarrollar un sentido moral precoz.

El sentimiento de culpabilidad vinculante explica una estrategia afectiva particular. Cualquier regalo les incomoda y les angustia porque les parece inmerecido. No se regala nada a un culpable, no es moral recompensarle. Estos niños sólo se sienten resarcidos cuando son ellos los que dan. «Precisamente porque está sólo y se siente desdichado, porque se muere de ganas de que le socorran, de que le consuelen, porque tiene una fabulosa necesidad de recibir amor, decide dar.»[30] Es lo contrario de nuestro estereotipo cultural que sostiene que «sólo se puede dar lo que se ha recibido». Esta metáfora hidráulica no corresponde en absoluto a lo que se oye. La amabilidad mórbida que llega incluso a la entrega de uno mismo posee una gran eficacia resiliente: enmascarar el odio, o incluso convertirlo en su contrario y transformarlo en un amor de autosacrificio.

El odio tiene un efecto protector que permite oponerse al agresor, pero esta protección, que hace posible el enfrentamiento con el perseguidor, se transforma en un veneno para la existencia cuando dura demasiado tiempo. Entonces son posibles dos estrategias resilientes: utilizar el odio para hacer de él una fuerza para la venganza, o rehuirlo cayendo en un amor delirante. Los que optan por el odio y la venganza ponen en marcha un pequeño mecanismo de protección, que aún teje un vínculo más entre aquellos que comparten el mismo odio. Esto refuerza la estima de sí a base de categorías claras («el malo es él»), pero también clausura la empatía procurando sobre todo no comprender las motivaciones del agresor. De este modo, el odio y la venganza permiten que uno se convierta a su vez en agresor y que albergue al mismo tiempo el sentimiento ético de estar reparando una injusticia. Todas las venganzas se justifican mediante esta forma de defensa. Todos los Estados legitiman sus guerras apelando a las humillaciones del pasado, a procesos de ruina económica o al robo de territorios. Se trata de una resiliencia parcial, ya que el odio es un afecto que llena por completo la conciencia del que lo experimenta. Por esto mismo, esa persona piensa sin cesar en el agresor y lo frecuenta para mejor agredirle a su vez. Es un progreso, es mejor que un síndrome postraumático en el que la persona traumatizada, prisionera de su memoria, sufre permanentemente a causa del pasado sin conseguir integrarlo, sin lograr convertirlo en un momento doloroso, caducado, un recuerdo negro en una historia clara. Sin embargo, la venganza no constituye un alivio eficaz en la medida en que el herido experimenta sin cesar la amargura de haber sido herido, una amargura apenas aliviada por el malsano placer de la revancha. Se trata, una vez más, de una forma de quedar prisionero del propio pasado mientras se creía estar preparando una guerra de liberación.

Robar o dar para sentirse fuerte

La otra estrategia resiliente consiste en dar, para evitar recibir. «Puesto que no pertenezco a ninguna familia, no estoy inserto en una red afectiva», piensa el niño abandonado. «Puesto que no pertenezco a nadie, nada poseo», dicen los niños aislados cuando experimentan ese curioso sentimiento genealógico que les hace creer que se posee lo que pertenece a quienes nos aman: «Dado que mis padres me aman, poseo lo que tienen, nuestra casa, nuestros coches y nuestras bicicletas». Si se le priva de cariño, un niño no posee nada. Cualquier regalo provoca entonces la emoción angustiosa de un acontecimiento extraordinario que resulta imposible de devolver puesto que no es algo debido ni algo merecido. El regalo es lo que culpabiliza. La ausencia de regalo crea un vacío desolador, pero cuando el niño herido se convierte en el que da, entonces experimenta un dulce sentimiento de felicidad. Ha dejado de ser la víctima, el culpable. Con un simple gesto se convierte en el niño fuerte, en el que ayuda.

Hace algunas semanas, Igor, un niño grandote de tres años, tuvo la varicela. Cuando su madre le acompañó, un poquito antes de tiempo a la escuela, el niño, aún cubierto de postillas, provocó gritos de horror. La directora exclamó haciendo aspavientos: «¡Es contagioso! ¡Atención! ¡Apartáos! ¡Apartáos!», y se puso a vociferar delante de los otros niños. Igor lloró y pasó tres horas sumido en la tristeza, lo que a esta edad es señal de que se ha producido un trauma de la vida cotidiana. Al día siguiente, entró en el cuarto de baño mientras su padre se lavaba y exploró atentamente su piel hasta que al fin encontró un granito: «Tienes un grano, le dijo, pero a pesar de todo te doy un beso». Con tan simple argumento de comportamiento, el niño se había dicho a sí mismo: «Es posible amar a alguien que tiene granos, y yo, además, formo parte de las personas generosas que no hieren a los que tienen granos. La vida merece pues la pena de vivirse». Inmediatamente después de haber representado esta pequeña función teatral, el niño se sintió mejor y retomó el gusto por la vida. Exagero un poco, por supuesto, pero es para ilustrar la idea de que un afecto puede volver a resultar protector tan pronto como el niño retoma el control de sus decisiones y de sus emociones. Hay que tranquilizarle, evidentemente, e inmediatamente después darle la posibilidad de tranquilizarse. Sin embargo, cuando el niño no dispone a su alrededor de un entorno capaz de hacerle realizar este trabajo, lo hará solo, con los medios de que dispone, que son el robo y la modificación de su propia historia.

Es extraño hablar de un robo efectuado por niños cuyo sentido moral está muy desarrollado. Y sin embargo, los niños de las calles de Colombia, los «gamines», se adaptan a través de la delincuencia a un medio enloquecido. Experimentan, gracias a los robos, su capacidad de decidir, revalorizan su propia estima gracias a su vivacidad física y luego, orgullosos de sus hazañas, comparten el botín con los más pequeños y van a reconfortarles amigablemente. La delincuencia se convierte, en ese contexto, en un valor adaptativo. Un niño de las calles que no fuera delincuente tendría únicamente una esperanza de vida de unos pocos días. Esta adaptación social, prueba de su fuerza naciente, se asocia con un verdadero sentido ético que les permite, ayudándose mutuamente, preservar su propia estima.[31]

Con frecuencia, sus hurtos constituyen auténticos discursos de comportamiento, pues con mucha frecuencia roban objetos significativos. «Un día, comparecí ante el juez por haber robado papel para regalo.»[32] ¿Qué puede «querer decir» un papel de regalo para un chiquillo que se convierte en ocupa de un sótano, que roba para alimentarse y que a veces se prostituye? No es raro que los niños privados de afecto roben objetos que representan ese afecto. El pequeño Roger se levantó por la noche, en la gélida institución en que vivía, para ir a robar, en el armarito de su compañero, los dulces de fruta enviados por una difusa madrina. Le sorprendieron, y al día siguiente por la mañana los educadores le reprendieron y le trataron de «ladrón». Roger se asombró de su hurto pues detestaba los dulces de frutas. Entonces se acordó de que había visto a esa «madrina» –una visitante para los niños con dificultades– hablando cariñosamente con su compañero de dormitorio. Ella era la que había enviado los dulces de frutas y Roger, al comerlos, evocaba la tierna imagen de aquel instante de afecto. La golosina no le gustaba, pero la evocación de una relación afectuosa le llenaba de una felicidad más fuerte que la aversión que le producía el dulce de frutas.

Por supuesto, el niño se había expresado mediante un comportamiento debido a que aún no sabía formularlo con palabras. Y los educadores adultos no se sentían sino felices de poder expresar su sadismo moralizador insultando al niño que robaba sin mostrar gratitud alguna por todo lo que la sociedad le daba.

«…le daba», ahí residía el problema. Y es que dar a un niño no querido, y, por tanto, a un niño despojado, es abrumarle aún más. «Por supuesto, no pasa ni hambre ni frío. Le dan techo y comida. Pero precisamente: se los dan. Lo que este niño recibe son precisamente demasiados regalos: todo es un regalo, incluso el aire que respira es un regalo, hay que dar las gracias por todo…»[33] Cualquier bondad le obliga, mientras que un robo le libera. Si lo que se quiere conseguir es que no robe, hay que pedirle que dé. «Una señora le decía: "Mi criada debe considerarse feliz, le doy mis vestidos" "Muy bien, le respondió él, ¿y ella le da a usted los suyos?"»[34] Responder a un regalo con otro regalo libera mejor que el robo puesto que restablece los vínculos de igualdad y, sobre todo, porque socializa, al permitir al niño que se signifique: «Soy fuerte y generoso ya que soy yo el que regala».

A veces sucede que el niño delincuente hace regalos a escondidas. Roger, el de los dulces de frutas, había robado una menudencia, así, por el placer de robarla, para apropiársela. Más tarde la vendió a un chico del dormitorio de los mayores. Después corrió hasta la casa vecina, en la que vivía una anciana sola, una anciana que un día le había hecho el auténtico regalo de charlar con él. Ella le confió que a veces le resultaba difícil comprar comida. El niño escaló el muro hasta el primer piso, empujó la ventana, encontró el monedero que había visto olvidado encima de la mesa de la cocina en una copa que había entre los medicamentos. Depositó en él sus cuatro monedditas a riesgo de que le sorprendieran, luego se escapó, como un ladrón… ¿cómo un donante?

En cualquier caso, el secreto drama del robo y de la donación, ambos asociados, le inquietaban. El hurto que él había transformado en regalo le concedía el papel del bueno, pero no le había permitido representar a un personaje social. Había dado a escondidas para no obligar a la anciana a dar las «gracias». Le había dejado un poco de libertad, pues sabía hasta qué punto puede confinar a las personas un regalo. Roger era el único que lo sabía. Decirlo habría alterado la hermosura del drama íntimo, era preciso callarse. Entonces, encontró una solución: cada vez que su difícil existencia de niño sin vínculo, de niño desprovisto, por tanto, de todo bien, le hería de nuevo, se contaba la historia del robo transformado en regalo. Al adueñarse del objeto y al metamorfosearlo merced a la magia de su escenificación, el niño volvía a tomar posesión de su mundo íntimo. Mediante ese robo transformado en regalo, era él quien se transfiguraba. Dejaba de ser un piojoso para transformarse en un príncipe invisible: «Vosotros que pensáis que soy pequeño y miserable, no sospecháis hasta qué punto puedo ser soberano».

Las quimeras del pasado son ciertas, al modo en que son ciertas las quimeras

Este es exactamente el proceso de resiliencia que pueden seguir los niños gravemente traumatizados. Cuando dan cosas reales, consiguen socializarse. Pero antes de hacerlo, deben transformar su mundo de representaciones íntimas y apropiarse nuevamente de su pasado herido para no volver a sufrir por causa de su pasividad. Al actuar sobre lo real tanto como sobre su representación, consiguen modificar las dos conmociones que provocan el trauma.

Nuestros niños descubren muy pronto que el simple hecho de hablar les invita a elegir sus palabras para describir el acontecimiento. Entonces, tan pronto como se vuelven capaces de componer un relato, buscan en su memoria las imágenes y las emociones que habrán de incluir en su representación verbal. Un relato es forzosamente una quimera puesto que no se puede memorizar todo y porque nuestro desarrollo temperamental nos ha vuelto sensibles a ciertos objetos antes que a otros. ¡Cuidado!, «quimérico» no quiere decir «falso», puesto que cada elemento es cierto pese a darse en un animal que no existe. Una quimera es una recomposición de elementos que existen, lo que explica que la quimera no exista en lo real, pero que no obstante levante el vuelo en la representación de lo real. Y los sentimientos que de verdad experimentamos en nuestro cuerpo vienen provocados esta vez por nuestras representaciones quiméricas.

Todos estamos obligados a fabricarnos una quimera con nuestro pasado, una quimera en la que creemos con un sentimiento de evidencia. Y los niños heridos se ven obligados, aún más que cualquier otra persona, a hacerse una quimera, cierta al modo en que son ciertas las quimeras, con el fin de soportar la representación de la herida, pues la única realidad soportable es la que inventan.

Desde el momento en que un niño puede componer el relato de su sufrimiento, sus interacciones cambian de estilo[35] y el sentimiento que experimenta queda transformado. Sin embargo, hacen falta años para conseguir este resultado. Durante los primeros dieciocho meses, ha estado inmerso en esa intersubjetividad que ha moldeado su temperamento. Luego, el niño ha comprendido que podía modificar el mundo mental de los demás con gestos y con mímicas. Sin embargo, tan pronto ha conseguido componer el relato de un acontecimiento que le marcaba, ha cambiado la naturaleza de la intersubjetividad puesto que a partir de ese instante la intersubjetividad deja de ser sensorial, deja de venir imitada por los comportamientos, y se vuelve verbal y dirigida a alguien que no estaba allí en el momento de la tragedia. Al recomponer el acontecimiento con palabras que modifican el mundo mental de la persona en la que confía, el niño no sólo cambia la representación del acontecimiento y el sentido que se le atribuye, sino que, además, se vincula con las personas que intervienen en la confidencia.

A partir de los tres o cuatro años, un niño sabe construir un relato compuesto de elementos destacados, poco coordinados, puestos de relieve por las emociones propias de una relación. En un relato de adulto, la secuencia «Papá cogió la escoba. Echó al pájaro al mar. Voló», quiere decir: «Había un pájaro en la terraza. Papá lo cazó con la escoba. Se escapó volando, zambulléndose en el mar antes de elevarse nuevamente por los aires».

A partir de los cinco años, un niño domina lo suficiente la gramática y la representación del tiempo como para hacer un relato bien estructurado, con secuencias articuladas que, al exponer los puntos sobresalientes del acontecimiento, desarrollarán en la mente del que escucha una representación coherente y conmovedora... como en el cine.

Sin embargo, cuando el acontecimiento es una trapatiesta, es difícil representarlo porque no se lo puede convertir en un relato banal y porque no se osa hacer de él un relato sagrado, un mito fundador. La intensidad de la herida ha grabado en la memoria ciertos detalles que atraparon la conciencia del niño y le separaron del contexto que habría podido dar sentido a sus percepciones. Esta es la razón de que los niños sólo sean testigos fiables cuando los adultos les hacen las preguntas pertinentes. No hay que tratar de influirles, ni siquiera hay que repetirles la pregunta, porque entonces el niño piensa que se ha equivocado y da una respuesta diferente a la segunda pregunta. La falta de fiabilidad de los testimonios de un niño revela a menudo la escasa pertinencia de las preguntas del adulto.[36]

Con frecuencia, la evocación de los recuerdos provoca emociones que embargan al niño y le impiden hablar. No obstante, en la mayoría de las ocasiones, es el adulto quien, al comportarse de forma excesivamente directiva, provoca las respuestas que espera y sofoca la expresión de lo que no le conviene. Cuando el testimonio de un niño no se corresponde con la representación que el adulto espera, éste tiende a descalificar al niño diciendo que su testimonio no es fiable. En tal caso, el adulto provoca los trastornos que describe. Al impedir al niño expresar lo que constituye una inmensa porción de su mundo íntimo, el adulto provoca una divergencia de la personalidad, una división del yo en dos personalidades que se desconocen. En un primer momento, este mecanismo evita la confusión,[37] ya que enseña al niño que hay cosas que se pueden decir y otras que no resultarán aceptables. Se adapta a la patología del adulto merced a la divergencia, que le proporciona un beneficio inmediato y pone en marcha una bomba de relojería. Más tarde, los allegados deberán establecer relaciones con un adulto ambivalente que en ocasiones se muestra charlatán y de agradable trato para volverse de pronto sombrío o explosivo, según lo que la situación evoque. Mediante la divergencia, el niño traumatizado se adapta a la incapacidad de los adultos, una incapacidad que les impide oír un testimonio que se salga de la norma. Su personalidad aprende a desarrollarse en dos direcciones diferentes. Según la primera dirección, su personalidad se teje en torno a las guías de desarrollo que proponen los adultos en las esferas afectiva y social. La segunda dirección se elabora en secreto, en la intimidad de un mundo mental que los adultos rechazan.

En ese mundo, el niño herido debe inventar por sí mismo sus propias guías de resiliencia. Por lo general, encuentra dos. La primera tiene lugar en sus relatos íntimos, cuando el niño herido se pregunta porqué le ha ocurrido eso, qué quiere decir y qué es lo que debe comprender para salir airoso de la prueba. Dado que los adultos no quieren escuchar su razonamiento, tendrá que hacer él solo ese trabajo y él solo tendrá que adquirir nuevo control sobre la representación de su pasado, sobre la creación de un nuevo mundo. Semejante defensa puede llevarle al delirio, dado que, aislado de la sociedad, su trabajo íntimo se sustrae al efecto corrector de los demás.

La segunda guía de resiliencia viene a menudo constituida por pequeños dramas representados. De hecho, los sainetes son discursos de comportamiento mediante los cuales los niños heridos tratan de volver a adquirir el control de la situación y crecer con felicidad, a pesar de todo.

Cuando un recuerdo concreto se ve rodeado por la bruma, hace que el pasado sea soportable y hermoso

Cuando el pequeño Bernard fue arrestado a la edad de seis años, comprendió en seguida que su vida había terminado. Durante la noche, su habitación se veía invadida por policías con el arma en la mano, los pasillos del edificio en el que se hallaba estaban bloqueados por soldados alemanes completamente rígidos. Fuera, en la oscuridad, los camiones cubiertos con una lona y la calle acordonada por los militares no provocaban miedo. Curiosamente, toda esa potencia militar desplegada para arrestar a un chiquillo generaba un sentimiento de tranquilidad, pues hacía inevitable la resignación. Bernard comprendía que estaba condenado a muerte, pero no sabía por qué. Tan pronto como le encerraron en lo que le pareció ser un gran teatro, empezó a prestar una particular atención a las ventanas y al ritmo con el que se abrían las puertas. Dos ingenuas tentativas de huida se saldaron con algunas patadas propinadas con las botas en las nalgas y con algunos culatazos de fusil en la espalda. Sin embargo, estas tentativas no fueron inútiles puesto que permitieron al niño descubrir que por el lado interior de la puerta de los aseos había unos gruesos tablones que llegaban casi hasta el techo y que estaban clavados en forma de gran Z.

Cuando empezó la evacuación de los prisioneros, el niño se alejó discretamente hacia los aseos, escaló la Z hasta arriba, y una vez allí, apoyando la espalda contra un tabique y los pies contra otro, se asombró al descubrir que se podía mantener en esa postura sin gran esfuerzo. El ruido de la evacuación se calmó lentamente, cesó el alarido de las órdenes y el silencio se convirtió en algo casi angustioso puesto que significaba que había llegado el momento de que el niño actuara.

Un policía vino a hacer pis. No levantó la cabeza. Unos minutos más tarde, Bernard oyó batir las puertas contiguas. La de los aseos en los que él estaba escondido se abrió bruscamente. Un soldado alemán echó una ojeada y, justo cuando ya se disponía a volver a cerrar la puerta, levantó la vista y gritó. Desalojado por los golpes de culata, el niño se dejó caer y huyó corriendo. El «teatro» parecía extraño. Mucho humo. Unos cuantos grupos pequeños de hombres de paisano hablaban con una voz que parecía baja después del tumulto de la evacuación. El portalón abierto de par en par dejaba entrar el sol. Afuera, las filas de soldados que habían llevado a los detenidos hacia las furgonetas empezaban a disgregarse. En vez de dirigirse al espacio que conducía hasta las furgonetas, el niño se precipitó hacia la izquierda, a la espalda de los soldados que se disponían a guardar sus armas. Había una ambulancia un poco apartada. Una enfermera, al ver al niño, le llamó. Bernard corrió hasta la camioneta cuyas puertas traseras aún estaban abiertas y se precipito en su interior. Se hundió bajo un colchón sobre el que agonizaba una mujer extremadamente pálida. Durante un buen rato nadie se movió. La mujer moribunda, la enfermera inmóvil y el niño bajo el colchón. Un médico militar alemán vino, examinó a la mujer y dio la autorización necesaria para salir hacia el hospital.

Esta es la historia que se gravó en la memoria del pequeño Bernard. Durante más de veinte años, cuando pensaba en su pasado, Bernard comenzaba el relato de su vida con esta historia sin palabras. Sabía perfectamente que este acontecimiento no era el principio de su vida, pero él lo convertía en el punto de partida de su identidad narrativa, al modo de un mito fundador, de un acontecimiento que caracterizara y quizá hasta explicara los esfuerzos que debería hacer para llegar a ser humano, pese a todo. ¿Por qué no contó nunca esta historia a otros, cuando él mismo se la contaba sin parar? No lo hizo porque este acontecimiento que le marcaba le permitía componer en su memoria un objeto significativo: «A pesar de las veleidades de la fortuna y de la crueldad de los hombres, siempre es posible tener esperanza».

Puesto que estaba obligado a la divergencia, era absolutamente necesario que sus representaciones íntimas no provocasen un sentimiento de horror que pudiera envenenar su existencia. Un recuerdo demasiado real y no interpretado habría impedido el proceso de resiliencia. Unas horas después de su evasión, el pequeño Bernard fue escondido en la cocina de una asociación de estudiantes cuyo presidente era un joven de la Resistencia. Un cocinero, al descubrir al niño, se enfadó: «No quiero a este niño aquí. Arriesgamos nuestra vida si lo escondemos». Bernard no sólo se sentía culpable de la muerte de sus padres, no sólo sabía que él también estaba condenado a muerte, sino que se hacía además responsable de la muerte de aquellos que se hacían cargo de él.

Cuando lo real es monstruoso, hay que transformarlo para hacerlo soportable. Entonces, durante la repetición de sus relatos íntimos, Bernard se acordó de que antes de su evasión, un soldado alemán venía a visitarle con regularidad. Se sentaba cerca del niño cautivo y le enseñaba fotos de sus propios hijos. Este recuerdo era curiosamente agradable. Más tarde, al evocar la escena de la ambulancia, el niño se preguntaba si el médico militar no había cruzado su mirada con la suya en el momento en que se encontraba escondido bajo el colchón. No estaba muy seguro de esta imagen, pero cuando la asociaba al recuerdo real del soldado que venía cada día a hablarle amablemente y que le enseñaba fotos, la imagen incierta le parecía cada vez más clara, e incluso coherente. Cuando sólo se han visto las tres patas de una silla, se está convencido de haber visto la cuarta, puesto que, lógicamente, debía de estar ahí. Poco a poco, un recuerdo incierto se colaba entre los demás detalles, asombrosamente claros, impregnados para siempre en la memoria de Bernard.

De relato en relato, la historia sin palabras se volvía demasiado coherente para ser honesta. Ahora Bernard se acordaba de que el médico militar había examinado a la moribunda, que después había levantado el colchón, que había cruzado la mirada con la del niño y que había dado la señal de salida, indicando con aquel gesto de la mano la gracia que concedía al niño, la autorización para seguir viviendo.

¡Resulta que casi sesenta años más tarde, Bernard volvió a encontrarse con la enfermera y con la moribunda! Todos los detalles se confirmaron con asombrosa precisión, salvo uno: el médico alemán nunca levantó el colchón. Simplemente, miró a la moribunda y dijo en francés: «¡Que la palme! ¡Aquí o en otro sitio! ¡Lo que importa es que la palme!». Su deseo nunca se realizó porque el culatazo, que había reventado el bazo de la mujer y provocado una hemorragia interna, también permitió la intervención quirúrgica. Sin ese culatazo, es probable que la mujer se hubiera muerto en Auschwitz. La enfermera, por su parte, confirma los detalles, pero a pesar de todo se pregunta si no hubo algún intercambio de miradas.

¿A qué corresponde este estilo de memoria que se constata tan a menudo en los traumatizados, es decir, a qué corresponde la constante de una estructura asombrosamente precisa rodeada por un halo de recuerdos reconstruidos? La acumulación de recuerdos relacionados con hechos reales habría confundido al niño, que por serlo carecía de una visión clara del mundo y era incapaz de juzgar: «¿Puede un alemán ser amable y luego decidir matarme?». Si hubiera conservado recuerdos precisos sin modificarlos, sin convertirlos en un conjunto coherente, el niño habría vivido en un constante espanto, como ocurre cuando se producen las reminiscencias postraumáticas. El herido debe modificar su pasado para hacerlo soportable y darle una coherencia que no tiene lo real. Al añadir un toque de humanidad al médico militar, toque de humanidad análogo al concedido al alemán de las fotos, Bernard se autorizaba a vivir en un mundo en el que los perseguidores no eran inexorables. De este modo, conseguía hacerse creer que la bondad existe y que incluso los verdugos tienen fallos humanos por los cuales siempre resulta posible llegarles al corazón y ganar el derecho a la vida.

Esta representación torcida que mezcla los recuerdos precisos con las reorganizaciones fantasmagóricas posee un importante efecto de resiliencia: no sólo los agresores dejan de ser todopoderosos, sino que el niño víctima se transforma en héroe secreto, en el que consigue evadirse pese a la presencia de todo un ejército, y en el que, después de la herida, sabe cómo rehacer sus lazos y reconstruir un vínculo afectivo protector.

Al ser admitido por la conciencia, el acontecimiento traumático puede ser considerado, moldeado e integrado en la historia del niño gracias a esta «falsificación creadora».[38] Sin esta modificación del pasado, un pasado interpretado por el niño con el fin de poder añadirle algo de generosidad y un poco de heroísmo, lo real habría resultado insostenible. Grabado en la memoria por la emoción del estrés, el trauma habría vuelto todos los días, en cada uno de los instantes en que la vigilancia disminuye, cuando caen las defensas, tal como sucede en los síndromes postraumáticos.

A veces, el niño se deja coger en la trampa que le tiende una descarga de su pasado que se produce cuando reprime en el inconsciente la representación de una imagen, algún recuerdo vinculado a una pulsión inaceptable, como la de matar, la de matarse o la de someterse por acobardamiento. La negación tiene un precio menos elevado, pues no expone al riesgo de que rebrote lo rechazado y permite no seguir experimentando como un peligro o como un dolor lo que ha sido una agresión pasada. Sin embargo, para eso hay que trabajar la propia historia, modificar la representación de la tragedia para que el sujeto consiga soportar sus relatos íntimos. A veces incluso, la historia traumática llega a ser socialmente aceptable cuando el herido tiene el talento de componer con ella un diario, una representación teatral o una relación que contribuya a que su sufrimiento sea útil para los demás.

Las ordalías secretas y la reinserción social

Sin embargo, antes de llegar a la entrega de sí mismo, es preciso que el niño herido vuelva a ser dueño de sus emociones y de sus actos. Algunos comportamientos que resultan sorprendentes para un adulto poseen esa función que permite al niño volver a tomar posesión de su zarandeado destino.

Cuando Tinho Banda, de siete años, vio que los rebeldes de Renamo volvían a su pueblo, no tuvo mucho miedo. No obstante, el día anterior habían matado a hachazos a su madre y al bebé que llevaba a la espalda.[39] Se escondió tranquilamente debajo de un mueble, colocó delante de él un cojín, y se concentró pacientemente en no moverse y en no respirar apenas. Una vez que los asesinos se hubieron marchado, el niño se dirigió a pie a una zona cercana a Petauke, en un campamento situado al este de Zambia. Contó sencillamente cómo había logrado escapar a la masacre y en dos ocasiones, una detrás de otra, oyó explicar a un adulto: «Menos mal que no estornudó, le habrían masacrado». Esta frase, pronunciada por encima de él, entre adultos, significaba en la mente del chiquillo que su vida o su muerte dependieron de un comportamiento que habría podido escapar a su control.

Esta pasividad le disgustaba sin que supiera por qué. Cuando rememoraba la escena en la que estaba escondido y la asociaba con la frase de los adultos, experimentaba una especie de irritación. Lo que le angustiaba era la frase que indicaba un destino de persona sometida: «¡Una fuerza puede imponerse a mí y obligarme a expresar algo que me condene!». El simple hecho de considerar su porvenir a la luz de esta amenaza agazapada en el fondo de sí mismo le inquietaba mucho. Un día en el que se aburría en el campo, lo que era frecuente, cogió una hierba seca y la introdujo en su nariz para provocarse el estornudo. Los adultos tenían razón: el hecho de no ser dueño del propio cuerpo podía amenazar su vida. Entonces se entrenó. Después de algunas tentativas, consiguió meterse hierbas en la nariz, sangrar un poco, llorar mucho, pero no estornudar en absoluto. Los adultos pensaban que el muchacho estaba trastornado, pero, después de lo que había vivido, se lo perdonaban. Y en cuanto a Tinho, este sainete cien veces repetido le permitía decirse: «Soy más fuerte que las agresiones que me inflijo en la nariz. Soy dueño de mi cuerpo. Lo único que tengo que hacer es entrenarme para resistir el dolor y la necesidad de estornudar. Sé lo que hay que hacer para no volver a tener miedo. Puedo pensar en mi porvenir. Decido que la felicidad es posible».

Existen aún hoy en día, en ciertas culturas africanas o de Oceanía, algunos rituales ordálicos ejecutados con hierros candentes o por inmersión. El individuo que ha sido juzgado culpable por su grupo o que se considera a sí mismo infractor de alguna regla se somete a la prueba de estas agresiones naturales. Si supera el padecimiento del fuego o del agua, se prueba a sí mismo que no es culpable y que la sociedad ha de permitirle existir. La ordalía íntima de la hierba en la nariz permitía a Tinho decirse a sí mismo que, gracias a este procedimiento, había conquistado el derecho a vivir, aunque los asesinos decidieran otra cosa. Este comportamiento aparentemente absurdo se convertía para Tinho en el elemento fundador de un proceso de resiliencia que más tarde adquiriría un aspecto adulto: «Aunque me agredan y sufra, nada me impedirá realizar mis sueños».

La expectativa de la desgracia es ya una desgracia, pero Tinho, gracias a su sainete ordálico, tenía expectativas de felicidad: «Hoy estoy solo, soy pequeño y desgraciado, pero acabo de obtener la prueba de que un día será posible la felicidad, si realmente la quiero».

La percepción, durante el acontecimiento mismo, no es simbolizable. Pero después, cuando el acontecimiento se integra en un sainete significativo, la percepción «quiere decir» algo. El argumento de la hierba en la nariz simbolizaba el medio para salir airoso de aquel trance, el método que era preciso poner en práctica para dejar de ser sumiso, para no volver a verse zarandeado por las agresiones de la vida. A partir de aquel momento, Tinho sabía cómo afrontar los problemas que pudiesen surgirle.

Podemos imaginar que a la edad de quince meses Tinho ya sabía jugar a fingir y que ese pequeño argumento del fingimiento le había dado confianza en si mismo, puesto que le permitía convertirse en un niño comediante capaz de modificar el mundo mental de los adultos que le amaban. Después de su terrible prueba, Tinho se volvía a convertir en actor de su desarrollo. La proeza de recuperar el dominio de sí mismo le devolvía la confianza que había adquirido cuando era muy pequeño. Incluso en los casos en que un niño piensa: «Nunca podré olvidar», aún puede remodelar su historia mediante la representación del trauma. «No puedo no haber conocido esto. Está en mi memoria, en mi pasado, en mi historia, en mí.» No obstante, hacen falta dos sufrimientos para que se produzca un trauma, y el segundo tiene lugar en la representación que nos hacemos de él. Por consiguiente, esa representación depende tanto de la mirada de los demás («Este niño está acabado») como de una cierta capacidad para una solución creativa: «Es absolutamente necesario que haga de mi trauma una representación soportable, una obra de arte, una obra útil». Esta promoción de la subjetividad es una potente invitación a la aventura intelectual.

Este proceso no es raro a condición de que el niño tenga la posibilidad de aprender que puede conseguir que le amen. Después hace falta, una vez producido el trauma, que el entorno le proponga ámbitos de expresión. Entonces se podrá asistir a una «brusca eclosión de las insospechadas capacidades intelectuales del sujeto, capacidades que le permitirán realizar superactuaciones, valorar la situación con una clarividencia grande y completamente inconsciente, y hacer exactamente lo que es necesario hacer para garantizar la supervivencia».[40] Por tanto, un trauma puede marcar de por vida el desarrollo de un ser humano sin conducirle obligatoriamente a la neurosis. Lo que no impide que la agresión continúe siendo la referencia íntima del herido y gobierne en secreto la mayoría de sus elecciones.

Una declaración de guerra contra los niños

Los mayores agresores de niños, hoy y en todo el planeta, son los Estados que hacen la guerra o que provocan derrumbamientos económicos o sociales. Las agresiones familiares físicas, morales o sexuales son el segundo factor, y su efecto dañino es mucho mayor que el de las agresiones debidas a la mala suerte.

Las cifras de la agresión son obscenas. Decir que hay 30 millones de huérfanos en la India, y que, de ellos, 12 millones se encuentran en situación de extremada miseria, que hay 5 millones de niños discapacitados y 12 millones de niños sin cobijo, provoca un cierto embotamiento intelectual, como si la enormidad de los números conllevara una imposibilidad de representación, como si la distancia del crimen inhibiera la empatía: «Está demasiado lejos de nosotros, no nos podemos ocupar de todas las desgracias del mundo». De hecho, «estos grandes acontecimientos planetarios hipotecan, de por vida, el desarrollo de cientos de millones de niños en la actualidad, y el peso de este azote es lo suficientemente pesado como para ralentizar el desarrollo social y económico de numerosas naciones».[41]

Gracias a la tecnología de las armas y de los transportes, el siglo XX ha descubierto un género de barbarie que ni la Antigüedad ni la Edad Media conocieron: ¡la guerra contra los niños! A principios del siglo XX, Turquía masacró voluntariamente a muchos niños por el hecho de ser armenios. Veinte años más tarde, la cultísima Alemania aprovechó las proezas industriales y las hazañas de su impecable administración para organizar mejor el aniquilamiento de cientos de miles de niños que habían cometido el crimen de nacer en unos hogares mínimamente diferentes. E incluso los generales estadounidenses, los mismos que dieron la victoria a las democracias, quizá habrían podido evitar que se lanzase la bomba sobre Nagasaki.[42]

Si Auschwitz se produjese en nuestros días, saldría en el telediario. Una cadena de televisión mostraría la limpieza de los campos y la amabilidad de los guardianes. Un periodista gamberro se asombraría ante la existencia de unas chimeneas inexplicables en un lugar destinado a liberar a las personas mediante el trabajo. Entonces, al caer la tarde sobre la ciudad, en nuestras cenas con los amigos, discutiríamos un poco, bebiendo un buen vino. ¡Lo que se incluye en el discurso público de las personas civilizadas es tan diferente de lo que ocurre en el mundo de los que se debaten en el fango de lo real! Ahí es donde hay que actuar.

La puesta en marcha del proceso de resiliencia externa debe ser continuo en torno a un niño herido. Su acogida tras la agresión constituye el primer eslabón necesario –y no forzosamente verbal– para reanudar el vínculo después del desgarro. El segundo eslabón, más tardío, exige que las familias y las instituciones ofrezcan al niño lugares en donde poder realizar sus representaciones del trauma. El tercer eslabón, social y cultural, se coloca cuando la sociedad propone a estos niños la posibilidad de socializarse. Entonces, lo único que queda por hacer es tejer su resiliencia durante todo el resto de su vida.

En Kosovo, inmediatamente después de la guerra, muchos niños estaban heridos. En Pocklek, una niña de cinco años había permanecido encerrada en una habitación con unos cincuenta adultos de su familia y de su pueblo. Los soldados los ametrallaron y luego prendieron fuego al montón de cuerpos. Como la niña había sido la primera en caer contra la pared, al fondo de la habitación, el peso de los cadáveres no la aplastó y la protegió de las balas y del fuego. Fue su padre el que la descubrió, tras quitarle de encima, uno por uno, los cuerpos de sus amigos y de su familia. Pero este hombre, que estaba viviendo una pesadilla, no tuvo fuerzas para tranquilizar a la chiquilla. No sólo tuvo que levantar los cuerpos desgarrados y quemados de sus allegados, sino que cada vez que sacaba afuera unos restos, pensaba: «No estaba allí... estaba buscado champiñones en el bosque mientras los fusilaban... me estaba divirtiendo mientras los abrasaban...». El padre, aturdido por la desgracia y la culpabilidad, no comprendió lo que pasaba cuando la niñita, que chorreaba grasa negra y sangre de los demás, se puso de pie detrás de los cadáveres. No la abrazó. Una vecina lavó a la niña que inmediatamente cogió dos muñecas y se refugió en una carretilla que se negó a abandonar durante dos meses.

Cuando visitamos al padre,[43] rechazó cualquier ayuda. Si por desgracia se hubiera sentido mejor, si por desgracia le hubiera vuelto el gusto por la vida, habría tenido la impresión de ser un monstruo y se habría castigado. Era necesario que expiara el crimen de no haber estado allí para morir con los suyos. Entonces, se sacrificó por sus vecinos y por la niñita a la que arrastraba en su sufrimiento.

Hizo falta negociar mucho para pedirle que llevara a su hija a los «Niños refugiados del mundo» que habían instalado un centro en Pristina. Al mostrarnos a la niña que se balanceaba en su carretilla, el padre nos decía que no creía en la resurrección. David, el técnico de grabación, se propuso hacer el payaso saltando sobre un mismo sitio, como un canguro, lo que interesó mucho a la niña. Tras algunos minutos de esta psicoterapia no verbal de gran nivel intelectual, la niña se unió al joven y también ella se puso a saltar como un canguro. El padre se quedó estupefacto al ver la cara al fin sonriente de su hija. Su inmensa desgracia había creado alrededor de la niñita una burbuja sensorial de la que no podía desligarse. Después de haber comprobado, por su comportamiento, que su hija aún deseaba vivir, el padre aceptó llevarla a «Niños refugiados del mundo», donde no se habló de su tragedia. Acogida con sonrisas, con algunas caricias y con juegos, recobró el gusto por la vida, arrastrando a su padre en su renacimiento. Una tentativa más ambiciosa quizá no hubiera dado tan buenos resultados como esta reacción humana elemental y sin embargo tan difícil. No siempre se tiene el talento de hacer el payaso o de sonreír a un niño herido. Es entonces cuando la destreza y el estupor corren el riesgo de transformarse en rasgos estables de su carácter.

Desde los bombardeos de Londres en 1942, sabemos que las reacciones psicológicas de los niños dependen del estado de los adultos que los rodean. Pero el bombardeo, peligroso en la realidad, no es lo que produce más trastornos subjetivos. El trauma es la asunción de la intersubjetividad. Cuando, durante los bombardeos, los niños estaban rodeados por adultos ansiosos, o cuando la inestabilidad del grupo, las evacuaciones, las fugas, las heridas o los muertos impedían la puesta en marcha de guías de resiliencia, una gran proporción de esos niños manifestaban trastornos que a veces eran duraderos. Sin embargo, cuando se encontraban rodeados por familias serenas, lo que no siempre era fácil, no manifestaban ningún trastorno psíquico.[44] E incluso los niños solos conseguían salir mejor parados cuando, lejos de sus padres, experimentaban el placer de subirse a los tejados para asistir al maravilloso espectáculo de las deflagraciones, de los incendios y del derrumbamiento de las casas. El poder tóxico del acontecimiento no reside únicamente en las características de las circunstancias. «En la medida en que rompe el apuntalamiento establecido por los padres, el acontecimiento provoca una perturbación en el niño.»[45] Lo que calma o perturba al niño es la forma en que las figuras de su vínculo afectivo traducen la catástrofe al expresar sus emociones. Un acontecimiento intenso que no altere a los allegados del agredido provoca finalmente muy pocos daños psíquicos. Y por el contrario, un acontecimiento menos violento puede acarrear graves alteraciones cuando destruye el entorno del niño.

Actuar y comprender para no sufrir

Esto explica que los guerrilleros libaneses que presentaron menos síndromes postraumáticos, pese a haber padecido en ocasiones pruebas terribles, fueran aquellos a los que se vitoreaba, cuidaba y adulaba cuando regresaban a casa. Y también explica, por el contrario, que los «veteranos» estadounidenses de Vietnam se alteraran profundamente, ya que, nada más regresar a su propio país fueron blanco de las críticas. Y del mismo modo, explica que algunos soldados franceses, que se preguntaban qué estaban haciendo en Argelia y que quedaron cubiertos de insultos y de humillaciones al regresar a Marsella, experimentaran verdaderas confusiones mentales. Durante mucho tiempo, revivieron cada día los dramas en los que habían participado sin comprenderlos, sin dominar la acción ni su representación. Cuando una prueba carece de sentido nos volvemos incoherentes, puesto que, al no ver con claridad el mundo en el que vivimos, no podemos adaptar a él nuestras conductas. Es necesario pensar un desastre para conseguir darle algún sentido, y es igualmente necesario pasar a la acción afrontándolo, huyendo de él o metamorfoseándolo. Hay que comprender y actuar para desencadenar un proceso de resiliencia. Cuando falta alguno de estos dos factores, la resiliencia no se teje y el trastorno se instala. Comprender sin actuar da pie a la angustia. Y actuar sin comprender produce delincuentes.

Durante las guerras, los que ven el drama sin actuar, los que observan pasivamente, forman el grupo de los que presentan el más elevado número de síndromes postraumáticos. «Restricción en el empleo de las armas, ausencia de enemigo designado, pérdida del sentido de la misión, todos estos elementos se reúnen en la situación de pasividad, que constituye un factor de vulnerabilidad eminentemente desestabilizador y doloroso.»[46]

Según cómo sean las guerras, el número de casos de estrés traumático varía enormemente.[47] La variabilidad de estos trastornos depende del contexto, que en unos casos concede a algunos soldados una posibilidad de resiliencia, mientras que en otros los hace vulnerables.

Actuar sin comprender tampoco permite la resiliencia. Cuando la familia se derrumba y el entorno social no tiene nada que proponer, el niño se adapta a ese medio sin sentido mendigando, robando, y a veces prostituyéndose. Los factores de adaptación no son factores de resiliencia, ya que permiten una supervivencia inmediata pero frenan el desarrollo y con frecuencia generan una cascada de pruebas.

En un medio sin leyes ni rituales, un niño que no fuera delincuente tendría una esperanza de vida muy breve. El hecho de poner su talento, su vitalidad y su desenvoltura al servicio de la delincuencia, prueba que está sano en un medio enfermo. Cuando la sociedad está loca, el niño sólo desarrolla una estima de sí mismo teniendo éxito en sus correrías y riéndose de las agresiones que inflige a los torpes adultos. Cuando el mundo se cae en pedazos y desaparece la familia, la aprobación paterna ya no sirve al niño como modelo de desarrollo y cede el sitío «a la aprobación de los iguales como elemento apto para la predicción de su propia estima».[48] Ahora bien, los «primeros pasos de la estima de uno mismo se dan siempre bajo la mirada del otro».[49] Cuando, por causa de un hundimiento social, las relaciones se reducen a la fuerza, el niño se siente seguro desde el momento en que ha conseguido robar o ridiculizar a un adulto. Ésta es su manera de adaptarse a una sociedad enloquecida, pero esto no es un factor de resiliencia, ya que no le permite ni comprender ni actuar: no tiene sentido, es sólo una victoria miserable en lo inmediato.

Tom cuenta: «Pienso en el tren que, a principios de junio de 1945, me llevaba con un centenar de niños desde Buchenwald hasta París. El viaje a través de Alemania duró tres o cuatro días. Cada vez que el tren se detenía, una verdadera horda de Atila se abatía sobre la campiña, asolando cultivos, huertos, granjas, y destruyendo todo lo que no se podía robar. Ahora bien, tan pronto como cruzamos la frontera francesa, comenzó a circular una consigna imperativa: "Estamos en un país amigo, nos vamos a portar bien". Y así ocurrió: de Thionville a París, buenos modales, niños limpios, sonrisas y agradecimientos».[50]

Con la perspectiva que dan cincuenta años, hoy sabemos que la mayoría de esos fieros delincuentes, camorristas, ladrones y vándalos evolucionaron en la dirección de una buena adaptación social, a veces incluso sorprendente. Algunos llegaron a ser sastres o comerciantes. Muchos alcanzaron su pleno desarrollo en los medios intelectuales, como novelistas o como profesores de universidad. Hubo un número importante de creadores, de gentes de teatro o de cine, hubo hasta un premio Nobel de literatura, pues «la experiencia traumática puede exacerbar la creatividad».[51] Si este pelotón de doscientos niños hubiera permanecido en una cultura derruida, o en una institución que no hubiese sabido sino establecer relaciones de fuerza, es probable que un gran número de ellos hubiese hecho carrera como delincuente.

No obstante, en esta misma andadura que hizo pasar a casi todos del derrumbamiento familiar y de la tortura de Buchenwald a la acogida en Francia, las reacciones individuales ya presentaban diferencias. Casi todos tenían una edad comprendida entre los ocho y los catorce años en el momento de la herida, casi todos conocieron las mismas e inmensas pruebas, casi todos quedaron metamorfoseados por la acogida que les brindó Francia. Sin embargo, algunos habían aprendido demasiado bien el mecanismo de defensa que pasaba por la delincuencia como para dejarse seducir por el placer de la integración. Los que cayeron en esta inercia no fueron los niños que habían sufrido las peores agresiones sino más bien los que habían adquirido con anterioridad un vínculo afectivo inseguro, de evitación o ambivalente. Al producirse la agresión social, como habían adquirido una cierta capacidad para reaccionar mediante conductas autocentradas, se defendieron pasando impulsivamente a la acción en lugar de iniciar conquistas exploratorias. Por otra parte, esos niños experimentaban un sentimiento de orgullo cuando se oponían a una institución que no obstante se había comportado generosamente con ellos. Interpretaban los esfuerzos de los atentos monitores como una tentativa de reclutamiento, y sólo experimentaban alegría en el momento de sus fugas, de sus raterías o de sus trifulcas. Los demás niños les juzgaban mal, lo que les marginaba aún más. No estoy tratando de afirmar que un vínculo afectivo inseguro conduzca a la delincuencia, pero sí estoy sugiriendo la idea de que el aprendizaje de un vínculo afectivo de tipo protector habría hecho más fácil la reanudación del tejido de la resiliencia tras el desgarro producido por la agresión.

Como a menudo sucede, lo contrario no es cierto. Algunos niños maltratados en el transcurso de sus primeros meses de vida responden a estas inmensas agresiones cotidianas de gritos, de golpes, de quemaduras y de intensos zarandeos, con un embrutecimiento, con un repliegue sobre sí mismos que les protege deteniendo su desarrollo. Al hacer que los demás se olviden de ellos, reciben menos agresiones. Este tipo de vínculo embrutecido, que les sirve parcialmente de amparo, les desocializa mucho, puesto que aprenden a relacionarse mal con los demás. Más tarde, la escuela no tendrá ningún sentido para ellos y llegará incluso a parecerles irrisoria: «El teorema de Pitágoras es ridículo, no tiene sentido. No significa nada –nada– comparado con lo que me espera esta tarde en casa». La calle, por el contrario, les apacigua un poco, les da un sentimiento de libertad, de distracción, y hasta de alegría… mientras esperan la prueba del frío, del hambre, de los golpes y de la prostitución que les salva, en sus necesidades más inmediatas. Estas defensas adaptativas protegen a estos niños pero no constituyen un factor de resiliencia porque encauzan su trayectoria existencial hacia un mundo más brutal aún que les herirá cada vez más.

Y sin embargo, un vínculo embrutecido, la adaptación mediante la brutalidad a un mundo brutal no impide la posibilidad de resiliencia.

Tim ilustró esta idea: «Yo, que soy hijo de un alcohólico, un niño abandonado, he burlado (*sic*) a la fatalidad... Tengo tres años y mi madre acaba de atarme a un poste eléctrico... Y ahora se aleja». A la edad de cuatro años, Tim duerme completamente desnudo en la caseta de Semla, su amigo el perro. Su padre le encierra en la bodega, le pega, le desfigura, lo deja desmadejado. Tiene cinco años. Atendido en el hospital en el que ha ingresado para iniciar una larga reeducación, apenas sabe hablar. A los siete años, entra en una institución de huérfanos, sufre el maltrato institucional, el desprecio, el aislamiento afectivo y acaba en la «cárcel de los locos». Se le coloca en el campo donde un amiguito, que jugaba con unas velas en el granero, prende fuego a la granja. La policía vendrá a buscar al chiquillo de la beneficencia. En el reformatorio, aprende a pelearse. Su violencia se convierte en su único orgullo en un mundo gobernado por la humillación. Admira las cabezas rapadas de los niños ladrones y a los mayores que han cometido atracos. La venganza se convierte en su única dignidad, y le arrastra a la fuga, al robo, a la pelea, a la violación y a la prostitución. Tiene doce años.

En esta pesadilla, sin embargo, un hilo muy tenue permitía esperar que se produjera la resiliencia. Guardaba en el fondo de sí mismo un deseo de amor, una llamita de imágenes tiernas que no podía expresar puesto que apenas hablaba y se le mandaba callar. Por las noches se acurrucaba contra su perro en la caseta. En el desierto afectivo del hospital, soñaba con ver entrar a su padre, elegante y cariñoso. En la granja, antes del incendio, consiguió establecer un vínculo afectivo de tipo protector con «papá Gaby», que le llamaba «hijo» y no le pedía que le llamara «papá». En la vida real, esta relación fue breve, pero en la memoria duró mucho tiempo, y es justamente ahí donde se construye la identidad. Esa llamita afectiva le permitió no dejar escapar los encuentros con los personajes significativos que hicieron posibles las primeras puntadas del jersey de su resiliencia. Por supuesto, es el azar lo que les puso en su camino, pero fue un azar significativo, puesto que supo encontrarle. Sin esta llamita afectiva, simplemente habría pasado de largo. En tal caso no habría conocido a Léon el vagabundo, que le comentaba cada día el periódico *Le Monde*. No habría sido sensible a la jueza que, en vez de castigarle como era habitual, o de condenarle al auxilio social, exigió que volviera seis meses más tarde con una buena cartilla escolar. No habría escuchado al cura que dio un sentido a su terrible existencia. Y sobre todo, jamás habría sabido encontrar a Martine, que le metamorfoseó.

Hoy es padre de cuatro niños, y no repite precisamente los malos tratos. Todo lo contrario, sus encuentros con personajes significativos han transformado la llamita afectiva en un amor constante. Se ha convertido en apicultor, se emociona con los retrasados, los lisiados y los minusválidos que le dan lecciones de valor. Desde entonces, se vale de su existencia hecha añicos para explicar a todos los niños, y sobre todo a los heridos, que el amor y el perdón son los ingredientes de su resiliencia. «Yo doy fe de que no hay heridas que no se puedan cicatrizar lentamente con amor».[52]

Cuando la guerra hace que prendan algunas llamitas de resiliencia

Las guerras, cuando se consigue superarlas, no constituyen forzosamente un medio más traumático que el de las agresiones cotidianas. Lo que forja a un niño es la burbuja afectiva que le rodea cada día y el sentido que su entorno atribuye a los acontecimientos. Es eso lo que destruye a un niño o teje su resiliencia.

Todo ocurre como si cada guerra tuviera su «personalidad» propia, una personalidad que crea para los niños condiciones favorables a las heridas y situaciones de reparación distintas. De forma bastante curiosa, la estructura del acontecimiento bélico permite que la cultura le atribuya *a posteriori* un significado más o menos traumático.

Cuando los aristócratas hacían la guerra para apropiarse de un territorio contiguo, pagaban de su bolsillo las armas, los uniformes y las soldadas. No les gustaba que se los dejaran inútiles. A partir de la victoria popular de Valmy, las guerras napoleónicas superaron en ocasiones los cien mil muertos por batalla, debido a que los hombres habían llegado a ser menos costosos y también a que una gran parte del presupuesto de la nación se consagraba a este fin. Durante la guerra de 1914 a 1918, la muerte golpeó sobre todo a los soldados. La Segunda Guerra Mundial, por el contrario, gracias a los progresos técnicos, hizo posible las masacres de civiles al lanzar bombas de aproximación. Los soldados aún eran civilizados. Los nazis violaban poco y sólo asesinaban riéndose de los grupos humanos que su ficción colectiva presentaba como no hombres que había que suprimir en nombre de su moral. Desde hace algunas décadas, la violación, la tortura de civiles y la masacre de niños forman parte de los planes de guerra. Los soldados de los Balcanes se han hecho famosos por sus violaciones. «Las violencias de naturaleza política y étnica en curso en Burundi desde octubre de 1993 han trastornado por completo la asunción de los lutos por parte de la tradición», provocando así «la destrucción masiva del aparato psíquico tras el fracaso de los valores morales.»[53] En Oriente Próximo, algunos grupos armados instalaron sus cañones y sus cuarteles generales en los hospitales y en las escuelas para provocar la indignación internacional en caso de réplica. Sin embargo, en el Líbano, todavía se respetaban algunas reglas humanitarias: treguas religiosas, respeto a los civiles, torturas menos sistemáticas. En un contexto en el que las personas se mataban unas a otras de una forma aún civilizada, la masacre de Shabra y Shatila perpetrada por las milicias cristianas ante un ejército israelí que cerraba los ojos a la tragedia adquirió tintes de escándalo. En un contexto diferente, ¿se habría hablado siquiera del asunto?

A partir de la Segunda Guerra Mundial, y sobre todo como consecuencia de los niños que sobrevivieron a la Shoah, se empezó a describir una serie de trastornos atribuibles a las persecuciones y a las privaciones afectivas. El concepto de «carencia afectiva» fue enérgicamente combatido por las feministas de los años cuarenta. En especial, la gran antropóloga Margaret Mead sostuvo que los niños no tenían necesidad de cariño para desarrollarse y que las descripciones clínicas de René Spitz y John Bowlby correspondían en realidad al deseo de los hombres de impedir que las mujeres trabajasen.[54] Para sostener semejante posición en 1948 había que hacer el esfuerzo de no leer las obras de Anna Freud o Dorothy Burlingham, a las que seguirían las de Myriam David, Geneviève Appel, Mary Ainsworth y otras muchas mujeres que realizaron exactamente las mismas descripciones de comportamiento y las mismas asunciones psicológicas. Hoy en día, esta crítica ya no tiene ningún sentido.

El devenir de los niños agredidos por la guerra del Líbano (1975-1991) permite comprender mejor por qué algunos niños salieron airosos mientras que otros quizá tuvieron que padecer de por vida.[55] Myrna Gannagé comparó a unos niños que vivieron la guerra en el Líbano con otros que, habiendo emigrado a París, vivieron la guerra a través de las palabras de sus padres. Un tercer grupo de niños parisinos servía de control. Este método comparativo permite identificar los trastornos, seguir su desarrollo y descubrir a veces una causa.

Lo que salta a la vista es que un tercio de los niños «aguantan bien» a pesar de haber tenido que superar dieciséis años de guerra. Sin embargo, un hecho relevante es que todos pertenecen a los niveles socioculturales más favorecidos. No hay duda de que no fue la cifra inscrita en la nómina de los padres lo que salvó a estos niños, sino que fue la forma de vivir y de hablar la que creó a su alrededor una burbuja protectora. Desde muy jóvenes, estos niños se expresaban bien y pasaron con facilidad de la descripción de lo real a la expresión de sus fantasmas. Temían que se agrediera a los que amaban o que les separasen de ellos. Cuando el contexto social es agresivo, se aprecia con regularidad la función apaciguadora del vínculo afectivo. Las parejas se unen, las familias se ayudan mutuamente y se convierten en refugios cuando el mundo se vuelve hostil.

Por el contrario, encontramos niños perturbados en todos los niveles socioculturales. Su situación de abatimiento, sus comportamientos lentos, sus caras desfiguradas expresan la tristeza mejor que las palabras que aún no dominan. Su poca atracción por los juegos y su escaso interés por el colegio dan fe de su pérdida de vitalidad, de su dificultad para disfrutar de las cosas de la vida y del retraimiento en las relaciones que esa situación corre el riego de provocar. Con frecuencia, cuando hacen un dibujo o una construcción con plastilina, destruyen su obra de repente y se muestran desesperados. Uno tiene la impresión de que ese argumento de comportamiento quiere decir: «Todo lo que viene de mí carece de valor. No merece que nadie lo mire pues es el testimonio de mi mediocridad».

Sin embargo, también aquí se podrían observar algunas llamitas de resiliencia. Estos niños maduran demasiado pronto porque, habiéndose hecho sensibles a las desgracias, es lo que mejor saben comprender. Se sienten atraídos por los heridos y quieren ayudarles. Comprenden ese modo de relación, un modo de relación que los revaloriza. El comportamiento oblativo que consiste en dar a costa de los propios recursos les permite obtener un poco de afecto, aunque corran el riesgo de encontrar a alguien que se aproveche, ya que es fácil explotarlos. Esta entrega de sí mismos no tiene la grandeza del sacrificio porque lo hacen discretamente, a veces hasta a escondidas. La conducta oblativa tiene más bien el efecto de una redención para aquellos que han cometido el crimen de sobrevivir cuando sus seres queridos han muerto.

A estos niños, que se hacen adultos demasiado pronto, les gusta ser padres de sus padres.[56] Se sienten un poco mejor viviendo de esta manera que les priva de una etapa de su desarrollo pero que les revaloriza y les socializa. No les feliciten por este comportamiento, pues detestan todo lo que hacen. Correrían ustedes el riesgo de sabotear ese frágil vínculo. Ustedes los considerarán amables y conmovedores porque son niños. Sin embargo, su aparente lozanía enmascara su malestar. Cuando se es desgraciado, el placer nos da miedo. No sólo no se tienen deseos de placer, sino que además se siente vergüenza ante la idea de obtener placer. En estos casos, un niño excesivamente adulto descubrirá un compromiso: el de ocuparse de los demás.

Estos niños que quieren huir de su infancia odian el pasado, que se impone en su memoria aún fresca. Combaten esa memoria mediante una preparación al comportamiento de negación, una excesiva jovialidad, una búsqueda exasperada de todo lo que pueda provocar la risa, una pasión por los compromisos superficiales, y una incesante hiperactividad que les empuja hacia el presente y les hace huir del pasado.

Otra llamita importante la constituyen las fantasías de omnipotencia, fantasías que se justifican apoyándose en la realidad, ya que ellos no están muertos. En estas fantasías, piden a las hadas que les den fuerza, dinero, sabiduría, y, sobre todo, amor. Muy a menudo, inventan a un compañero o una compañera con el que viven día y noche. Estas deliciosas ensoñaciones les protegen de la sórdida realidad. Se dan cita cada noche y sueñan despiertos con un compañero, con una compañera, con un caballo o con un perro que sepa amarles sin discutir. Una sonrisa, un gesto o una presencia imaginaria bastan cuando se está completamente solo. Esta es una situación en la que uno crea películas íntimas que luego proyecta en el fuero interno cuando lo real se vuelve demasiado cruel. Los animales desempeñan un papel vital en estas heridas afectivas. Siempre están presentes, disponibles, preparados para amar y para dejarse cuidar, cosa que para un niño que juega a ser padre es una cualidad buena.[57]

Sucede que los padres apagan estas llamitas de resiliencia cuando se ocupan en exceso del niño. Algunas madres solas, viudas, o muy desgraciadas, se apaciguan a sí mismas gracias a este proceso de maternidad desesperada. «Sólo me siento bien cuando me ocupo de mi hijo. Me gusta renunciar a mí misma, hasta la extenuación.» La abnegación invasora acostumbra al hijo a una pasividad que más tarde reprochará a su madre, en el momento de la necesaria autonomía de los adolescentes. La madre hiperprotectora, que satisface inmediatamente las necesidades de su hijo, corre el riesgo de inducir en su psiquismo una dificultad para la representación, puesto que todo está siempre ahí.

Durante los primeros años, la resiliencia es fácil y sin embargo frágil. Según sean las reacciones del medio, las llamitas de resiliencia podrán apagarse, descarriarse o robustecerse hasta convertirse en una sólida forma de ser.

El medio más seguro para apagar las llamitas de resiliencia, es colocar al niño en un medio estropeado en el que se vincule a unos adultos depresivos. Cuando el niño pequeño no encuentra nada a su alrededor con lo que apuntalar su evolución, el proceso de desarrollo más alterado es el del anaclitismo.* [58]

Cuando, antes de los dos años, el medio de vida se ha visto conmocionado varias veces seguidas por un desastre social, el niño no encuentra ningún sostén físico o afectivo en el que apoyarse. En este grupo encontramos el más alto porcentaje de lactantes anaclíticos o de niños gravemente deprimidos.[59] No es posible desarrollarse en un medio en el que no hay ninguna referencia física estable y en el que las figuras de vínculo afectivo del triángulo parental se encuentran a su vez apagadas por la desgracia.

Estas llamitas pueden descarriarse si no se socializan y si no se benefician del efecto corrector de la intersubjetividad. Un niño herido pasa incesantemente en su imaginación la película de los acontecimientos cuando no tiene a nadie con quien compartir la emoción, pedirle explicaciones o hacerle callar cuando la tristeza es demasiado intensa. Acaba hasta por dudar de lo que le ha ocurrido. «Es tan enorme, tan excepcional, tan inverosímil, que ya no sé si es verdad o si lo he soñado. De todas formas, nadie me cree.» Cuando no hay diferencia entre lo real y lo fantástico, este razonamiento, impuesto por la soledad en la que se encierra a los heridos, corre el riesgo de conducir más tarde a la mito-

---

* Estado del que padece anaclisis, término que en psicoanálisis designa la circunstancia en que la satisfacción de la libido se encuentra condicionada por algún otro instinto como, por ejemplo, el hambre. *(N. d. t.)*.

manía, al paso a la acción, o a una fantasía omnipotente que todo lo gobierna en secreto. Esta patología narcisista que se instala en los primeros años corre el riesgo de estallar en el transcurso de la adolescencia.

No se puede decir simplemente que la guerra provoca efectos en los niños. ¡Más vale acostumbrarse a pensar que cada tipo de guerra influye de manera diferente en la burbuja afectiva que rodea al niño y que es esta modificación la que altera al niño o le consolida! Cuando una guerra destruye la sociedad y apaga las figuras de afecto, cuando las instituciones de sustitución piensan que no merece la pena ocuparse de estos niños carentes de valor, su resiliencia tendrá pocas posibilidades de desarrollarse. Sin embargo, puede ocurrir que la guerra robustezca la burbuja afectiva cuando el enemigo está claramente identificado en el exterior, cuando el discurso social hace que los padres resplandezcan por atribuírseles un papel de héroes, y cuando los que rodean al niño le dejan su sitio y escuchan lo que dice. Entonces la resiliencia se vuelve posible.

En este caso, la guerra aporta el mismo beneficio psicoafectivo que el odio: une contra el agresor, aísla en el mundo una serie de categorías claras, y protege a los que comparten una misma creencia. Cada niño, inspirado por los relatos y los comportamientos de sus figuras de afecto, identifica sin dudar al amigo, al enemigo, al bien, al mal y a la persona de la que provienen todas las desgracias. Este mecanismo de chivo expiatorio contribuye a la construcción de toda sociedad[60] ya que al proporcionar una visión clara induce un repertorio de conductas y un sentimiento de certeza que favorece el bienestar. Esto explica por qué hay tantos seres humanos que gustan de la guerra.

El devastador efecto de una agresión sexual depende mucho de la distancia afectiva

Es más difícil adscribir a una categoría las agresiones sexuales causadas por aquel o aquella de quien se esperaba un vínculo afectivo y un modo de identificación.

Cuando el agresor sexual es un enemigo, el odio asume un efecto protector. Pero cuando la mujer agredida está encinta, sus sentimientos se entremezclan, la visión deja de ser clara. La víctima se siente confusa, embrutecida, sin defensa posible. Es preciso hacer notar que, hoy en día, los soldados que más violan son los que defienden la idea de pureza: es el hecho de engendrar un niño «híbrido» en el vientre de una mujer enemiga lo que la mancilla por encima de todo límite, ya que le inflige la tortura de criar, abandonar, odiar, o tal vez amar al producto de su peor enemigo.

En la mayoría de los casos, las violaciones no tienen un carácter ideológico. El que comete un acto de este tipo es con frecuencia un allegado sorprendentemente incapaz de representarse lo que puede sentir la persona violada. El violador abusa y después se va, sin tener el sentimiento de haber cometido un gran crimen. Ahora bien, el sentimiento es siempre una emoción provocada por una representación. Uno puede preguntarse por qué misterio el violador, o el padre que comete incesto, escapa a ese movimiento cultural, a esa imagen de culpabilidad que no ha interiorizado. ¿Es incapaz de hacerlo? ¿Podría suceder que su desarrollo psicoafectivo no le hubiese permitido interiorizar la imagen de lo prohibido? ¿O el problema reside tal vez en el hecho de que la sociedad no lo haya enunciado de forma suficientemente clara?

Probablemente las tres hipótesis coexisten, pero la ausencia, o la deficiencia, del enunciado cultural es lo que más fácilmente se observa.

André Gide fue designado en 1912 como jurado en cinco asuntos de costumbres (en aquella época la ley no prohibía la divulgación de las anotaciones).[61] El primer asunto estaba relacionado con un atentado sexual a una niña de seis u ocho años «sin circunstancias agravantes». André Gide apunta que «la madre tenía un aspecto de patrona de prostíbulo», que la víctima se había acercado «muy resueltamente al Tribunal» y hasta se había reído de buena gana cuando el presidente le pidió que se subiera a una silla porque oía mal. La prueba de que la víctima no se había opuesto al acto sexual quedó constatada por el hecho de que no había gritado. En definitiva, todo abogaba en favor del acusado que, tras haber confesado, representaba el papel del hombre culpable y abatido. Por consiguiente, fue absuelto. Algunos jurados se indignaron de que el tribunal se dedicara a «fruslerías como las que se cometen todos los días en todas partes».

En este ejemplo, los jueces se dejaron engañar por la dramatización de las apariencias. Era mucho más cómodo para ellos y les permitía dejarse llevar sin oposición por una negación cultural que les protegía porque evitaba la escena de una representación insostenible. Recientemente, se juzgó en Italia que una mujer en vaqueros no podía ser violada. Un profesor que denunció a un padre que cometía incesto tuvo que abandonar el pueblo que defendía a este hombre «tan simpático», y los niños violados por mujeres no siempre pueden dar testimonio de su caso sin provocar la incredulidad o incluso el sarcasmo.[62]

Se puede pensar que después de semejante juicio, la chiquilla tuvo problemas para poner en marcha un proceso de resiliencia, mientras que, por el contrario, el padre debió sentirse protegido por la cultura dado que para ser absuelto bastaba con representar el papel del hombre honesto, con reconocer el delito y después arrepentirse.

Cuando la cultura no enuncia claramente una prohibición, anima a aquellas personalidades cuya empatía se ha desarrollado mal a pasar a la acción. Por lo que se refiere a las víctimas agredidas por el violador, y más tarde por los jueces, tendrán dificultades para salir airosas. A menos que las llamitas que alimentan la reanudación del desarrollo, llamitas apagadas por la cultura, no orienten a las víctimas en la dirección de una resiliencia descarriada: personalidad desdoblada, chicos tímidos que sorprenden a todo el mundo cometiendo un atraco, adultos que se valen de sus heridas del pasado para ceder a la venganza, a la repetición de la violencia, a un comportamiento antisocial o a un extremismo político o religioso.

La agresión sexual contra un niño ocurre siempre sin testigos. Sacar a la luz de la plaza pública semejante acontecimiento viene a equivaler por tanto a oponer la palabra de uno a la de otro. Los testigos expresan lo que piensan respecto a la agresión y no dicen lo que vieron porque no vieron nada. Por esto los datos son variables y resultan difíciles de reunir.[63]

Las cifras difieren según el método que se utilice para la obtención de las informaciones, pero el consenso de los estudios retrospectivos realizados con adultos estima que la proporción de los individuos agredidos sexualmente antes de los dieciocho años es del 20% en las mujeres, y del 10% en los hombres.[64] Todos los niños y las niñas no corren los mismos riesgos: las niñas sufren doble número de agresiones sexuales y los niños o niñas más expuestos se encuentran en las familias «tradicionales».

Las heridas infligidas por la agresión sexual también son muy variables. Las agresiones violentas, duraderas y humillantes provocan las secuelas más graves. Sin embargo, las disfunciones familiares no carecen de efectos. En las familias clásicas, donde la comunicación es ineficaz y los roles paternos confusos, los procesos de resiliencia son más débiles. El trauma sexual probablemente se constituya por efecto de una cascada de agresiones en la que el vínculo con el agresor, y con los adultos protectores, confiere una significación particular a este tipo de violencia.

La mayoría de las veces, las niñas conocen al agresor, que en el 70% de los casos es un pariente cercano. En el caso de los niños, lo más frecuente es que sea un desconocido. Esta distinción es importante, ya que el niño puede pelear, huir, odiar o despreciar al agresor, cosa que para él constituye un factor de protección similar al de una situación de guerra en que las categorías están claras. Sin embargo, las niñas agredidas por un hombre con el que han establecido un vínculo afectivo, o por un amigo de los padres difícilmente pueden beneficiarse de esta defensa: «Si le digo a mi madre lo que me ha hecho su hermano, se muere».

Por el contrario, cuando las niñas estiman que no tienen que proteger al agresor, dudan menos en hablar de ello. Oficialmente, el 90% de las denuncias por agresión sexual se presenta contra hombres y el 10% contra mujeres. Se estima que una niña de cada tres denuncia al agresor y que menos de un niño de cada diez hace lo mismo cuando la agresión viene de una mujer. Sabiendo que, en la actualidad, «el índice de abusos cometidos por mujeres está subestimado»[65], y que los niños hablan muy poco sobre esos temas, podemos pensar que existe un tabú de la representación que impide la resiliencia de los niños que son víctimas de mujeres.

La posibilidad de resiliencia tras una agresión sexual depende mucho de las reacciones emocionales del entorno

El desconocimiento de las representaciones sexuales del niño explican en ocasiones las reacciones torpes de los padres. Pienso en un niño que trabajaba en una fábrica a la edad de doce años en la década de los cuarenta y que, prácticamente todos los días, era arrastrado por varias mujeres a los vestuarios o a los aseos. Un día en que se asustó por la brutalidad sexual de una obrera, se confió a sus padres, que se echaron a reír: «Vaya, desde luego no pierdes el tiempo». Esta frase le aisló en un silencio total. Imaginemos que una chiquilla de doce años hubiera sufrido el mismo trato, la reacción de los adultos habría sido completamente diferente.

Lo que protege a un niño, y le ayuda a recuperarse en caso de agresión, es la estabilidad familiar y la claridad de los papeles parentales que organizan la burbuja afectiva. La pobreza, el paro, la desesperación social, que juegan un papel bastante claro en los maltratos físicos, carecen de consistencia cuando se trata de agresiones sexuales. Además, en ciertas minorías étnicas pobres, violentas y mal socializadas como la de los afroamericanos, hay muy pocas agresiones sexuales contra los niños.[66]

Los factores de resiliencia dependen pues del tipo de agresión, del significado que el niño le atribuya y sobre todo de la manera en que le ampare la familia. Ahora bien, el 67% de las madres de niños o niñas agredidos padecen un síndrome traumático, y el 60% lo convertirán posteriormente en una depresión duradera. En este grupo es donde los niños heridos se recuperan peor.[67] La respuesta emocional de la familia constituye el indicador más fiable de la resiliencia del niño y de la duración de su sufrimiento. Las familias conmocionadas por la agresión que ha padecido el niño o la niña no le ayudan a recuperarse. En cuanto a las familias rígidas, impiden toda resiliencia si reprenden al niño. Por el contrario, se observa que los niños o niñas heridos que se recuperan sin secuelas disfrutaron todos del beneficio de los apoyos afectivos y verbales que permiten la resiliencia.[68]

Nos podemos preguntar por qué es tan eficaz el relato de la agresión. De hecho, el herido se siente rehabilitado cuando mira a la persona que le escucha. Cuando esa persona manifiesta mímicas de disgusto, de desesperación o de incredulidad, transforma la herida en trauma. Pero cuando comparte la emoción, vuelve a socializar al agredido, ya que de manera no verbal le está significando lo siguiente: «Tú conservas mi estima, mi afecto, y yo procuro comprender qué te ocurre».

Marina tuvo una encefalopatía durante su infancia que le dejó algunas secuelas. Como nunca estuvo escolarizada, tuvo que ser confiada a una institución donde se volvió silenciosa y pasiva. Siempre iba a remolque durante los paseos por la colina, seguía a distancia al grupo de los minusválidos. Por eso fue atrapada por un joven impulsivo que trató de violarla. Marina se peleó, rodó por las rocas con el agresor, se cortó con las piedras y las espinas, y al final hizo huir al ofensor. Corrió hasta reunirse con su grupo donde, por primera vez, habló sin parar, contando sus heridas, los golpes que había dado y los que había recibido. Hasta tuvo la impresión de que los profesores la admiraban, y de que sus compañeros la consideraban como una estrella de cine. Entonces volvía a contar su aventura a quien quisiera oírla. Si su comportamiento cambió de forma duradera tras la agresión, fue porque los demás la escucharon con un asombro admirativo. Habrían podido hacerla callar o humillarla diciendo como dijeron los jueces del testimonio de André Gide: «Puesto que no gritaste, estabas consintiendo».

Paradójicamente, fuera de la familia es donde más fácil se encuentra este factor de resiliencia, ya que los parientes cercanos, heridos a su vez por la agresión sufrida por su hijo o hija, no pueden ayudarle tan fácilmente como lo haría un tercero.

Una vez convertidas en adultas, las niñas violadas explican que lo que más les ayudó no fue la compasión. Se sintieron aliviadas cuando comprendieron, en la mirada de los demás, que aún se podía creer en ellas. El hecho de pedirles ayuda fue lo que más eficazmente reconstituyó su estima de mujer herida.

Contrariamente a lo que se dice, también las revalorizó el matrimonio, pues sentían que en lo sucesivo había un hombre que las esperaba y que contaba con ellas. La religión ofreció a algunas de ellas un camino con sentido, encuentros amistosos y la posibilidad de compartir una trascendencia. Lo que no quiere decir que hubieran olvidado la agresión, pero la experiencia religiosa les permitía comprender que su personalidad no podía reducirse al trauma: «Su padre la violó durante cuatro años». Si lo que define al niño o a la niña es una tragedia, no se podrá realizar la resiliencia. Pero si el entorno permite que la parte sana de su personalidad se exprese y reanude su desarrollo, la herida se reducirá, para convertirse más tarde, tomando altura, en una mancha negra en la memoria, en una motivación íntima para numerosos compromisos, en una filosofía de la existencia.

El relato de la agresión se convierte entonces en un factor de agravación o de resiliencia según sean las reacciones del entorno. Cuando los jueces condenan a la víctima, cuando los oyentes se muestran guasones o incrédulos, cuando los parientes cercanos aparecen abatidos o ceden a una actitud moralizadora, se impide la resiliencia. Pero cuando el herido puede compartir su mundo e incluso transformarlo en militancia, en intelectualización, o en obra de arte, entonces el niño o la niña traumatizado se convertirá en un adulto rehabilitado.

Los demás niños también participan en la resiliencia o en la agravación ya que ellos participan de los valores de los adultos. Muchas niñas violadas por su padre no pusieron un nombre al acto hasta el día en que oyeron pronunciar en la escuela la palabra «incesto». Antes, se sentían desconcertadas y ni siquiera sabían nombrar lo que les ocurría puesto que las estructuras familiares y los roles parentales de su entorno eran confusos. ¿Quién es quién? ¿Quién hace qué? Ninguna respuesta es posible cuando el contexto es un embrollo.

Incluso en aquellos casos en que existen llamitas de resiliencia, cosa que casi siempre ocurre, hay que saber detectarlas y procurar que el discurso social no las apague o no las encauce en la dirección de cualquiera de las formas descarriadas.

Cuando una niña ha sido sexualmente traumatizada y su familia sufre aún más que ella misma, encuentra a veces el refugio que le ofrece una costosa adaptación. Condenada a callarse, no puede ni olvidar ni adquirir resiliencia. Entonces, se adapta a esta doble presión mediante una forma de existencia que tranquiliza a sus padres y calma su propia angustia: ¡se convierte en una buena alumna! Sin embargo, esta resiliencia que tan conveniente resulta para todo el mundo puede llegar a convertirse en un medio de adaptación costoso cuando pone en marcha una vida desprovista de placer. La niña se aísla, se le hace imposible levantar la vista de sus cuadernos y corta los lazos con el mundo. Aguantará así varios años, protegiéndose del sufrimiento y apaciguando a sus padres, hasta el día en que su derrumbamiento escolar y psíquico sorprenda a todo el mundo.[69] Esta defensa sólo habría podido transformarse en proceso de resiliencia si hubiera permitido a la chiquilla revalorizarse y volver a socializarse compartiendo el placer. En este ejemplo, no fue eso lo que ocurrió, ya que su excelente trabajo escolar la había aislado.

Los chicos pequeños descubren a veces este mecanismo que, tras el embrutecimiento del trauma, acondiciona su sufrimiento y alivia a la familia. Pero lo más frecuente es que descubran otro, más gratificante en lo inmediato: ¡hacer el payaso! Sus mímicas exageradas, sus bufonadas carentes de alegría a menudo crispan a quienes las presencian, pero puede ocurrir que un chico con más talento que los demás dé a esta defensa un efecto de resiliencia. Una vez más, será el contexto el que impulse al niño en una u otra de estas dos opuestas direcciones. Algunos adultos interpretan estos exagerados sainetes respondiendo al niño y dándole ánimos, mientras que otros, exasperados, le hacen callar o le ridiculizan. Máxime cuando el exhibicionismo de estos chicos pequeños, que en ocasiones es de naturaleza sexual, provoca en los adultos interpretaciones violentas que los desesperan: «Este niño es ya un pervertido. Hay que castigarle, hay que enderezarle».

Los deseos de venganza no conducen a la resiliencia. ¿Podrían incluso inducir una tendencia a la repetición de la agresión? El 10% de los chicos agredidos y el 3% de las chicas se convierten a su vez en agresores.[70] Casi todos fueron violentados dura y prolongadamente. Procedían de los medios familiares más perturbados, y, mal acompañados en el momento de la revelación, no encontraron nuevos vínculos afectivos. Sólo descubrieron, como único medio de defensa, la cólera constante y un deseo de venganza alrededor del cual se desarrolló su personalidad.

Otro posible efecto descarriado de resiliencia se observa cuando el traumatizado se identifica con su propia tragedia. El propio herido reduce su persona a su traumatismo y le atribuye un exceso de valor explicativo. Todo lo que le suceda con posterioridad quedará «explicado» por su desastre. El beneficio de una actitud semejante estriba en que proporciona una visión clara de su vida. La parte negativa consiste en que oscurece otros recuerdos que quizá sean la verdadera causa de sus dificultades. Este recuerdo mampara «adquiere un efecto protector al impedir el resurgimiento de las experiencias de pérdida, de las heridas narcisistas precoces no resueltas».[71] Sin embargo, la fijación en el trauma ciega al herido cuando explica demasiadas cosas.

Michel tenía seis años cuando su tío, para hacerle rabiar, le frotó el sexo. Dijo: «Desde ese día me volví ansioso». Todas las dificultades escolares, sociales, afectivas y sexuales se atribuían a ese trauma hasta el día en que, hablando con sus padres, Michel se enteró de que había permanecido hospitalizado entre los cuatro y los ocho meses de edad debido a unos trastornos alimentarios graves que le provocaron una deshidratación. El padre estaba de viaje, su propia madre había sido hospitalizada tras un accidente, de modo que el lactante sufrió una auténtica depresión anaclítica que, dejando una huella en su memoria biológica, le había vuelto sensible a todos los accidentes de la vida.[72] La excesivamente clara explicación que se había dado recurriendo al «trauma» sexual impidió el descubrimiento de la adquisición de su vulnerabilidad en los primeros meses de su vida. El verdadero trauma no podía representarse porque había sobrevenido en un estadio en el que la amnesia infantil precoz impide la existencia de recuerdos, pero la huella permanecía inscrita en su memoria biológica. Más tarde, el juego sexual, al adquirir un exceso de valor explicativo, tuvo el efecto de un verdadero trauma.

Lo mismo le sucedió a ese señor de setenta años, muy amable y culto, que durante toda su vida estuvo rodeado por su mujer y sus dos hijos: «No puede trabajar, decía su familia, porque es huérfano. Entonces, lo que hace es ocuparse de la casa y leer mucho». En realidad, había perdido a su madre a la edad de veintidós años, y a su padre a la de veinticuatro, pero, sintiéndose huérfano incluso a la edad en que aún tenía a sus padres, organizó, con la complicidad inconsciente de su mujer y de sus dos hijos, una biografía de huérfano, o más bien del sentimiento de orfandad que experimentaba.

Se puede pensar que en ambos casos, un accidente real pero no representado, probablemente anterior a la palabra, había dejado en el sistema nervioso una huella de vulnerabilidad. El acontecimiento, incorporado a la memoria biológica del sujeto pero no a los recuerdos que transmitía mediante sus relatos, había impregnado en su psiquismo una especie de gusto por el mundo, una capacidad para vivir «como si» le hubieran agredido sexualmente, o «como si» hubiera sido huérfano. Siendo hipersensibles a este tipo de objetos, estos hombres tenían muchas probabilidades de encontrarlos, dado que los veían con mayor nitidez que ninguna otra cosa.

Cuando el trabajo del sueño dormido se incorpora a nuestra memoria y nos gobierna, el trabajo del sueño despierto nos permite recuperar el control

Ahora bien, lo que permite incorporar un traumatismo, digerirlo en cierto modo, es el trabajo del sueño biológico y verbal. Cuando este trabajo no se hace, o cuando no lo hacemos, el trauma permanece sin digerir, como un cuerpo extraño que se impone a nuestra memoria.

Hace mucho tiempo que se enunció claramente el problema. Ya en 1934, Sándor Ferenczi hablaba de «conmoción psíquica» para resaltar la primera fase del trauma: el golpe, el vacío o la alteración que trastorna un organismo.[73] Sin embargo, para transformar un golpe en trauma, es preciso que se produzca una segunda agresión, que, esta vez, tiene lugar en la representación del golpe. Ahora bien, para lograr la resiliencia de un trauma, hay que disolverlo en la relación e incorporarlo en la memoria orgánica. Esta resiliencia es posible gracias al trabajo del sueño biológico y verbal, ya que constituye un nexo entre la relación verbal y la incorporación neurológica. Cuando un adulto hace callar a un niño herido castigándole en vez de reconfortarle, manifestando su incredulidad o sus sarcasmos, provoca un «silencio de muerte»[74] que escinde la personalidad del niño en dos partes: una socialmente aceptada, y otra secreta, que se le escapa. Esta zona de sombra de su personalidad se impone en él con la fuerza con que se imponen los sueños. La parte no dominada de su personalidad vuelve por la noche y despierta los recónditos problemas que resurgen en el transcurso de los sueños.

Cuando Mireille, que entonces era estudiante de medicina, sintió que su relación con Paul tomaba un giro serio, pensó que sería necesario decirle lo que había ocurrido con su padre. «Seguramente has fantaseado», le respondió el joven a quien tanto amaba. ¿Qué hacer? Si se enfadaba, si trataba de convencer a Paul, habría hecho que afloraran en su memoria unos detalles terribles que, una vez más, la habrían torturado. Y además, ¿por qué hacer el esfuerzo de convencer al hombre de quien esperaba, precisamente, un apoyo total? ¿Por qué justificarse como si hubiera cometido el error de equivocarse o de mentir? Algo se heló en ella, localmente, como un carámbano: «Así pues, nunca podré hablar de ese asunto con él, compartir este sufrimiento y zafarme de él». Mireille no podía dejar a su amigo, puesto que era el hombre más importante de su vida. Pero con él, nunca podría manifestarse por entero. Siempre habría una zona de sombra, de secreto sufrimiento. Si hubiera podido expresarse por completo, su estado emocional se habría modificado, se habría sentido aceptada. En este sentido, su emoción dividida sólo le permitía parecer normal y alegre durante el día. Por la noche, volvía a encontrar su inexpresada parte de sombra, la preocupación escasamente consciente que induce la producción de sueños. Ahora bien, el hecho de soñar, tanto despierto como dormido, desempeña un papel importante en el aprendizaje, en la familiarización, en la metabolización de los acontecimientos. Paul había hecho callar a Mireille porque no soportaba semejante revelación. Sin embargo, al protegerse a sí mismo, había impuesto silencio a su compañera que, obligada a guardar en su fuero interno la impresión traumática, soñaba con ella cada noche desde que frecuentaba a Paul. Con solo haberlo podido decir se habría apaciguado, y no habría conocido los sueños de angustia que añadieron la pesadilla a sus recuerdos.

El trabajo biológico del sueño tiene un efecto paradójico. La consolidación de las huellas en «el almacén de la memoria» se produce aumentando el sueño rápido cuya alerta eléctrica abre un gran número de sinapsis. Este tipo de sueño, que corresponde al momento de los sueños más fantasmagóricos, aumenta precisamente durante la noche inmediatamente posterior al día en que se encara un problema.[75] En las situaciones de embotamiento emocional, el organismo segrega un mínimo de sueños. Pero cuando la jornada se ha visto perturbada, el aumento del sueño rápido, durante la noche siguiente, permite incorporar el acontecimiento a las huellas mnésicas. Una alerta emocional durante el día conlleva una alerta onírica durante la noche siguiente.

Si en el transcurso de los años anteriores, los heridos han adquirido una personalidad lo suficientemente estable como para soportar el golpe, y sobre todo si, tras la agresión, encuentran a su alrededor unos cuantos apoyos afectivos y lugares donde expresarse, el análisis de sus sueños dará testimonio de una gran serenidad.[76] Los resilientes se sienten heridos, pero no traumatizados.

Si, por el contrario, sus primeros años no han conseguido estabilizarles, y si no han encontrado a su alrededor una envoltura afectiva ni lugares donde expresarse, se observará que el cerebro intenta enjugar en solitario la alerta emocional recurriendo al expediente de aumentar las alertas oníricas.[77] Por este motivo, los heridos resilientes sueñan poco con su agresión, mientras que los traumatizados la reviven cada noche. Habrá que esperar años para que desaparezcan estas pesadillas.[78] A veces, hasta vuelven a presentarse en el transcurso de la edad avanzada, cuando las defensas disminuyen.

Cuando este proceso de resiliencia verbal, emocional y cerebral no se puede poner en marcha, el herido queda prisionero del acontecimiento pasado: «[…] la vida onírica de las neurosis traumáticas se caracteriza por el hecho de que conduce una y otra vez al enfermo a la situación de su accidente, situación de la que se despierta con un renovado espanto… En la insistencia con que regresa el recuerdo, incluso en el sueño del enfermo, hay que ver una prueba de la fuerza de la impresión que ha producido».[79] Sin embargo, el herido sólo se ve sometido a la impresión traumática cuando no tiene posibilidad de poner en marcha algunos factores de resiliencia.

En 1942, el pequeño Stephan vivía en Amsterdam y tenía seis años cuando los soldados alemanes entraron en su casa para detener a su familia.[80] La tropa era conducida por un maestro de escuela que había venido frecuentemente por la noche a jugar a las cartas y a charlar con sus padres. «El amigo» maestro se mantenía a distancia de los soldados que procedían al arresto. Un hombre en bata salió al descansillo ante los vecinos aterrados, llamó a Stephan y explicó a los soldados que se trataba de un primito al que se encargaba de cuidar. Al día siguiente, la pareja que se había hecho cargo del niño decidió irse al campo para encontrarle un escondite más seguro. Stephan se aburría en ese pueblo, excesivamente tranquilo. Vagaba por la calles sintiendo la opresora sensación de un peligro invisible, de una alarma sin rostro. Había comprendido muy bien que la situación era grave, pero evitaba pensar en ello, con el fin de no ceder a la desesperación. Esta aparente indiferencia corresponde de hecho a la percepción de una zona anestesiada. En el lenguaje corriente decimos que somos indiferentes, cuando en realidad lo que se percibe es la existencia de una zona que habría debido ser dolorosa y que, extrañamente, no lo es. Stephan paseaba su aburrimiento por un mundo en el que percibía la desaparición de sus padres como quien percibe una anestesia, cuando de repente, se dio de narices con «el amigo» maestro. Estupefactos los dos, se miraron durante un buen rato, y se cruzaron sin dirigirse la palabra. Esa misma noche, Stephan empezó con un largo episodio de pesadillas traumáticas. La impresión había sido demasiado fuerte, y, esta vez, ya no podía dominarla. La noche del arresto de sus padres, Stephan, con su pequeña personalidad ya consolidada, había encontrado el amparo de esa pareja de vecinos que le hablaban con cariño, que le explicaban el acontecimiento dándole un sentido trágico, pero un sentido al fin y al cabo. Por consiguiente, era posible llevar a cabo un programa de acción: irse, esconderse, callarse para evitar a los agresores. Esta conducta tuvo un efecto tranquilizador mientras consiguió mantenerse en ella, como quien se sostiene sobre una pasarela en la que se colocan los pies. Pero después de aquel encuentro, Stephan ya no dominaba la situación, el maestro le iba a denunciar otra vez. El niño, por efecto de aquel simple cruce de miradas, había obtenido la prueba de su propia culpabilidad. Había tenido vagamente esa misma sensación después del arresto de sus padres, pero esta vez, no había ninguna duda, iban a detener también a la amable pareja de vecinos, por su culpa. Bien que le habían dicho, pese a todo, que se callara, que no se dejara ver.

El maestro no habló. Los vecinos no fueron arrestados. Pero Stephan, durante meses, sufrió con cada pesadilla una fantasmagoría que no escenificaba más que una única sensación: encerrado en una prisión de vidrio, veía sobrecogido cómo pegaban a sus padres y machacaban a sus vecinos. Le habría gustado gritar, prevenirles, ayudarles, huir, volar en su socorro, pero encerrado en su *aquarium* de aire comprimido, no lograba emitir grito alguno y la opresión se hacía tan abrumadora que sus gestos ralentizados se volvían dolorosos.

«No digas tu nombre, sino morirás y llevarás a la muerte a los que se ocupan de ti», le habían aconsejado los amables vecinos. El secreto se convirtió en una tumba. Aunque le protegía de la agresión social, encerraba a Stephan en una jaula de vidrio desde la que podía verlo y comprenderlo todo, pero en la que no debía decir ni hacer nada. El sueño de la jaula de vidrio se convertía en una metáfora de su realidad social. Stephan, que había sido resiliente tras el arresto de sus padres, había dejado de serlo tras un simple cruce de miradas con el denunciante. No podía hablar ni actuar, e incluso tenía la impresión de que los amables vecinos le reprochaban ahora que les estuviera poniendo en peligro. La consecuencia era que dormía mal, se despertaba cansado, se sentía crispado durante todo el día, y agredía a sus protectores a la mínima ocasión.

Cuando le colocaron en una institución anónima, Stephan se adaptó trabajando anormalmente bien. Esta adaptación excesivamente buena, como la de un niño demasiado cariñoso, demasiado buen alumno, demasiado buen compañero, demasiado serio, le permitía esconder mejor la dolorosa cripta que le angustiaba cada noche. Sin embargo, este mecanismo de defensa, esta costosa adaptación que deformaba el desarrollo de su personalidad, le permitió apagar lentamente la impresión traumática. Los sueños se fueron espaciando. Tranquilizado por su poder de adaptación, iba recuperando poco a poco el dominio de sus comportamientos y reparando su propia estima. Hizo estudios, se casó y fue feliz durante cincuenta años, viviendo instalado en la parte compensada de su personalidad, la que se había vuelto anormalmente normal. Hasta el día en que se benefició de un ascenso que le obligaba a trasladarse a París, mientras que su mujer conseguía uno en Anvers. Incapaz de elegir entre sus necesidades de compensación social y las de seguridad afectiva, se sumió en una depresión ansiosa en la que volvieron los sueños del *aquarium* cada noche, con la misma agudeza que habían mostrado a lo largo de su infancia. La negación que le había protegido durante cincuenta años no le permitió afrontar el problema ni liquidarlo. «Más que una simple negativa, la negación es una actitud de rechazo categórico hacia una percepción desagradable de la realidad exterior.»[81] Genera una adaptación excesivamente buena, una asombrosa ausencia de conflictividad, ya que el sujeto niega el peligro y el dolor de su prueba: «Trabajo mucho, tengo excelentes relaciones con mi mujer, con mis hijos y con mis colegas. Así me proporciono la prueba de que soy fuerte y equilibrado. A fin de cuentas, lo que me ocurrió no es tan grave». Esta defensa asociada a la escisión de carácter difiere del rechazo dado que el sujeto no olvida lo que ocurrió. Funciona eficazmente (como un avión que volara con un solo motor), hasta el día en que lo real hace brotar un acontecimiento que afecta al herido en la parte críptica de su personalidad. Entonces, quedamos sorprendidos por el doloroso hundimiento de una persona que antes era resiliente.

Cuando la negación consciente protege al sueño y cuando la impresión traumática conlleva una reminiscencia onírica

Sucede que la negación, al evitar las rumiaciones dolorosas durante el día, disminuye al mismo tiempo la impresión traumática. Las personas resilientes tienen pues menos sueños que los traumatizados, e incluso menos que los observados en las personas que integran los grupos de control, personas inevitablemente inquietas por los conflictos cotidianos.[82] La negación no borra la huella del trauma en la memoria biológica, pero al evitar las rumiaciones, disminuye los sueños. La evitación del enfrentamiento con la realidad dolorosa supone un beneficio inmediato puesto que impide la reiteración de la memoria dolorosa. Es una ventaja de relación porque confiere una personalidad a las relaciones agradables. Pero es el herido quien paga el precio de estas ventajas. «No quería hacer revivir a mis allegados el enfrentamiento con la muerte. Tenía ganas de que me amasen… En ningún caso quería imponerles este sufrimiento suplementario… Quería que se sintieran felices y orgullosos.»[83] Una joven enfermera del maquis de la región de Vercors, deportada a Ravensbrück, superó su prueba con una fuerza y una gracia asombrosas. Incluso añadió: «No quería molestar a mi psicoanalista con eso».[84] No está mal como negación por parte de una mujer que se ha convertido hoy en día en una brillante psicoanalista. Sin embargo, esta protección que tantos beneficios inmediatos aporta es una bomba de relojería. «De este modo puede instalarse entre padres e hijos un sobreentendido impregnado de culpabilidad...»[85] La máquina infernal explota el día en que un acontecimiento, aparentemente anodino pero muy significativo para el herido, toca la parte dolorida de su personalidad. Eso es lo que le ocurrió a Stephan, que se hundió el día en que dio en pensar: «Mi ascenso de París compromete el éxito de mi mujer a la que tanto deseo ayudar. Mi ascenso impide mis comportamientos de redención. Por mi culpa, mi mujer va a fracasar». Ese desafortunado éxito que le empujaba a París destruía su proceso de resiliencia.

Nos podemos preguntar por qué misterio el proceso cerebral del sueño consigue poner en imágenes oníricas el acontecimiento que constituye el tema de la vida secreta de la cripta. En realidad no es el acontecimiento traumático lo que se transfigura en imágenes oníricas, sino la impresión que desencadena. Si nuestro entorno permite que nuestras defensas sigan dominando esa impresión, soñaremos menos. Pero si el contexto de relación frena nuestras defensas, nos convertiremos en prisioneros de nuestros sueños. Su asombrosa capacidad para hacer revivir en el presente de la noche una intensa representación reanima la huella de las emociones generadas en el transcurso de la realidad pasada. Y el sueño, que es una representación en imágenes, despierta esas fuertes emociones.

Se puede encontrar una semejanza, una estructura parecida entre una idea y una imagen. Es frecuente que, en el lenguaje ordinario, practiquemos el pensamiento analógico por medio de nuestras metáforas. Cuando decimos «tiene unas ideas negras», la expresión manifiesta perfectamente lo que significa, y, sin embargo, sus ideas no son negras. Cuando decimos «ha sido el parto de los montes», la imagen crea una sensación que se parece a la emoción que se experimenta cuando se piensa «¡ha hecho tantos esfuerzos, para tan pobre resultado!». El sueño opera como una metáfora de lo que ocurre en la cripta que no osamos abrir.[86] Pero como el sueño es también un proceso de aprendizaje que abre nuevas vías en las neuronas, incorpora a la memoria lo que hemos pensado de los acontecimientos excepcionales. Si nuestro entorno nos presenta esta prueba como una victoria, experimentaremos orgullo, pero si nos cuenta que esta misma prueba es una humillación, soñaremos la metáfora del que se pasea completamente desnudo entre los elegantes invitados de la recepción del gobernador civil.

Si el herido ha logrado transformar la representación de su trauma mediante la palabra, el arte, la acción o el compromiso social y deja de experimentar un sentimiento de vergüenza, dejará también de representar una misma impresión a través de las imágenes de sus sueños. La memoria del trauma que haya quedado mejor impregnada, aquella con la que el sujeto esté mejor familiarizado, se difuminará y perderá su capacidad para provocar las reminiscencias del sueño. Sin embargo, si se hace callar al herido, el sueño se convierte en el decir sustitutivo de lo que no ha podido decirse. Su efecto de incorporación del acontecimiento vuelve al organismo sensible a todo sufrimiento, un sufrimiento del que no tendrá sino una noción demasiado clara, puesto que lo revisa cada noche.

Para ser resiliente, primero ha debido uno sufrir un trauma. Mientras no se haya puesto en marcha el paso de un proceso a otro, observaremos unos movimientos de oscilación que harán que el herido sufra su trauma por la noche y pase durante el día a una situación de defensa resiliente. A menudo se observa incluso que pone imágenes a estas dos sensaciones opuestas en el transcurso de un mismo sueño.

El análisis de los sueños de los que han escapado de un incendio por los pelos revela muy a menudo imágenes de un maremoto o de una fosa en la que se está encerrado. Por su parte, el análisis de los sueños de las mujeres violadas describe sensaciones de ahogo bajo un montón de trapos sucios y húmedos o de parálisis bajo un camión que gotea aceite.[87] Lo que vuelve en el sueño no es la foto del acontecimiento traumático sino el sentimiento experimentado en el momento de producirse la representación del trauma. En el instante de la agresión, las ideas son curiosas: el niño que se hunde y sabe que se va a ahogar piensa, justo antes de perder el conocimiento: «Es una pena, esta noche, había un postre rico». El adolescente que pierde el control de su ala delta se dice: «Mis padres me van a echar una bronca». Sin embargo, en el instante de la representación del sueño, lo que se evoca es el contexto emocional.[88] Lo que evoca el acontecimiento es el significado que han adquirido los hechos en la historia del sujeto. El instante del sueño es algo que se produce ya a toro pasado, una interpretación del hecho que depende de la historia del sujeto y de su contexto. Más adelante, el relato del sueño amplificará este proceso de modificación de la visión de su pasado. Lo que equivale a decir que las huellas precoces, al moldear el temperamento, constituyen poderosos organizadores del yo. Instauran las referencias iniciales que iluminan el presente mediante la luz del pasado. Cuando no es posible integrar la experiencia porque el trauma no se puede representar, porque el herido aislado no logra darle una forma susceptible de ser comunicada, o porque su pasado le ha vuelto excesivamente sensible a este tipo de acontecimientos, entonces la agresión se transformará en trauma.

Mientras la evolución parezca vacilar entre el trauma y la resiliencia y no haya logrado aún estabilizarse en la memoria y en los comportamientos del herido, observamos la aparición de sueños oscilatorios en los que el sujeto, que se vuelve pequeñito, pequeñito, se ve aplastado por los objetos y los personajes de su sueño, y por último se debate furiosamente, da un golpe en el fondo del agua, y crece, y crece hasta el vértigo.

El que ha dado cuerpo a esta sensación oscilatoria y ha hecho de ella un relato mítico, es Gulliver.

Jonathan Swift quedó huérfano de forma muy precoz puesto que perdió a su padre en las primeras semanas del embarazo de su madre. Fue un bebé frágil, inmerso en el contexto de extrema pobreza del Dublín del siglo XVIII. Su nodriza le secuestró y se fugó con él a Inglaterra. Su madre le recuperó durante algún tiempo, pero le abandonó a la edad de cuatro años. Podemos pensar que las huellas precoces no estabilizaron en Jonathan un vínculo de tipo protector y que esta dificultad afectiva se vio agravada por la dureza de los internados de Kilkeny y del Trinity College. Es pues un adolescente dividido en dos el que se lanza a la vida afectiva y a la aventura social. Aterrorizado ante la idea del matrimonio y la responsabilidad paterna, sugiere en su *Modeste proposition, pour empêcher les enfants des pauvres d'Irlande d'être à la charge de leurs parents...* (1729) [Modesta proposición para impedir que los hijos de los pobres de Irlanda sean una carga para sus padres...] asar a los niños y servirlos en la mesa de los ricos. Presa del pánico ante una situación de vínculo afectivo, vínculo al que atribuía una importancia desmedida, sufrió durante toda su vida a causa de la «visión excrementicia» que tenía de sí mismo.[89]

La parte resiliente de su identidad se generó por efecto de la atracción que le hacía sentir la compañía de las mujeres y la literatura, en la que encontró una aventura intelectual, política y religiosa que le tonificó. Sensible al sufrimiento de los demás, militó toda su vida en defensa de los derechos de los niños. Fue de los primeros en pedir que las mujeres recibieran la misma educación que los hombres, en comprometerse en favor de la tolerancia religiosa, y en defender al pueblo irlandés y la belleza de la lengua inglesa.

Podemos imaginar que la parte resiliente de su personalidad, que socialmente alcanzó un desarrollo pleno y fue cubierta de honores y de responsabilidades, contrastaba con su vida íntima, secreta y dolorosa.

Esta personalidad dividida era probablemente el resultado de la situación de constantes amenazas afectivas en la que tuvo que desarrollarse. Adoraba a los irlandeses, la literatura, a Dios y a las mujeres, pero se sentía aterrorizado ante la idea de tener que amar a un niño. ¿Estaría quizá horrorizado ante el sentimiento de no ser capaz de amarlo lo suficiente y hacerle tan infeliz como él mismo había sido?

Sucede que este sentimiento, que impregna la vida psíquica de aquellos que se adaptan a una amenaza angustiosa escindiéndose, se manifiesta en el transcurso de sus sueños con un escenario típico. Se ven a sí mismos en una caja o en una habitación con las paredes desnudas. Una bola se pone a rodar en la caja y comienza a crecer mientras, al mismo tiempo, ellos se hacen cada vez más pequeños. La bola que se infla se vuelve imprevisible y el que sueña encuentra cada vez más dificultades para evitarla e impedir que le aplaste. Experimenta un sentimiento de estupefacción cuando, de repente, él mismo se pone a crecer mientras la bola comienza a volverse más pequeña. En el instante en que supera en tamaño a la bola, la persona experimenta un sentimiento de alivio, y más tarde de euforia, que termina por provocar un vértigo de ansiedad por lo grande que se ha vuelto el que sueña y lo minúscula que es ahora la bola.

La civilización del fantasma lleva aparejada una creatividad que repara

Esta forma de ver el mundo, este aprecio a los demás, se escenifica literariamente en los *Viajes de Gulliver* (1726). De hecho, el relato sirve de metáfora psicológica y social para un sentimiento de oscilación en el que se experimenta la misma angustia dominándolo que viéndonos dominados por él. De este modo se establece una cadena de representaciones de imágenes que, colocadas en los sueños durante el desarrollo, constituyen los arquetipos que estructuran nuestros símbolos. Jonathan Swift, escindido por efecto del desastre afectivo de su primera infancia, siente un gusto por el mundo que, por la noche, adquiere la forma de un sueño de alternancia. Sin embargo, tan pronto como se despierta, el futuro escritor manifiesta su resiliencia recuperando el dominio de su sueño y confeccionando con él un relato de aspecto oscilatorio. Mediante esta resistencia activa, el herido se convierte en un creador útil para sus allegados. El poder intelectual y social que obtenga de esta forma irá dedicado a ellos. El pequeño Jonathan acaba de convertir su herida en obra de arte. Su mundo interior, dañado por el desastre afectivo, se metamorfosea en un mundo exterior hermoso, divertido y socialmente útil. Este es el modo en que opera la simbolización: «[…] civilizando el fantasma a través de la palabra y de las actividades creadoras, artísticas, científicas o de otra índole».[90]

Por otra parte, la sabiduría de las palabras nos enseña que «crear» significa, en la lengua de la Iglesia, «hacer aparecer de la nada»,[91] traer al mundo un objeto o una representación que no existían antes de que el creador las trabajase. Frente a la nada, ¿cuáles son nuestras opciones? O bien nos dejamos fascinar y absorber por el vértigo del vacío hasta sentir la angustia de la muerte, o bien nos debatimos y trabajamos para llenar ese vacío. Al principio, sentimos la energía de la desesperación puesto que el vacío está vacío, pero tan pronto como aparecen las primeras construcciones, la energía de la esperanza nos estimula y nos obliga a la creación perpetua, hasta el momento en que, al final de la vida, «nos morimos en la plena felicidad de nuestras desgracias pasadas».[92] Karen Blixen analiza el mismo proceso de resiliencia que Cioran: la obligación a la metamorfosis que, gracias a la alquimia de las palabras, de los actos y de los objetos, logra transmutar el lodo del sufrimiento en el oro de la «creación, la cual es un resguardo temporal frente a las garras de la muerte».[93]

Incluso en el caso de los niños que se desarrollan bien, el despertar de la creatividad necesita de una carencia. Mientras la figura materna esté presente, será ella la que capture su espíritu y la que organice su mundo íntimo. Pero tan pronto como la madre se ausenta, el mundo del niño se vacía y, para no sufrir demasiado por esta privación, debe rellenar el espacio real y psíquico con un objeto que la represente. Un trapo, un pañuelo para el cuello, un osito de peluche, provocarán, al sustituirla, una familiaridad análoga a la suya. Este proceso mental es una creación, puesto que es el niño el que elige un objeto y lo pone ahí para representar a la que ya no está.[94] El símbolo necesita una percepción real antes de poder cargarse de un significado compartido. Todos los bebés saben simbolizar de esta manera, pero para animarles a que lo hagan, para despertar su creatividad, hay que ofrecerles una carencia y no cebarles con afecto. «La creación del símbolo se deriva de la pérdida de aquel objeto que, previamente, aportaba toda la satisfacción».[95]

Este proceso, que es armónico en el caso de los niños con un buen entorno, se vuelve violento en el caso de los niños heridos. Reconocer la pérdida hasta la muerte y afrontarla para resucitar el amor perdido es algo que se produce en la «cuna de la cultura humana».[96]

Cuando la conciencia dolorosa de la pérdida provoca una rabia reparadora, la creatividad se convierte en una obligación feliz. Durante el minuto de silencio colectivo la imagen del desaparecido vuelve a nuestra memoria íntima. Esto nos prueba que la imagen y la magia están asociadas, puesto que basta con decidir un ritual social y con adoptar una postura para hacer brotar en nosotros el recuerdo de alguien que ya no existe en la realidad. Es comprensible que el mito del doble o el de la magia del espejo posean un efecto euforizante cuando se está al borde de la angustia,[97] puesto que al llevar a cuestas la carga de la muerte hacemos que nazca una imagen. El destete resulta pues necesario para representarse la ausencia, pues si el objeto está demasiado presente, será imposible no percibirlo. Ahora bien, el placer de la percepción es inmediato, fugaz, mientras que la felicidad de la representación es duradera. Al inscribirse en la memoria, estructura nuestras representaciones y gobierna nuestro porvenir. El destete sólo es doloroso si se experimenta como una pérdida. Cuando el desarrollo es armonioso, la separación de la figura de vínculo afectivo genera más bien un sentimiento de progreso. Y para que esta impresión pase de la pérdida al progreso, basta con un pequeño gesto, o con una simple palabra, que oriente al niño hacia la creatividad y haga nacer en él la fascinación de la magia. «Mi melancolía [...] dio paso a un entusiasmo creador», dice Segantini al relatar su infancia cuando, huérfano de sus dos padres, decide pintarlos para guardarlos en la memoria.[98] A la edad de ocho años, Georges Perec decide escribir para que sus padres desaparecidos estén ahí, en sus libros, que les servirán de tumba: «[…] había un agujero, […] había un olvido, un espacio en blanco […], y, en primer lugar, una omisión: un no, un nombre, una ausencia…».[99] Entonces Perec escribe *La Disparition*[100], obra en la que se tarda mucho tiempo en descubrir que lo que ha desaparecido es la vocal *E*, que sustituye a la palabra «ellos» y designa a sus padres desaparecidos. Más tarde, les dedicará *W ou le souvenir d'enfance* [W o el recuerdo de la infancia].[101] Y a partir de ese momento «permanecerán ahí, en esa tumba que les he construido, donde los he escrito y depositado. Maravillado por esta creación mágica realizada en el límite del dolor, ya puedo realizar mi duelo, seguir amándoles pese a no esperarles ya».

El acto de creación es en este caso tanto una obligación como un placer. El esfuerzo de hacer surgir una imagen, de dibujar con el dolor de la pérdida, coloca al autor en el filo de la navaja. Por una palabra, por un gesto, conocerá la euforia o la desesperación. Sin mencionar que el objeto de sustitución nunca será tan hermoso como el objeto desaparecido, que es perfecto, puesto que es ideal. Reparar la brecha para repararse, llenar el vacío que deja en uno mismo el objeto arrancado, obliga al niño herido a inventar incesantemente sustitutos euforizantes y decepcionantes. El dolor y la hermosura nacen al mismo tiempo, con un mismo movimiento, en el «fuego de la creación».[102] Freud, Joyce, Pascal, Proust y Víctor Hugo no osaron hacerse creativos sino hasta después de la muerte de su padre, el aduanero Rousseau no lo logró sino tras la muerte de su mujer, y Montaigne después de la de su amigo La Boétie.[103] La orfandad y las separaciones precoces han proporcionado una enorme población de creadores: Balzac, Gérard de Nerval, Rimbaud, Zola, Baudelaire, Dumas, Stendhal, Maupassant, Loti, George Sand, Dante, Tolstoi, Voltaire, Dostoievski, Kipling…, la lista sería larga si tuviera que ser completa. Incluso la enfermedad física obliga a la creatividad cuando el sentimiento de haber quedado disminuido provoca la rabia de vencer. Alfred Adler lo comprendió bien en el transcurso de su propia infancia cuando, débil y raquítico, decidió convertirse en médico para luchar contra la muerte. En su edad adulta, elaboró una teoría general al respecto: toda debilidad se puede compensar, y un niño difícil y mal socializado puede transformar esta negatividad cuando su medio le propone un objetivo social.[104] Catherine Hume verificó esta idea pidiendo a unos adolescentes difíciles que acompañaran a unos niños trisómicos y les ayudaran a escalar el Himalaya.[105] El hecho de ponerse a prueba y de convertirse en la persona que ayuda en lugar de ser la persona de mal carácter a la que hay que socorrer, cambió la imagen que se hacían de sí mismos y tejió vínculos entre estos niños diferentes que, de otro modo, nunca se habrían conocido.

La acción es también un modo de creatividad, una lucha contra la angustia del vacío, contra la representación de la nada. Cuando un niño pierde a su madre porque le abandona, porque muere o porque desaparece, se encuentra en una situación que le obliga a crear. Pero no ha adquirido aún el dominio de las representaciones verbales o pictóricas, o la de las artes que le sugiera su cultura. Por el contrario, a partir de los diez meses de edad, sabe jugar a fingir y sabe inventar argumentos de comportamiento. Le basta con añadir, unos cuantos años más tarde, una ligera salsa verbal para escenificar la parte dolorosa de su personalidad y colmar su carencia jugando a «Se diría que tú eres mi madre». Cuando un adulto está dispuesto a representar un papel en este sainete, la representación teatral de los actos, de las palabras y de los decorados «restaura la seguridad en un mundo interno apaciguado [...] y permite superar la separación...».[106] Sin embargo, la madre de sustitución también necesita talento para evocar a la madre sin revocarla, ya que, de otro modo, el niño le reprocharía: «No eres mi verdadera madre. No lo eres de verdad». Él es quien, en este juego, se crea una madre con la complicidad de un adulto que no olvida el condicional implícito en el planteamiento: «Y tú serías mi mamá».

A veces los padres están presentes, pero se sienten ellos mismos tan turbados que no están bien presentes. Los niños que se encuentren vinculados afectivamente a unos adultos en dificultades tendrán que desarrollarse en función de estas frágiles guías. Las pruebas cotidianas también les imponen a ellos la estrategia de la oscilación que ya vimos en los niños agredidos y que, como sucedió con Gulliver, se encuentran ante la «elección» de hacerse muy pequeños y dejarse aplastar, o volverse enormes y hacerse cargo de sus padres frágiles. Para soportar estas responsabilidades precoces que no se corresponden con su estadio de desarrollo, muchos «eligen» desarrollar un mundo íntimo de creatividad en el que se refugian cuando la realidad se vuelve excesivamente agobiante. Es frecuente encontrar este tipo de pruebas en el punto de origen de las vocaciones artísticas. Lord Byron sufría mucho con el delirio de su padre, al que amaba. La melancólica Virginia Woolf estaba rodeada por una familia melancólica. Hicieron falta cuatro generaciones de psicóticos para obtener un Géricault. Ernest Hemingway se desarrolló en una familia dolorida en donde todas las relaciones eran febriles. Robert Schumann y Van Gogh tejieron fuertes vínculos con padres, hermanos y hermanas que padecían alteraciones psiquiátricas.[107] Con semejantes vínculos, es fácil que venga a la cabeza un impulso de creatividad, dado que, en cualquier caso, el equilibrio está desordenado y la creación de un nuevo orden constituye precisamente un trabajo creador. El padre que delira realiza actos extravagantes, la madre melancólica cede su lugar al hijo, la hermana desequilibrada pide a su hermano pequeño que la vigile y la calme. La cotidiana vida familiar invita a una constante transgresión no criminal puesto que el orden ya está trastornado, y por consiguiente, el niño, para adaptarse y ayudar a los adultos frágiles a los que ama, debe inventar nuevos roles familiares. Quizá sea esta la razón de que encontremos tres veces más trastornos mentales en las familias de escritores que en la población corriente.[108]

El hecho de que estos niños se vean invitados a la creatividad para adaptarse a un medio que les trastorna, no quiere decir que todos llegarán a ser creadores. Su evolución depende de la orientación que les dé un encuentro extrafamiliar, puesto que la familia desfallece. Cuando la familia trastornada aprisiona al niño o cuando el medio extrafamiliar no propone ninguna guía de resiliencia para intentar la aventura de la creación, el niño se hunde con su familia.

Las culturas normativas erradican la imaginación

Ahora bien, las culturas excesivamente normativas impiden la creatividad en nombre de la moral. Se busca en el discurso social del entorno el argumento capaz de permitir excluir a estas familias que se sitúan fuera de la norma. En la época en que el contexto científico hablaba de la existencia de una «degeneración» que impediría a ciertos individuos acceder al sentido moral, este concepto se utilizaba para designar a estas «familias degeneradas» que era preciso expulsar de la sociedad, masacrando de este modo a los posibles pequeños Schumann, Van Gogh o Hemingway.

Cuando el rendimiento social se convirtió en un valor cultural prioritario, se hizo necesario «erradicar la imaginación». Leer poesía, dedicarse a la música, o colorear unos dibujos se convirtió en «una escandalosa pérdida de tiempo, en un signo evidente de inadaptación a los "hechos"».[109]

He llegado a conocer a emigrantes italianos o polacos tan deseosos de integrarse mediante el trabajo, que se indignaban cuando veían a sus hijos leyendo. De una patada, mandaban a paseo el libro que su hija intentaba descubrir para escapar a la sórdida realidad, con un sarcasmo humillaban al hijo que quería hacer estudios: «El bachillerato es para las niñas o para los afeminados. Un hombre, un hombre auténtico, debe tener el valor de ir a la fábrica».

Hoy en día, el dinero que permite acceder al consumo transforma los espectáculos en mercancía: fútbol, baile, teatro y cine. Por consiguiente, y con el fin de democratizar el acceso a esta cultura, se concede dinero público para que los pobres también puedan acudir a los espectáculos. Esta iniciativa constituye un espléndido contrasentido, ya que la creatividad no es una actividad de ocio. Es una iniciativa que debe inventar un mundo nuevo para cambiar el que provoca sufrimiento. La cultura creativa es una argamasa social que confiere esperanza a las pruebas de la existencia, mientras que la cultura pasiva es una distracción que hace pasar el rato, pero que no resuelve nada. Para que la cultura ofrezca guías de resiliencia es mucho más importante engendrar actores que espectadores. Hay que dar a los pobres la oportunidad de dar, permitiéndoles crear un espectáculo, una velada, un debate, un día de fiesta. Catherine Hume, que lleva a grupos de adolescentes al Himalaya, los convierte en actores, mientras que el educador que pasea por Venecia a unos cuantos niños de los barrios burgueses los convierte en consumidores pasivos.

El arte no es una actividad de ocio, es un acicate que nos impulsa a luchar contra la angustia del vacío suscitada por el acceso a la libertad que nos proporciona el placer de crear. «Cada uno de los pequeños sufrimientos que surgen se convierte en un punto de referencia, en un jalón en la creación [...], y, por lo tanto, ése es el lugar de un cambio posible».[110] Y si la cultura creativa nos hace evolucionar, la cultura pasiva nos ayuda a digerir. ¿Quizá sean ambas necesarias para sentirse bien? Sucede que un exceso de creación provocaría confusión, mientras que un exceso de digestión produciría flatulencia psíquica (Bah... Pfff...).

El hecho de que exista una nítida correlación entre la creatividad y el sufrimiento psíquico no quiere decir que exista una correlación entre la creatividad y el equilibrio mental.[111] Todos los niños son creadores porque han de incorporar su medio y hacerlo evolucionar. Todos los niños que sufren se ven obligados a iniciar el camino de la creatividad, lo que no significa que todos los creadores deban sufrir necesariamente.

La vida de fantasía de los niños favorecidos también es muy productiva.[112] A partir de los cuatro años, los chicos dibujan escenas en las que su fuerza les permite burlar los peligros, mientras que las chicas hacen ilustraciones con motivos más relacionales. Estas representaciones dan forma de dibujo a los fantasmas que en otras épocas los niños llevaban a la práctica: los chicos mediante la competición, las chicas a través de la relación. Entre los cinco y los siete años, la imaginería evoluciona hacia formas socialmente valoradas: el deporte, el romanticismo, lo hermoso, la ciencia. Todos los dibujos se perfeccionan en un clima de serenidad. Los fantasmas agresivos que los chicos expresan con dibujos de guerra se dominan más tarde gracias a los relatos de actuaciones deportivas y de conocimientos científicos. Las chicas idealizan las relaciones armoniosas para vencer una soledad en la que la estética embellece su construcción identitaria.

Sin embargo, los niños rotos no tienen elección. Lo que han conseguido es transformar en himno a la alegría, la cacofonía de la desesperación. En estas dos situaciones en que la creatividad participa en el desarrollo, la felicidad no tiene el mismo sabor. En los niños favorecidos, la dulce felicidad de crear llena su mundo íntimo. En caso de fracaso, sufrirán un poco, pero después descubrirán otra vía de creación. Por el contrario, en los niños heridos, la felicidad de crear es vital, como el lazo desesperado que se establece con los restos que flotan e impiden que nos ahoguemos. Hasta el momento en que, a fuerza de producir, los niños desesperados se unen a los niños favorecidos, guardando en su memoria la herida pasada en torno a la cual han reconstruido su existencia y su personalidad.

El carácter adulto de los niños heridos, esa madurez precoz que conmueve a los adultos, se detecta ya desde los primeros dibujos. Hacia la edad comprendida entre los cinco y los seis años, con el aún incierto trazo de su lápiz, el niño da testimonio, como si fuera un niño de doce a trece años, de la parte que ha asimilado de los valores y las dificultades de aquellos a quienes ama.[113] Expresa mediante el dibujo lo que ha comprendido de los acontecimientos que impregnan su memoria. Dado que en ese estadio de su desarrollo aún no domina la representación del tiempo, encuentra dificultades para convertir su experiencia en un relato. Entonces, a base de monigotes y de fusiles negros, de rojo para la sangre y de verde para los árboles, recupera el control de las emociones que le han abrumado. Cuando el niño herido no puede ni jugar ni relatar las pruebas en las que se halla inmerso, permanece sumiso a las percepciones que le golpean. A través de la representación toma las riendas de su destino. Lo que implica que el medio ha de proporcionarle algunas guías de resiliencia, como un oído atento, un escenario, un papel y unos lápices. El dibujo adquiere entonces un aspecto narrativo en el que el niño expresa y dirige a alguien su mundo íntimo. Más adelante, cuando la escritura permita una autobiografía, el dibujo anterior habrá hecho posible el acto de la auto-bio-grafía.[114] Es como si el niño dijera: «Me hago autor de mi mundo interno y lo doy para poder compartirlo. Cuando los demás lloran, cuando ríen, o cuando aplauden, me aceptan con mi herida. Dejo de ser un anormal, un niño expulsado de la cultura, un monstruo».

El talento consiste en exponer la propia prueba mediante una grata intriga

El talento supremo consiste en exponer la propia desgracia con humor. Cuando esta metamorfosis de la representación se hace posible, el acontecimiento doloroso habrá recorrido el mismo itinerario que en el teatro o en el dibujo. «Si consigo dar una versión grata de mi desastre, la sonrisa que habré de provocar reducirá la distancia entre nosotros y mi herida perderá su poder alienante.»

En una nota de su diario, Anna Frank se quejaba, de pie frente a una ventana ciega de su escondite: «Un ataque de risa es mejor que diez comprimidos de valeriana…».[115] Hay en el humor una intención terapéutica que se parece un poco a la función de la negación: hacer creer a otros que la cosa no es tan grave para conseguir creer uno mismo que no lo es. Esta artimaña es una falsificación creadora que aleja el dolor. Si consigo escenificar la tragedia que me tortura, si arranco una sonrisa a los demás, una emoción amistosa o un gesto de interés, dejaré de representar el papel lastimoso del pobre niño y de dar la imagen un tanto repulsiva de la víctima perdida, violada, abandonada, menguada. Al contrario, al invitar a que otros participen de una sonrisa, lograré establecer con ellos el vínculo que establecen las emociones compartidas, como el placer de compartir la mesa o el intercambio de palabras. No se trata de la fusión que provoca la pasión amorosa o el odio hacia un enemigo común, sino de un pequeño vínculo agradable y ligero.

Freud ya había señalado la existencia de estos comportamientos de desafío ante una realidad demasiado penosa.[116] «Ahorrarse un gasto de sentimiento» o «sonreír en medio de las lágrimas» permite alejar el dolor. El humor no es la risa burlona de la ironía, ni la negación de la agresión, ni tan siquiera la transformación de un sufrimiento en placer. Lo que llega a ser menos doloroso cuando el teatro, el dibujo, el arte, la novela, el ensayo y el humor trabajan para construir un sentimiento nuevo de uno mismo es la memoria del trauma, su representación.

Es un mecanismo de defensa situado en el filo de la navaja. Cercano al aislamiento que atenúa el sentimiento vinculado a un recuerdo o a un pensamiento, el sujeto sabe perfectamente que el trauma es grave, pero al decirlo en un tono ligero, puede al menos expresarlo y restablecer el vínculo con sus allegados: «No les molesto con mi desastre, no les petrifico con mi horror, al contrario, les divierto y les intereso, cosa que me revaloriza, puesto que me convierto en la persona que alegra y despierta su curiosidad. Pero bien sé, en el fondo de mí mismo, que lo que me ha ocurrido no es ninguna frivolidad. Al haceros sonreír, actúo sobre mi sufrimiento y transformo mi destino en historia. Ya está. Eso es lo que me ocurrió. Fui herido. Pero no quiero pasarme la vida con eso, someterme a mi pasado. Y al ofreceros una representación bonita, interesante y alegre, soy yo el que ahora gobierna el efecto que os produzco. Al modificar la imagen que tenéis de mí, modifico el sentimiento que experimento hacia mí mismo».

El humor, hiperconsciente, se opone al rechazo. Es un trabajo de representación que exige un espectador, un testigo, otra persona. A veces, la escisión de los traumatizados les permite ser esa otra persona y convertirse en espectadores de sí mismos. Como esas mujeres con el corazón desgarrado que revientan de risa a través de sus lágrimas cuando sorprenden en el espejo su nariz hinchada y enrojecida por la tristeza y el rímel que les embadurna unas mejillas que ellas pretendían presentar con un aspecto fresco. Es fácil que se descarríe esta defensa cuando se vuelve rígida y adquiere forma de máscara o de estereotipo, cuando los heridos ríen con espasmo al relatar sus padecimientos, o cuando el humor se transforma en un procedimiento que impide cualquier relación auténtica.

Por supuesto, existen momentos en los que ya no es posible reír, momentos en los que el humor se vuelve algo imposible, incluso indecente. Mientras la percepción del dolor nos mantiene cautivos, no podemos modificar la representación. Los niños que han visto a sus padres torturados o humillados ante sus propios ojos nunca podrán reír al recordarlo. Hace falta demasiada distancia para eso. Los torturados y, sobre todo, los hijos de los torturados modifican su propia imagen mediante la acción extrema y la reflexión grave. No mediante el humor. Lo más frecuente es que se impliquen en acciones militantes contra el bando de los verdugos.[117] Se reparan reparando la memoria de sus padres, probando de ese modo que el medio más seguro para robustecer una idea es perseguirla.

La simple perspectiva del tiempo modifica la representación de la tragedia. Tan pronto como un niño pregunta «¿qué me ha ocurrido?» empieza su trabajo de reordenación del pasado. No puede no preguntarse de dónde viene y a dónde va, puesto que se siente entusiasmado con el hecho de estar en el mundo y tiene curiosidad por saber lo que le espera. Pero para contestar a esta pregunta, o incluso simplemente para plantearla, hace falta una relación con aquellas figuras de vínculo afectivo que se supone que lo saben, puesto que llegaron al mundo antes que él. Un niño sin relaciones ni siquiera se plantea la pregunta puesto que vive en una sucesión de presentes. No tiene posibilidad de pensar: «Acabo de hacer una tontería en mi pasado reciente que recibirá sanción en mi futuro próximo». Privado de relaciones, no está abierto a la representación del tiempo. Más adelante, el niño sólo podrá comprender lo que le ocurrió atribuyendo al acontecimiento un sentido emanado de la mirada de los demás: «Lo que me ocurrió es vergonzoso... terrible... extraordinario... heroico...». Tal como los objetos sobresalientes se ponían de relieve como consecuencia del comportamiento dotado de sentido de los padres, los acontecimientos provistos de historia aparecen destacados por efecto del discurso de los demás. La memoria traumática tiene por consiguiente un carácter particular, puesto que asocia el aprendizaje no consciente del cuerpo con la luz que arroja el discurso social. Un niño que se relaciona con un padre que maltrata se impregna sin darse cuenta del tipo de interacción que queda grabado en su memoria biológica. Pero lo que habla de las propias circunstancias es el significado que adquiere este acontecimiento, iluminado por el discurso cultural.

Aprender sin darse cuenta

Es posible aprender sin darse cuenta, es decir, afirmando que nunca se ha aprendido. No se puede tomar conciencia de todo, hay que reducir para no sentirse confuso. El objeto que se percibe en la conciencia es un objeto seleccionado, pero ciertos objetos percibidos sin conciencia quedan, pese a todo, impregnados en la memoria.

Existe en patología neurológica el síndrome de las heminegligencias: un accidente altera un punto preciso de la zona parietooccipital derecha del cerebro, de tal modo que el paciente percibe lo que ocurre en el espacio situado a su izquierda (no se golpea con los obstáculos), pero no sabe que los percibe. Si se le enseña la foto de un plato que contiene un filete a la izquierda y patatas fritas a la derecha, sólo dibuja las patatas fritas, afirmando que ha dibujado todo. Basta con dar la vuelta al dibujo para que el paciente dibuje sólo el filete, afirmando también que ha dibujado todo. Dibuja su evidencia, puesto que le es neurológicamente imposible tomar conciencia de lo que ocurre en su espacio izquierdo. Lo que no quiere decir que no se impregne sin darse cuenta. Cuando se le propone realizar un rompecabezas, la primera vez tardará diez minutos y compondrá únicamente la parte derecha. A la semana siguiente, tardará seis minutos, y la última semana dos minutos. Nunca ha recompuesto la parte izquierda, y sin embargo afirma que lo ha reconstruido todo. Si en ese momento damos la vuelta al rompecabezas de manera que la parte izquierda se convierta en la parte derecha, realizará el rompecabezas en cuatro minutos, probando así que había percibido perfectamente los elementos del espacio izquierdo y que incluso había empezado a resolver el problema. Este inconsciente cognitivo demuestra que nuestro cuerpo puede aprender sin que nos demos cuenta.[118] Nuestra visión del mundo es un mosaico de conciencias parciales. Si una de ellas desaparece, la visión del mundo sigue siendo a pesar de todo una visión total y coherente. La evidencia del enfermo es inaccesible a todo razonamiento puesto que, para él, es una imagen tan evidente y coherente como lo es para el daltónico un mundo sin el color rojo, o como lo es para todos nosotros un mundo sin ultravioletas.

Lo mismo ocurre con nuestros relatos íntimos y sociales, donde cada elemento del rompecabezas de nuestra identidad puesto en evidencia por nuestras relaciones y nuestras intenciones compone un conjunto coherente y evidente para uno de esos relatos, aunque no forzosamente habrá de serlo para el otro.

Es pues concebible que un niño maltratado o traumatizado conserve huellas en su memoria. Sin embargo, estas huellas difieren por su naturaleza de los recuerdos con los que compone sus relatos. La huella depende de las informaciones que recibe de su medio, mientras que el relato depende de las relaciones que establece con su entorno. La huella es una impresión biológica, el relato es una conciencia compartida.

De este modo, los recuerdos traumáticos no tienen la misma forma que los recuerdos ordinarios. Los paracaidistas se ponen a prueba para «obtener una victoria sobre sí mismos». En el momento en que piensan: «Voy a tener que lanzarme al vacío para alcanzar ese punto minúsculo, allí abajo», experimentan una emoción muy fuerte. Sin embargo, es la representación de lo que va ocurrir la que provoca su estrés puesto que, cuando no tienen que saltar, miran por el ojo de buey y perciben el mismo paisaje con total tranquilidad.

Para precisar esta noción, dos psiquiatras militares realizaron un enérgico experimento: en el momento en el que el paracaidista se prepara para saltar, un experimentador le propina una descarga eléctrica en el muslo, descarga cuya intensidad y duración se ha medido con anterioridad de modo que la sensación percibida sea próxima al dolor. Cuando el paracaidista llega al suelo, otro psiquiatra le interroga y le pregunta si ha sentido algo desagradable antes de saltar. Todos los paracaidistas afirman que no han sentido nada. El sentimiento que provoca la inminencia del salto, al monopolizar su conciencia, ha embotado el resto de las percepciones.[119] Este experimento ilustra la forma que adquieren los recuerdos traumáticos: la representación es tan fuerte que captura la conciencia, y la hiperclaridad de algunos detalles significativos ensombrece todo el resto de percepciones.

Los paracaidistas se encuentran en una situación análoga a la de los hemineglgentes. Pero esta vez, lo que provoca la restricción sensorial no es una alteración cerebral, es una representación tan poderosa que avasalla su conciencia.

Los recuerdos ordinarios adoptan otra forma. Un niño que haya alcanzado un desarrollo pleno también tendrá huellas cerebrales. La cámara de positrones revela que un alumno que aprende a tocar el violín, a hablar varias lenguas o a practicar un deporte no trabaja las mismas zonas de su cerebro.[120] Estas huellas constituyen un entrenamiento más que un recuerdo. Lo que hace que un acontecimiento permanezca en la memoria como recuerdo es la emoción provocada por la relación que se produce en un contexto humano, y el significado que adquiere este episodio en la historia personal. Los niños aislados se desarrollan en el interior de una enorme laguna de memoria. Para ellos, nada adquiere categoría de recuerdo pues, privados de toda relación, viven en un mundo pobre en acontecimientos.

Por consiguiente, lo que compone nuestra identidad narrativa se hace posible gracias a las relaciones. Tal como las figuras de vínculo afectivo hacen destacar los objetos que resultan sobresalientes para nosotros, los discursos sociales ponen de relieve los argumentos de los acontecimientos que constituyen el rompecabezas de nuestra identidad. Y sin esto, no habría autobiografía. Sin embargo, en mi autobiografía, narro el carácter destacado de los objetos y de los acontecimientos que mis relaciones con los demás han impregnado en mi memoria. La manera en que producimos nuestro propio relato dura tanto como dure nuestra vida, pero cambia sin parar puesto que depende de nuestros encuentros. La forma cambia, pero no el tema que permanece en nuestro fondo, expresado u oculto, y que constituye la columna vertebral de nuestra identidad.

La falsificación creadora transforma la magulladura en organizador del Yo

Un recuerdo autobiográfico con el que se ha procedido a una generalización excesiva[121] se convierte de este modo en el paradigma de nuestra andadura en la existencia. Nuestro caminar,[122] como un lucero del alba, señala la dirección que orienta nuestras decisiones y vuelve probables nuestros encuentros.

Un niño excesivamente estabilizado por efecto de un entorno rígido conocería un itinerario, una ruta fija, como sucedía en la época aún reciente en que el padre decidía el oficio y el matrimonio de su descendencia. Por el contrario, un niño abandonado y sin un sustituto familiar conocería una vida de vagabundeo, iría a la deriva en la dirección en que quisieran arrastrarle los acontecimientos. Entre uno y otro, un niño herido pero resiliente, conoce la andadura, como sucede con los caminantes que se dirigen hacia un objetivo, hacia un sueño, hacia un lucero del alba que les señala la dirección. Sin embargo, como los vientos les son contrarios, deben dar bordadas, alejarse del objetivo para volver a él más adelante. La vía del rodeo es frecuente en los resilientes, que, a pesar de todo, terminan por encontrar de nuevo su camino después de largas desviaciones y de meandros laboriosos.

El proceso de resiliencia permite a un niño herido transformar su magulladura en un organizador del yo, a condición de que a su alrededor haya una relación que le permita realizar una metamorfosis. Cuando el niño está solo, y cuando se le hace callar, vuelve a ver su desgracia como una letanía. En ese momento queda prisionero de su memoria, fascinado por la precisión luminosa del recuerdo traumático. Sin embargo, desde el momento en que se le concede el uso de la palabra, del lápiz o de un escenario en el que pueda expresarse, aprende a descentrarse de sí mismo para dominar la imagen que intenta producir. Entonces, trabaja en su modificación adaptando sus recuerdos, haciéndolos interesantes, alegres o hermosos para volverlos aceptables. Este trabajo de recomposición de su pasado le resocializa, precisamente a él que se había visto expulsado de un grupo que no soportaba oír semejantes horrores. Pero el ajuste de los recuerdos, que asocia la percepción del acontecimiento a la imagen deliberadamente borrosa del contexto, le prepara para la falsificación creadora que transformará su sufrimiento en obra de arte.

De una manera muy curiosa, los recuerdos de los resilientes, al asociar la precisión con la modificación creadora, resultan menos sesgados que los recuerdos de los que sufren síndromes postraumáticos. La memoria resiliente se parece a la de los novelistas que van a buscar sobre el terreno los hechos concretos con los que alimentarán su ficción. Por el contrario, la memoria traumatizada se halla prisionera, no del hecho que la ha herido, sino del despertar fantasmal que el acontecimiento ha provocado. A partir de la guerra de 1914 a 1918, John Mac Curdy,[123] uno de los primeros observadores de los síndromes postraumáticos, señalaba que la reminiscencia envenenaba la memoria de los combatientes. Ahora bien, no era una escena de combate lo que volvían a ver una y otra vez, sino una escenificación de los combates que temían. Noche tras noche, un veterano del Vietnam se veía a sí mismo ametrallando a las familias de los vietnamitas en sus cabañas. Esta tortura por intermediación de la imagen no correspondía en absoluto a la realidad, puesto que nunca había tenido ocasión de disparar un solo tiro en toda la guerra. Sin embargo, este falso recuerdo tampoco constituía una mentira, puesto que escenificaba el fantasma que había aterrado a este hombre durante la campaña militar: tener que masacrar a una familia inocente.

Cuando el pequeño Bernard fue detenido por el ejercito alemán y la policía francesa, algunos voluntarios ayudaban a los soldados a agrupar a los niños repartiendo entre ellos latas de leche condensada donadas por la Cruz Roja. Después de su evasión, Bernard tenía recuerdos asombrosamente precisos, confirmados cincuenta años después por los archivos y los testigos. Sin embargo, asociaba esas reminiscencias con una modificación de su memoria, una modificación en la que el niño atribuía a un oficial alemán un acto generoso que probablemente era inventado. Esta falsificación adquiría un efecto de resiliencia porque le permitía amnistiar al agresor y sobrevivir pese a todo en un mundo en el que aún podía permitirse el lujo de la esperanza. Por el contrario, durante varios decenios, cada vez que Bernard tuvo ocasión de beber leche condensada, la simple visión de la lata desencadenaba en él una curiosa angustia de muerte festiva. El objeto se convertía en algo maléfico al evocar la muerte, pero conservaba un carácter benéfico por el hecho de recordarle que había escapado a ella. La imagen puesta en la memoria no era pues la huella mnésica del acontecimiento. Era una porción de realidad que representaba el desastre: un símbolo.

Cuando los traumatizados no consiguen dominar la representación del trauma, simbolizándolo por medio del dibujo, de la palabra, de la novela, del teatro o del compromiso, entonces el recuerdo se impone y captura la conciencia, haciendo volver sin cesar, no la realidad, sino la representación de una realidad que les domina.

En el momento de su historia en que los niños heridos empiezan su carrera social, irán a la escuela, se harán amigos y tejerán vínculos de un estilo particular valiéndose de un temperamento moldeado por la historia de sus padres y valiéndose también de los procesos de resiliencia puestos en marcha después de la agresión.

Conclusión

En la época en que el pensamiento cultural era de carácter fijo, bastaba con observar el mundo en torno a uno para obtener la prueba de que reinaba el orden. El señor, que estaba por encima de los hombres, poseía un castillo, el cura se codeaba con Dios, y la inmensa mayoría de los hombres se debatían contra la muerte. La energía principal que permitía la supervivencia venía suministrada por el cuerpo: el vientre de las mujeres proporcionaba los hijos, los músculos de los hombres y de los animales producían la energía.

No resultaba difícil constatar que los aristócratas eran los más hermosos, los más inteligentes y los más cultos. Poseían la tierra, los castillos y el derecho a manejar las armas. Por el contrario, los hombres del pueblo, reducidos al papel de suministradores de energía, eran incultos y estaban sucios, cansados y enfermos. La jerarquía social se hallaba pues justificada, al modo de una «ley natural» a la cual nadie podía escapar. Cada cual ocupaba el lugar que le atribuía el orden inmutable: las mujeres por intermediación de su vientre, los hombres por el efecto de sus brazos, y los «aristocuras» en razón de sus palabras.

La acumulación tecnológica ha dado otra visión del mundo. Hoy en día, sabemos que se puede cambiar el orden social e incluso el de la Naturaleza. Tanto la cabeza como los dedos son necesarios para accionar las máquinas, y éstas proporcionan una energía muy superior a la de los músculos. Los niños de origen humilde pueden triunfar. Y el vientre de las mujeres ha dejado de dictarles su destino desde que el dominio de la fecundidad consiguió liberar su cabeza.

La fantástica explosión de las técnicas en el siglo XIX suprimió las evidencias fijas y nos enseñó a considerar la condición humana mediante la palabra «devenir». La biología descubrió la evolución, y la embriología pensó el desarrollo que Freud introdujo en su descubrimiento del continente interior.[1]

En un contexto tecnológico y cultural con estas características se fue despejando lentamente la noción de trauma. Por supuesto, el trauma existía en la realidad, aunque no en las palabras que lo condensaban en la conciencia. La Antigüedad refería la existencia de guerreros que se habían quedado ciegos sin haber sido tocados, casos de soldados que, víctimas del terror, se agitaban convulsivamente; Carlos IX volvía a ver incesantemente las imágenes de las masacres de la noche de San Bartolomé; Dostoievski relataba la mezcla de pavor y de deseo de muerte que había experimentado cuando le hicieron sufrir el simulacro de una descarga de fusiles.

En realidad, fue el ferrocarril el que, en 1890, preparó el nacimiento del concepto de trauma: «La acción mecánica sobre el cerebro que puede atribuirse a la velocidad» explicaba los trastornos del sueño, las pesadillas y la irritabilidad.[2] El contexto mecánico era tan evidente que no se podía explicar el trauma más que en términos mecánicos. La guerra anglobóer en África del sur de 1899 a 1902, el conflicto ruso-japonés de 1904, evocaban «la conmoción emocional». Durante la guerra de 1914 a 1918, se evocó por primera vez la idea de una prueba psíquica. No obstante, sólo tras la Segunda Guerra Mundial y los campos de deportados del Holocausto, tras la guerra de Corea más tarde, y, por último, al producirse la de Vietnam, y ante la amplitud de los estragos y los cambios sobrevenidos en el contexto cultural, empezaron los psiquiatras a formular el problema de manera relacional.

Desde que nació el concepto de trauma psíquico, la concatenación de las ideas exige que tras la descripción clínica y la investigación de las causas, dediquemos nuestros esfuerzos a la prevención de los traumas y a su mejor reparación. Y para ello, necesitaremos el concepto de resiliencia. Sin embargo, dado que hemos comprendido que un concepto no puede nacer fuera de su cultura, es interesante preguntarse por qué esta palabra francesa se ha desarrollado tan bien en Estados Unidos: «Existe en el temperamento estadounidense una cualidad que allí se traduce mediante la palabra *resiliency* […] y que une las ideas de elasticidad, de dinamismo, de recurso y de buen humor». Paul Claudel, al asistir al hundimiento económico de 1929, describe «la angustia que oprimía los corazones [y] la confianza que iluminaba los rostros». Esta actitud mental ante la tragedia marca hasta tal punto la imagen del mundo que «si algunos financieros llegaron a lanzarse por la ventana, no puedo evitar creer que lo hicieron con la falaz esperanza de rebotar».[3]

Hace mucho tiempo que el concepto de resiliencia viene siendo nuevo, pero esta vez, podemos analizarlo. Se trata de un proceso, de un conjunto de fenómenos armonizados en el que el sujeto se cuela en un contexto afectivo, social y cultural. La resiliencia es el arte de navegar en los torrentes. Un trauma ha trastornado al herido y le ha orientado en una dirección en la que le habría gustado no ir. Sin embargo, y dado que ha caído en una corriente que le arrastra y le lleva hacia una cascada de magulladuras, el resiliente ha de hacer un llamamiento a los recursos internos que se hallan impregnados en su memoria, debe pelearse para no dejarse arrastrar por la pendiente natural de los traumas que le impulsan a correr mundo y a ir de golpe en golpe hasta el momento en que una mano tendida le ofrezca un recurso externo, una relación afectiva, una institución social o cultural que le permita salir airoso.

En esta metáfora del arte de navegar en los torrentes, la adquisición de recursos internos ha dado al resiliente la confianza y la alegría que le caracterizan. Estas aptitudes, adquiridas fácilmente en el transcurso de la infancia, le han dado el vínculo afectivo de tipo protector y los comportamientos de seducción que le permiten permanecer al acecho de toda mano tendida. Sin embargo, y dado que hemos aprendido a considerar a los hombres mediante la palabra «devenir», podremos constatar que aquellos que se han visto privados de estas adquisiciones precoces podrán ponerlas en marcha más adelante, aunque más lentamente, con la condición de que el medio, habiendo comprendido cómo se forja un temperamento, disponga en torno a los heridos unas cuantas guías de resiliencia.

Cuando la herida está en carne viva, uno siente la tentación de recurrir a la negación. Para ponerse a vivir de nuevo, es preciso no pensar demasiado en la herida. Pero con la perspectiva del tiempo, la emoción que provocó el golpe tiende a apagarse lentamente y a no dejar en la memoria más que la representación del golpe. Ahora bien, esta representación que se construye tan trabajosamente depende de la manera en que el herido haya conseguido dar un contenido histórico al acontecimiento. A veces, la cultura hace de ello una herida vergonzosa, mientras que, en otras circunstancias, se muestra dispuesta a atribuirle el significado de un acto heroico. El tiempo dulcifica la memoria, y los relatos metamorfosean los sentimientos. A fuerza de procurar comprender, de intentar encontrar palabras para convencer y de tratar de disponer de imágenes que evoquen la realidad, el herido consigue vendar la herida y modificar la representación del trauma. Se acepta sin esfuerzo la idea de que la guerra de 1914 a 1918 fue una inmensa carnicería cenagosa, pero, ¿quién se acuerda de los sufrimientos de las poblaciones durante la guerra de Troya? La estratagema del colosal caballo de madera ha ejercido el efecto de una fábula, ya no evoca la hambruna de diez años de sitio, ni las masacres con arma blanca, ni las quemaduras del incendio que siguieron a esta hermosa historia. La realidad se ha visto transfigurada por los relatos de nuestra cultura enamorada de la Grecia antigua. El sufrimiento se ha apagado, sólo queda la obra de arte. La perspectiva del tiempo nos invita a abandonar el mundo de las percepciones inmediatas para vivir en el de las representaciones duraderas. El trabajo de ficción que permite la expresión de la tragedia, ejerce entonces un efecto protector.

Y esto equivale a decir que hablar de resiliencia en términos de individuo constituye un error fundamental. No se es más o menos resiliente, como si se poseyera un catálogo de cualidades: la inteligencia innata, la resistencia al dolor, o la molécula del humor. La resiliencia es un proceso, un devenir del niño que, a fuerza de actos y de palabras, inscribe su desarrollo en un medio y escribe su historia en una cultura. Por consiguiente, no es tanto el niño el que es resiliente como su evolución y su proceso de vertebración de la propia historia.

Esta es la razón de que todos los que han tenido que superar una gran prueba describan los mismos factores de resiliencia.

En primer lugar, se indica siempre el encuentro con una persona significativa. A veces basta con una, una maestra que con una frase devolvió la esperanza al niño, un monitor deportivo que le hizo comprender que las relaciones humanas podían ser fáciles, un cura que transfiguró el sufrimiento en transcendencia, un jardinero, un comediante, un escritor, cualquiera pudo dar cuerpo al sencillo significado: «Es posible salir airoso». Todo lo que permite la reanudación del vínculo social permite reorganizar la imagen que el herido se hace de sí mismo. La idea de «sentirse mal y ser malo»[4] queda transformada tras el encuentro con un camarada afectivo que logra hacer germinar el deseo de salir airoso.

Dibujar, jugar, hacer reír a los demás, son cosas que permiten despegar la etiqueta que los adultos adhieren con tanta facilidad: «[...] vivir en una cultura en la que se pueda dar sentido a lo que nos ha ocurrido: organizar la propia historia, comprender y dar»[5], son los más simples medios de defensa, los más necesarios y los más eficaces. Y esto quiere decir que una cultura de consumo, incluso en aquellos momentos en que la distracción resulta agradable, no ofrece factores de resiliencia. Alivia durante algunos minutos, como le ocurre a los espectadores ansiosos, que logran olvidarse de los tranquilizantes en aquellas noches en que ven la televisión. Sin embargo, para dejar de sentirse malo, para llegar a ser esa persona por cuya intermediación llega la felicidad, es preciso participar en la cultura, comprometerse con ella, convertirse en actor y no seguir siendo mero espectador.

«Estos testimonios, como el de Barbara, confirman que la resiliencia no es ni una vacuna contra el sufrimiento, ni un estado adquirido e inmutable, sino un proceso, un camino que es preciso recorrer»,[6] dice Paul Bouvier.

¿Cómo puede abrirse uno su propio camino en el ovillo de una cultura? ¿Cómo puede uno retomar su desarrollo cuando el camino está cortado? Hoy en día parece que nos acercamos a una bifurcación. Durante las últimas décadas, las victorias de los Derechos del Hombre y nuestra cultura tecnológica nos han hecho creer en la posibilidad de la erradicación del sufrimiento. Ese camino nos permitía esperar que una mejor organización social y unos cuantos buenos productos químicos serían capaces de suprimir nuestros tormentos. El otro camino, más escarpado, nos muestra que el transcurso de la vida nunca carece de pruebas, pero que la elaboración de los conflictos y el trabajo de resiliencia nos permiten retomar el camino, pese a todo.

Estas dos vías nos proponen medios diferentes para afrontar los inevitables infortunios de la existencia.

Será necesario recurrir a todos estos medios de defensa, ya que se prevé que en el siglo XXI las exclusiones se agravarán.[7] Cuando un niño sea expulsado de su domicilio como consecuencia de un trastorno familiar, cuando se le coloque en una institución totalitaria, cuando la violencia de Estado se extienda por todo el planeta, cuando los encargados de asistirle le maltraten, cuando cada sufrimiento proceda de otro sufrimiento, como una catarata, será conveniente actuar sobre todas y cada una de las fases de la catástrofe: habrá un momento político para luchar contra los crímenes de guerra, un momento filosófico para criticar las teorías que preparan esos crímenes, un momento técnico para reparar las heridas y un momento resiliente para retomar el curso de la existencia.

La vida es demasiado rica para reducirse a un único discurso.[8] Hay que escribirla como un libro o cantarla como Brassens que, debido a su propia historia, comprendió que basta una minúscula señal para transformar a un patito feo en cisne:

> *Elle est à toi cette chanson,*
> *Toi l'Auvergnat qui, sans façon,*
> *M'a donné quatre bouts de pain*
> *Quand dans ma vie il faisait faim.*[9]

> (Tuya es esta canción,
> Para ti, auvernés que, sin cumplidos,
> Me diste cuatro trozos de pan
> Cuando en mi vida había hambre.)

Bibliografía

La bibliografía que se refiere al texto se ha consignado en las notas. Esta bibliografía, más general, permitirá al lector profundizar en su búsqueda o le servirá para verificar algunas ideas.

— Altounian, Jacqueline, *La Survivance: traduire le trauma collectif*, Dunod, 2000.
— André, Christophe y Lelord, Françoise, *L'Estime de soi. S'aimer mieux pour mieux vivre avec les autres*, Odile, Jacob, 1999.
— Anthony, James y Chilland, Colette, *Enfants dans la tourmente*, PUF, 1985.
— Anthony, James y Chilland, Colette, *Le Développement en péril*, PUF, 1992.
— Anthony, James; Chilland, Colette y Koupernik, Cyrille, *L'Enfant vulnérable*, PUF, 1982.
— Auriat, Nadia, *Les Défaillances de la mémoire humaine*, PUF, 1996.
— Bailly, Lionel, *Les Catastrophes et leurs conséquences psychotraumatiques chez l'enfant*, ESF, 1996.
— Barudy, Jorge, *La Doleur invisible de l'enfant*, Érès, 1997.
— Baudry, Patrick, *Le Corps extrême*, L'Harmattan, 1991.
— Bertrand, Michèle (comp.), *Les Enfants de la guerre et les violences civiles*, L'Harmattan, 1997.
— Boshi, Roger, *La Prévention des troubles psychiques chez l'enfant et l'adolescent. Quand faut-il intervenir?*, L'Harmattan, 2000.
— Bourguignon, Odile, «Facteurs psychologiques contribuant à la capacité d'affronter des traumatismes chez l'enfant», «*Devenir*», 12, n° 2, págs. 77-92, 2000.
— Bowlby, John, *Attachement et perte*, 3 vols., PUF, 1978-1984.
— Brauner, Alfred y Françoise, *L'Accueil des enfants survivants*, Librairie Lipsy, 1994.
— Briole, Guy; Lebigot, François; Lafont, Bernard; Favre, Jean-Dominique y Vallet, Dominique, *Le Traumatisme psychique: rencontre et devenir*, Masson, 1994.

217

— Bureau International Catholique de L'Enfance, «Famille et résilience de l'enfant», «*L'Enfance dans le monde*», vol. 21, nº 1, 1994.

— Castillo, Michel del, *De père français*, Fayard, 1998.

— Chiantaretto, Jean François, *Écriture de soi et trauma*, Anthropos, 1998.

— Chouvier, Bernard; Green, André y Kristeva, Julia, *Symbolisation et processus de création*, Dunod, 1998.

— Coppel, Marthe y Dumaret, Annick Camille, *Que sont-ils devenus?*, Érès, 1995.

— Cramer, Bertrand, «Ceux qui s'en sortent», en *Que deviendront nos bébés?*, Odile Jacob, 1999.

— Crocq, Louis, *Les Traumatismes psychiques de guerre*, Odile Jacob, 1999.

— Cyrulnik, Boris (comp.), *Ces enfants qui tiennent le coup*, Hommes et perspectives, 1998.

— Cyrulnik, Boris, *Un merveilleux malheur*, Odile Jacob, 1999.

— David, Miriam, *Le Placement familial*, ESF, 1989.

— Dayan, Maurice, *Trauma et devenir psychique*, PUF, 1995.

— De Baecque, Antoine y Toubiana, Serge, *François Truffaut*, Gallimard, 1996.

— Duperey, Anny, *Le Voile noir*, Seuil, 1992.

— Enjolet, Catherine, *Princesse d'ailleurs*, Phébus, 1997.

— Fabre, Nicole, *Blessures d'enfances. Les dire, les comprendre, les dépasser*, Albin Michel, 1999.

— Fischer, Gustave-Nicolas, *Le Ressort invisible*, Seuil, 1994.

— Fortin, Laurier y Bigras, Marc, «La résilience des enfants: facteurs de risque, de protection et modèles théoriques», «*Pratiques psychologiques*», nº 1, págs. 49-63, 2000.

— Frank, Anne, *Journal*, texto íntegro de la edición definitiva establecida por Otto H. Frank y Mirjam Pressler, Calmann-Lévy, Le Livre de poche, [1947], 1992. [Hay traducción española: *Diario de Ana Frank*, Barcelona, Plaza & Janés, 1990.]

— Gannagé, Myrna, «L'enfant et la guerre: quelle protection?», «*Psychologie française*», números 42-43, págs. 237-242, 1997.

— Gannagé, Myrna, *L'Enfant, les parents et la guerre. Une étude clinique au Liban*, ESF, 1999.

— Gaulejac, Vincent de, *L'Histoire en héritage*, Desclée de Brouwer, 1999.

— Genet, Jean, *Journal du voleur*, Gallimard, 1949. [Hay traducción española : *Diario del ladrón*, Madrid, Debate, 1994.]

— Guénard, Tim, *Plus fort que la haine*, Presses de la Renaissance, 1999.

— Gruyer, Frédérique; Fadier-Nisse, Martine y Sabourin, Pierre, *La Violence impensable*, Nathan, 1991.

— Habimana, Emmanuel; Ethier, Louise; Petot, Djaouida y Tousignant, Michel, *Psychopathologie de l'enfant et de l'adolescent*, Gaétan Morin, 1999.

— Hallit-Balabane, Aïda, «L'écriture du trauma» en los *Récits de la Kolyma* de Varlam Chalamov, L'Harmattan, 1999.

— Halperin, Daniel; Bouvier, Paul y Rey-Wicky, Hélène, «À contre-cœur, à contre-corps», «*Médecine et Hygiène*», 1997.

— Haynal, André, *Dépression et créativité*, Césura, 1987.

— Herbaut, Clotilde y Wallet, Jean-William, *Des sociétés, des enfants*, L'Harmattan, 1996.

— Hiegel, Jean-Pierre y Hiegel-Landrac, Colette, *Vivre et revivre au camp de Kholo I Pang*, Fayard, 1996.

— Houballah, Adman, *Destin du traumatisme*, Hachette, 1998.

— Houde, Renée, *Les Temps de la vie*, Gaétan Morin, 1999.

— Ionescu, Serban; Jacquet, Marie-Madeleine y Lhote, Claude, *Les Mécanismes de défense*, Nathan, 1997.

— Juliet, Charles, *L'Inattendu*, POL, 1992.

— Kreisler, Léon, «La résilience mise en spirale», «*Spirale*», n° 1, págs. 162-165, 1996.

— Lahaye, Jean-Luc, *Cent familles*, Carrère, 1987.

— Lani-Bayle, Martine, *L'Enfant et son histoire*, Érès, 1999.

— Levi, Primo, *Si c'est un homme*, Julliard, 1987. [Hay traducción española : *Si esto es un hombre*, Barcelona, Muchnik, 1998.]

— Lewendel, Isaac, *Un hiver en Provence*, L'aube, 1996.

— Loutre du Pasquier, Nathalie, *Devenir des enfants abandonnés. Le Tissage du lien*, PUF, 1981.

— Manciaux, Michel y Tomkiewicz, Stanislas, «La résilience aujourd'hui», en Marceline Gabel, François Jésu y Michel Manciaux, «*Bientraitances, mieux traiter familles et professionnels*», págs. 313-340, Fleurus, 2000.

— Manciaux, Michel, «La Résilience: concept et action», «*Médecine et Hygiène*», Ginebra, 2001.

— Maqueda, Francis (comp.), *Traumatismes de guerre*, Hommes et perspectives, 1999.

— Michaud, Pierre-André, «La résilience: un regard neuf sur les soins et la prévention», «*Archives pédiatriques*», n° 6, págs. 827-831, 1999.

— Miller, Alice, *C'est pour ton bien*, Aubier, 1984.

— Miller, Alice, *Chemins de vie*, Flammarion, 1998.

— Molénat, Françoise, *Mères vulnérables*, Stock, 1992.

— Moscovici, Serge, *Chronique des années égarées*, Stock, 1997.

— Muxel, Anne, *Individu et mémoire familiale*, Nathan, 1996.

— Perec, Georges, *W ou le souvenir d'enfance*, Denoël, 1975. [Hay traducción española : *W o el recuerdo de la infancia*, Barcelona, Península, 1987.]

— Petit, Michel; Lalou-Moatti, Monique y Clervoy, Pierre, «Santé mentale. Risque. Vulnérabilité. Ressources», en Serge Lebovici, René Diatkine y Michel Soulé, «*Nouveau Traité de psychiatrie de l'enfant et de l'adolescent*», tomo 4, págs. 3041-3046, PUF «Quadrige», 1999.

— Poilpot, Marie-Paule (comp.), *Souffrir mais se construire*, Fondation pour l'enfance, Érès, 1999.

— Pourtois, Jean-Pierre (comp.), *Blessure d'enfant*, Universidad De Bœck, 1995.

— Pourtois, Jean-Pierre y Desmet, Huguette, *Relation familiale et résilience*, L'Harmattan, 2000.

— Remond, Jean-Daniel, *Une mère silencieuse*, Seuil, 1999.

— Rivolier, Jean, *Facteurs humains et situations extrêmes*, Masson, 1992.

— Roy, Bruno, *Mémoire d'asile*, Boréal, 1994.

— Rutter, Michael y Sadlier, Karen, «L'enfant et la résilience», «*Le Journal des psychologues*», n° 162, págs. 46-49, 1998.

— S. A., «La création comme processus de transformation», revista «*Art et Thérapie*», números 56-57, s. l., junio de 1996.

— S. A., «Travail de mémoire 1914-1998», revista «*Autrement*», n° 54, s. l., 1999.

— S. A., «Créativité et psychiatrie», revista «*Confrontations psychiatriques*», n° 34, s. l.,1993.

— S. A., «Résilience: facteurs propes à l'enfant», revista «*Devenir*», vol. 12, n° 2, s. l., 2000.

— S. A., «Histoire de vie», revista «*Le Groupe familial*», n° 126, s. l., enero-marzo de 1990.

— S. A., «Mémoires de vies et identités», revista «*Le Groupe familial*», n° 147, s. l., abril-junio de 1995.

— S. A., «Bien-être subjectif et facteurs de protection», revista «*Pratiques psychologiques*», L'Esprit du temps, s. l., 2000-2001.

— Saint-André (comp.), «Parents en souffrances - Répercussions sur les liens précoces», «*Prisme*», vol. 6, n° 1, 1996.

— Sartre, Jean-Paul, *Saint Genet, comédien et martyr*, Gallimard, 1952.

— Sartre, Jean-Paul, *Les Mots*, Gallimard, 1964. [Hay traducción española : *Las palabras*, Barcelona, Círculo de Lectores, 2000.]

— Schaffer, Herbert, *La Psychologie d'Adler*, Masson, 1976.

— Semprun, Jorge, *L'Écriture ou la vie*, Gallimard, 1994. [Hay traducción española : *La escritura o la vida*, Barcelona, Tusquets, 1997.]

— Shengold, Léonard, *Meurtre d'âme*, Calmann-Lévy, 1998.

— Snyders, Jean-Claude, *Paroles perdues*, Buchet-Chastel, 1999.

— Spitz, René, *La Première Année de la vie de l'enfant*, prefacio de Anna Freud, PUF, 1963. [Hay traducción española : *El primer año de la vida del niño*, Madrid, Aguilar-Santillana, 1993.]

— Tellier, Anne, *Expériences traumatiques et écritures*, Anthropos, 1998.

— Todorov, Tzvetan, *Face à l'extrême*, Seuil, 1994.

— Thomas, R. Murray y Michel, Claudine, *Théories du développement de l'enfant*, Universidad De Bœck, 1994.

— Tolstoi, León, *Jeunesse. Souvenirs*, Gallimard, 1961. [Hay traducción española : *Memorias. Infancia, adolescencia y juventud*, Barcelona, Juventud, 1986.]

— Tomkiewicz, Stanislas, «L'enfant et la guerre», «*Forum mondial de la santé*», vol. 18, págs. 309-318, 1997.

— Tomkiewicz, Stanislas, *L'Adolescence volée*, París, Calmann-Lévy, 1999.

— Vanistendael, Stephan, «La résilience ou le réalisme de l'espérance. Blessé mais pas vaincu», «*Les cahiers du BICE*», 1996.

— Vanistendael, Stephan y Lecomte, Jacques, *Le Bonheur est toujours possible*, Bayard, 2000.

— Vila, Gilbert; Porche, Luc Michel y Mouren-Simeoni, Marie-Christine, *L'Enfant victime d'agression*, Masson, 1999.

— Zaltzman, Nathalie (comp.), *La Résistance de l'humain*, PUF, 1999.

Notas

Introducción

1. Barbara, *Mon enfance* (canción), 1968.
2. Barbara, *Paris-Match*, 21 de diciembre de 1964, tomado de Belfond J.-D., *Barbara l'ensorceleuse*, Christian Pirot, 2000.
3. Sartre, J.-P., *Saint Genet. Comédien et martyr*, págs. 12-13, Gallimard, 1952.
4. Castillo, M. del, *De père français*, pág. 12, Fayard, 1998.
5. *Ibid.*, pág. 22.
6. Fischer, G.-Nº, *Le Ressort invisible. Vivre l'extrême*, pág. 185, Seuil, 1994.
7. Freud, A., *Le Moi et les mécanismes de défense*, PUF, 1936. [Hay traducción española : *El Yo y los mecanismos de defensa*, Barcelona, Paidós, 1999.]
8. La planche, J., Pontalis, J.-B., *Vocabulaire de la psychanalyse*, pág. 109, PUF, 1973.
9. Chalamov, V., *Correspondance avec Pasternak et Souvenirs*, pág. 183, Gallimard, 1991, en Fischer, G.-N., *Le Ressort invisible, op. cit.*
10. Barbara, *Mon enfance* (canción), 1968.
11. Belfond, J.-D., *Barbara l'ensorceleuse, op. cit.*, pág. 15.
12. Barbara, *Il était un piano noir*, Fayard, 1998.
13. Parafraseado de varias canciones de Barbara.
14. Belfond, J.-D., *Barbara l'ensorceleuse, op. cit.*
15. Mead, M., «L'attachement chez l'enfant. Quelques notions à mettre en evidence», en Lebovici, S. y Lamour, M., *Le Carnet psy*, págs. 21-24, s. l., octubre de 1999, [1948].
16. Miller, A., *C'est pour ton bien. Racines de la violence dans l'éducation de l'enfant*, Aubier, s. l., 1983.
17. Strauss, P. y Manciaux, M., *L'Enfant maltraité*, Fleurus, s. l., 1993.
18. Lemay, M., «Réflexions sur la résilience», en Poilpot, M.-P. (comp.), *Souffrir mais se construire*, págs. 83-105, Érès, s. l., 1999.
19. *Ibid.*
20. Houde, R., *Le Temps de la vie. Le Développement psychosocial de l'adulte*, Gaétan Morin, s. l., 1999.

21. Fontaine, R., «Une approche "vie entière"», «*Le Journal des psychologues*», n° 178, págs. 32-34, s. l., junio de 2000.
22. Bowlby, J., «L'avènement de la psychiatrie développementale a sonné», «*Devenir*», vol. 4, n° 4, pág. 21, s. l., 1992.

Capítulo 1

1. Twain, M., «Letters from Earth. What is Man, and Other Philosophical Writings», en Lieberman, A., *La Vie émotionnelle du tout-petit*, Odile Jacob, pág. 70, 1997.
2. Pichot, P., «Temperament», en Pélicier Y., Brenot, P., *Les Objets de la psychiatrie*, L'Esprit du temps, págs. 611-612, 1997.
3. Sournia J.-C., *Histoire de la médecine et des médecins*, Larousse, pág. 34, 1991.
4. Alexander F. G., Selesnick, S. T., *Histoire de la psychiatrie*, Armand Colin, pág. 40, 1972. [Hay traducción española: *Historia de la psiquiatría*, Barcelona, Espaxs, 1970.]
5. *Ibid.*, pág. 127.
6. *Ibid.*, pág. 131.
7. Thomas A., Chess, S., Birch, H., *Temperament and Behavior Disorders in Children*, New York University Press, 1968.
8. *Temperament*: – según *The Oxford Guide to the English Language*: «naturaleza de la persona, en relación con el modo en que controla su conducta».
   – Según Oxford Advanced Learners: «naturaleza de la persona, en relación a cómo afecta el modo en que piensa, siente y se conduce».
   Pese a que, en el lenguaje corriente:
   – Según Harrap's: *Temperament* = humor; *Temperamental* = caprichoso; *To be in a temper* = montar en cólera.
   – Según Collins: «Disposición de la persona; manifestar un humor cambiante; ser excéntrico y poco digno de confianza»; *Disposition* = «deseo o tendencia a hacer algo».
9. Stern, D., *Le Monde interpersonnel du nourrison: une perspective psychanalytique et développementale*, PUF, 1989.
10. Mayr, E., «Cause and Effect in Biology», «*Science*» n° 134, págs. 1501-1506, 1961.
11. Atlan, H., *La fin du «tout génétique», vers de nouveaux paradigmes en biologie*, INRA Éditions, pág. 24, 1999.
12. Conjunto de moléculas muy simples de proteínas que constituyen los cromosomas y cuyas diversas secuencias determinan la transmisión de la herencia.
13. Plomin, R., Defries, J., Mc Clearn, G., Rutter, M., *Des gènes au comportement. Introduction à la génétique comportementale*, Universidad De Bœck, s. l., 1999.
14. Antonarakis, S. E., 1998, «10 Years of Genomics, Chromosome 21, and Down Syndrom», «*Genomics*», n° 51, págs. 1-16, 1 de julio de 1998.

15. Waal, F., *Le Bon Singe*, Bayard, págs. 66-67, 1997.

16. Salomon, J.-J., *Survivre à la Science – Une certaine idée du futur*, Albin Michel, pág. 248, 1999.

17. Sendrail, M., (comp.), *Histoire culturelle de la maladie*, Privat, pág. 21, 1980. [Hay traducción española : *Historia cultural de la enfermedad*, Barcelona, Espasa-Calpe, 1983.]

18. Nelli, R., *L'Érotique des troubadours*, Privat, 1963.

19. Sendrail, M., (comp.), *Histoire culturelle de la maladie*, op. cit., pág. 228.

20. *Ibid.*, pág. 324.

21. Gauvain-Picard A., Meinier, M., *La Douleur de l'enfant*, Calmann-Lévy, 1993.

22. Annequin, D., «Le paradoxe français de la codéine, et Bibliographie sur la douleur des nouveau-nés», en «*La Lettre de PERIADOL*», n° 4, noviembre de 1997.

23. Instituto nacional galo de investigación agrícola.

24. Daru, M.-P., *Collège méditerranéen des libertés*, Toulon, 1999.

25. Soulé, M., en *Les Différences à la naissance*, Journées Cohen-Solal, J., París, 6 de junio de 1998.

26. Freud, S., *Inhibition, symptôme et angoisse*, PUF, 1926. [Hay traducción española : *Inhibición, síntoma y angustia*, Barcelona, Orbis, 1988.]

27. Soulé, M., «La vie du fœtus, son étude pour comprendre la psychopathologie périnatale et les prémices de la psychosomatique», *Psychiatrie de l'enfant*, XLII, 1, págs. 27-69, 1999.

28. Lecanuet J.-P., «L'éveil des sens», «*Science et vie hors série*», n° 190, págs. 124-131, marzo de 1995.

29. Schaal, B., «Discontinuité natale et continuité chimio-sensorielle: modèles animaux et hypothèses pour l'Homme», en «*Éthologie et naissance*», SPPO (Sociedad de profilaxis obstétrica), n° 109, mayo de 1985.

30. Cyrulnik, B., *Sous le signe du lien*, Hachette, 1989.

31. Item: secuencia de comportamiento definida en un contexto dado.

32. Morville, V., Pantaleo, N. y Lebert, C., *Observation du comportement fœtal dans les derniers mois de la grossesse*, Diploma universitario de etología, Toulon, Var, junio de 1999.

33. Groome, Lynn, J., «Motor Responsivity during Habituation testing of Normal Human Fetuses», «*J. Perinal. Med.*», n° 23, págs. 159-166, 1995.

34. Rufo, M., *Œdipe toi-même*, Anne Carrière, 2000.

35. Spitz, R., *La Première Année de la vie de l'enfant (Genèse des premières relations objectales)*, PUF, págs. 14-15, 1958.

36. Spitz, R., «La cavité primitive», «*Revue française de psychanalyse*», n° XXII, 1959.

37. D'Elia, A., Pighetti, M., Accardo, C., Minale, M. y Di Meo, P., «Stati comportamentali. Studio in utero», «*Minerva Ginecol.*», n° 49, págs. 85-88, 1997.

38. Baddeley, A., *La Mémoire humaine. Théorie et pratique*, Presses universitaires de Grenoble, págs. 22-47, 1993. [Hay traducción española: *Memoria humana*.

Teoría y práctica, Aravaca, McGraw-Hill / Interamericana de España, 1998.]

39. Marchal, G. y Resplandin, M.-J., *Acquisition de compétences de recherche d'apaisement chez les bebés prématurés placés en couveuse*, Diploma universitario de etología, Toulon, Var, 1999.

40. Bydlowsky, M., *Existe-t-il des corrélations entre les «contenus psychiques» de la femme enceinte et l'état psycho-comportemental du nouveau-né?*, Journées Cohen-Solal, J., París, 6 de junio de 1998.

41. *Ibid.*

42. Freud, S., *Trois Essais sur la théorie de la sexualité*, Gallimard Idées, [1905], 1962. [Hay traducción española: *Tres ensayos sobre teoría sexual*, Madrid, Alianza, 1995.]

43. Thomas, A., Chess, S. y Birch, H. G., *Temperament and Behaviour Disorders in Children*, New York University Press, 1968.

44. Lieberman, A., *La Vie émotionnelle du tout-petit*, Odile Jacob, págs. 72-77, 1997.

45. Kagan, J., «Overview: Perspectives on Human Infancy», en Osofsky, J. D., (comp.), *Handbook of Infant Development*, Nueva York, Wisey, 1979.

46. Allegri, R., *La Véritable Histoire de Maria Callas*, Belfond, 1995.

47. Fivaz-Depeursinge, E. y Corboz-Warnery, A., *The Primary Triangle. A Developmental Systems View of Mothers, Fathers, and Infants*, Basic Behavioural Science, Basic Books, Nueva York, págs. 33-53, 1999.

48. *Ibid.*, pág. 36.

49. Power, T. G., Hildebrandt, K. A. y Fitzgerald, H. E., «Adult's Responses to infant Varying Facial Expressions and Perceived Attractiveness», «*Infant Behaviour and Development*», n° 5, págs. 33-40, 1982.

50. Pelissolo, A., «Utilisation du questionnaire de personnalité», TCI, «*Act. Méd. Int. Psychiatrie*», n° 17, págs. 15-18, 2000.

51. Bowlby, J., «Attachment and loss», «*Attachment*», vol. 1, Basic Books, Nueva York, 1969.

52. Bretherton, I., «The Origins of Attachment Theory: John Bowlby and Mary Ainsworth», «*Developmental Psychology*», n° 28, págs. 759-775, 1992.

53. Zazzo, R., *L'attachement. Colloque imaginaire*, Delachaux et Niestlé, 1979.

54. Parent, S. y Saucier, J.-F., «La théorie de l'attachement», en Habimana, E., Etheir, L. S., Petot, D. y Tousignant, M., *Psychopathologie de l'enfant et de l'adolescent*, pág. 36, Gaétan Morin, Montreal, 1999.

55. Ainsworth, M. D. S., *Infancy in Uganda: Infant Care and the growth of Love*, Johns Hopkins Press, Baltimore, 1967.

56. Sroufe, L. A., «Attachment Classification from the Perspective of Infant-Caregiver Relationship and Infant Temperament», «*Child Development*», n° 56, págs. 1-14, 1985.

57. Esta es una observación fundamental realizada por Mary Ainsworth, modificada y adaptada por Main, M. en «Introduction to the Special Section on Attachment and Psychopathology: Overview of the Field of Attachment», «*Journal of Consulting on Clinical Psychology*», n° 64, págs. 237-245, 1996.

58. Utilizar la expresión «vínculo que proporciona seguridad» significaría que el hecho de amar genera seguridad, lo que no siempre es cierto. Sin embargo, la expresión «vínculo protector» permite indicar que el hecho de establecer un vínculo da fuerzas para alejarse. De este modo, la figura de vínculo asume la función de una base de seguridad.

59. El total alcanza la cifra del 105% debido a que las categorías son de carácter descriptivo y no de carácter matemático. Por consiguiente, existen zonas limítrofes superpuestas en esta descripción inspirada en los trabajos de M. Ainsworth.

60. Munnich, A., *La Rage d'espérer*, Plon, 1999.

61. Teti, D., Gelfand, D. M., Messinger D. S. e Isabella, R., «Maternel Depression and the Quality of Early Attachment: An Examination of Infants, Prescholars and their Mothers», «*Developmental Psychology*», n° 31, págs. 364-376, 1995.

62. Tourette, C., «Apprendre le monde etcétera apprendre à en parler», en *Accéder au(x) langage(s)*, Lyon, 24 de noviembre de 2000.

63. Main, M., «De l'attachement à la pychopathologie», en «*Enfance*», n° 3, PUF, s. f.

64. Main, M., Kaplan, N. y Cassidy J., «Security in Infancy, Childhood and Adulthood: A Move to the Level of Representation», en Bretherton, I. y Waters, E., (comps.), «*Growing Points of Attachment, Theory and Research. Monographies of the Society for Research in Child Development*», 50, 1-2, n° 209, 1985.

65. La prueba ideada por Mary Ainsworth se expone en las páginas 74 a 77.

66. Tronik, E. Z., «Emotions and Emotional Communications in Infants», «*American Psychologist*», n° 44, págs. 112-119, 1989.

67. Van IJzendoorn, M. H., «Adult Attachment Representation, Parental Responsiveness, and Infant Attachment: A Meta-analysis on the Predictive Validity of the Adult Attachment Interview», «*Psychological Bulletin*», n° 117, págs. 387-403, 1995.

68. Parent, S. y Saucier, J.-F., «La théorie de l'attachement», en Habimana, E., Ethier, L. S., Petot, D. y Tousignant, M., *Psychopathologie de l'enfant et de l'adolescent, op. cit.*, pág. 41.

69. Fivaz-Depeursinge, E. y Corboz-Warnery, A., *The Primary Triangle. A Developmental Systems View of Mothers, Fathers, and Infants, op. cit.*

70. Van IJzendoorn, M. H., *op. cit.*

71. Belsky, J. e Isabella, R., «Maternal, Infant, and Social-Contextual Determinants of Attachment Security», en: Belsky, J. y Nezworski, T., (comps.), *Clinical Implications of Attachment*, Hillsdale, Nueva Jersey, págs. 41-94, 1988.

72. Lecamus, J., *Le Vrai Rôle du père*, Odile Jacob, 2000.

73. Owens, G., Crowell, J. A., Pan, H., Treboux, D., O'Connor, E. y Waters, E., «The Prototype Hypothesis and the Origins of Attachment Working Models: Adults Relationships with Parents and Romantic Partners», «*Monographies of the Society for Research in Child Development*», 60, 2-3, n° 244, 1995.

74. Zazzo, R., *Le paradoxe des jumeaux*, Stock-Laurence Pernoud, 1984.

75. Josse, D. y Robin, M., «La prénomination des jumeaux: effet de couple, effet de mode?», «*Enfance*», tomo 44, n° 3, págs. 251-261, 1990.

76. Villalobos, M. E., *Interactions précoces entre la mère et ses bébés jumeaux*, Universidad del Valle, Cali, Colombia, cinta de vídeo VHS del Hospital de Toulon, La Seyne, septiembre de 1997.

77. Delude, D., *Effet de sourire simulé du nourrisson de trois mois sur les comportements maternels*, Gaétan Morin, 1981.

78. Leroy, F., *Les Jumeaux dans tous leurs états*, Universidad de Bœck, pág. 221, 1995.

79. Stern, D., *Le monde interpersonel du nourrisson, op. cit.*, 1989.

80. Golse, B., «Le concept transgénérationnel», «*Bulletin WAIMH*», vol. 2, n° 1, 1995.

81. *Ibid.*

82. Cyrulnik, B., Alameda, A., Robichez-Dispa, A., «Rites et biologie. La ritualisation des comportements de bouche», «*Dialogue*», n° 127, 1995.

83. Robichez-Dispa, A., «Observation éthologique comparée du geste de pointer du doigt chez des enfants normaux et des enfants psychotiques», «*Neuro-psychiatrie de l'enfance*», XL, n° 5-6, págs. 292-299, 1992.

84. Jouanjean-L'Antoëne, A., *Genèse de la communication entre deux jumelles (11-24 mois) et leurs parents: approche éthologique, différentielle et causale*, Thèse de doctorat ès sciences, Universidad de Rennes-I, 1994.

85. Zazzo, R., *Reflets de miroir et autres doubles*, PUF, pág. 120, 1993.

86. Jouanjean, A., *op. cit.*, y Boisson-Bardies, B. de, *Comment la parole vient aux enfants*, Odile Jacob, pág. 132, 1996.

87. Leslie, A. M., «Pretense and Representation: the Origins of «Theory of Mind», «*Psychological Review*», n° 94, págs. 412-442, 1987.

88. Schatzman, E., *L'Outil théorie*, Eshel, 1992.

89. Trevarthen, C., Hublez, P. y Sheeran, L., «Les activités innées du nourrisson», «*La Recherche*», n° 56, págs. 447-458, 1975.

90. Baudonnière, P. M., «L'imitation aux origines de la culture», «*Le Journal des psychologues*», n° 176, págs. 16-19, abril de 2000.

91. Barbu, S. y Jouanjean-L'Antoëne, A., «Multimodalité de la communication dans les relations préférentielles entre enfants à l'école maternelle», en Santi, S., Guaïtella, I., Cavé, C. y Konopczinski, G., (comp.), *Oralité et gestualité – Communication modale, interaction*, L'Harmattan, págs. 655-660, 1998.

92. La Frenière, P., Strayer, F. F. y Gauthier, R., «The Emergence of Same-sex Affiliative Preferences Among Preschool Peers: a Developmental-ethological Perspective», «*Child Development*», n° 55, págs. 1958-1965, 1984.

93. Mac Cabe, A. y Lipscomb, T. J., «Sex Differences in Children's Verbal Agression», «*Merill-Palmer Quarterly*», 34, 4, págs. 389-401.

94. Zack, M. y Brill, B., «Comment les mères françaises et bambaras du Mali se représentent-elles le développement de leur enfant?», en Retschitzky, J., Bossel-Lagos, M. y Dasen, P., «*La Recherche interculturelle*», L'Harmattan, tomo II, pág. 8, 1989.

95. Kagan, J., «Overview: Perspectives on Human Infancy», en Osofsky J. D., (comp.), *Hand Book of Infant Development*, Wiley, Nueva York, 1979.

96. Devereux, G., «Mohave Voice and Speech Mannerism», «*Word*», n° 5, págs. 268-272, 1949.

97. Freud, S., *Le Mot d'esprit et ses rapports avec l'inconscient*, Gallimard, pág. 129, [1905], 1969.

98. Szafran, A. W. y Nysenholc, A., (comps.), *Freud et le rire*, pág. 16, Métailié, s. l., 1994.

99. Vaniestendael, S., «Humour et résilience», en «*La Résilience – Le Réalisme de l'esperance*», coloquio de la Fundación para la infancia, s. l., 30 de mayo de 2000.

100. Hitchcock, A., *El hombre que sabía demasiado*, largometraje, 1956.

101. Stern, D., conferencia, recogida en Dugnat, M., *Les Interactions précoces*, Avignon, junio de 1997.

102. Aimard, P., *Les Bébés de l'humour*, Pierre Mardaga, pág. 333, s. l., 1988.

103. pág. 42.

104. Plomin, R., Fries, J. de, Mac Clearn, G., Rutter, M., *Des gènes au comportement*, Universidad De Bœck, pág. 147, 1999.

105. Dykens, E. M., Hodapp, R. M., Leckman, J. F., *Behaviour and Development in Fragile X Syndrom*, Londres, Sage, 1994.

106. Bonvin, F., Arheix, M., *Étude du comportement vocal et langagier dans le syndrome de WILLIAMS-BEUREN*, Diploma universitario de etología, Universidad de Toulon, Var, 1999.

107. Guillemard-Lagarenne, B., «Les stéréotypies son des "gestes communicatifs": l'organisation gestuelle d'un handicapé mental», en Santi, S., Guaïtella, I., Cavé, C., Konopczynski, G. (comps.), *Oralité et gestualité*, L'Harmattan, pág. 227, 1998 y aplicación práctica: Villalobos, M. E. y Savelli, B., hospital San Salvador, Hyères,1997.

108. Bowlby, J., *Attachment and Loss*, vol. 1, *Attachment*, Londres, Hogarth Press, 1969.

109. Parent, S., Saucier, J.-F., «La théorie de l'attachement», en Habimana, E., Ethier, L., Petot, D., Tousignant, M., *Psychopathologie de l'enfant et de l'adolescent*, Gaétan Morin, pág. 35, 1999.

110. Doré, F. Y., *L'Apprentissage - une approche psychoéthologique*, Stanké-Maloine, 1983.

111. Freud, A., Burlingham, D., «Monthley Report of the Hampstead Nurseries», en Hellman, I., *Des bébés de la guerre aux grand-mères*, PUF, pág. 4, 1994 [1941].

112. *Ibid*, pág. 49.

113. Baron-Cohen, S., Allen, J., Gilliberg, C., «Can Autism be Detected at 18 Months? The Needle, the Haystack and the CHAT», *British Journal of Psychiatry*, 161, págs. 839-843, 1992.

114. Murray, L., «The Impact of Post-natal Depression and Associated Adversity on Early Mother-infant Interactions and Later Infant Outcome», 1996. *Child*

Development, 67, págs. 2512-2526, en Sutter, A. L., «La dépression post-natale. Ses conséquences sur la relation mère-enfant», *Abstract Neuro-Psy*, n° 18, 1998.

115. Perard, D., Lazartigues, A., «Une mère dépressive et son nourrisson», *Psychiatries*, n° 86, págs. 43-49, 1989.

116. Tourette, C., *Apprendre le monde et apprendre à en parler*, Tercera jornada científica de la escuela de ortofonía de Lyon, 24 de noviembre de 2000.

117. Satto, T., «Received Parental Styles in a Japanese Sample of Depressive Disorders», *British Journal of Psychiatry*, 170, págs. 173-175, 1997.

118. Lamour, M., Gozlan-Lonchampt, A., Letronnier, P., Davidson, C., Lebovici, S., «De la microanalyse à la transmission familiale: des interactions triadiques père-mère-bébé à la triangulation intergénérationnelle», *Bulletin WAIMH*, vol. 4, n° 2, noviembre de 1997.

119. Lebovici, S., *À propos de la transmission intergénérationnelle: de la filiation à l'affiliation*, Alocución presidencial, Congreso WAIPAD, Chicago, 1992.

120. Spitz, R., (Prefacio de Anna Freud), *La Première Année de la vie de l'enfant (genèse des premières relations objectales)*, *op. cit.*, págs. 117-125, 1958.

121. Rutter, M., *Material Deprivation Reassessed*, Harmondsworth, Penguin, 1981.

122. Guedeney, A., «Dépression et retrait relationnel chez le jeune enfant: analyse critique de la littérature et propositions.», *La Psychiatrie de l'enfant*, 1, págs. 299-332, 1999.

123. Marcelli, D., «La dépression dans tous ses états: du nourrisson à l'adolescent», *Neuropsychiatrie de l'enfance et de l'adolescence*, 47, págs. 1-11, 1999.

124. Stein, A., «The Relationship Between Post-natal Depression, and Mother-child interaction», *British Journal of Psychiatry*, 158, págs. 46-52, 1991.

125. David, D., Appel, G., «Études des facteurs de carence affective dans une pouponnière», *Psychiatrie de l'enfant*, IV, 2, págs. 401-442, 1962.

126. Najman, J. M., «Social Psychiatry and Psychiatric Epidemiology», en *Abstract Psychiatry*, n° 214, abril de 2000.

127. Stork, H., «Les séparations mère-enfant», *Enfance*, n° 41.

128. Robertson, J., *Guide provisoire pour «Un enfant de deux ans va à l'hôpital»*, película científica, Londres, Clínica Tavistock, diciembre de 1952.

129. Pierrehumbert, B., Bettschart, W., Frascarolo, F., «L'observation des moments de séparation et de retrouvailles», *Dialogues*, n° 112, 1991.

130. Melhvish, E. C., «Étude du comportement socio-affectif à 18 mois en fonction du mode de garde, du sexe et du tempérament», en Cramber, B., (comp.), *Psychiatrie du bébé, nouvelles frontières*, Eshel, 1988.

131. Delage, M., «Vie du marin et sa famille. Quelques réflexions éco-systémiques», *Médecine et Armées*, 27, 1, págs. 49-54, 1999.

132. Sennet, R., *Le Travail sans qualité*, Albin Michel, 2000.

133. Kniebiehler, Y., *Conférence*, Relais Peiresc, Toulon, noviembre de 1991.

134. Mimouni, B., «Observation du comportement des enfants élevés dans des familles polygames», en *Réparer le lien social déchiré*, VII coloquio internacional sobre la resiliencia, Salon-de Provence, 26 de mayo de 2000.

135. Mimouni, B., *Devenir psychologique et socio-professionnel des enfants abandonnés à la naissance en Algérie*, Thèse de doctorat d'État, Université d'Oran Es-Senia, 1999.

136. Minkowski, A., *Souvenirs futurs*, Châteauvallon, abril de 1995.

137. Jacquet, F., Coloquio *Résilience*, Fundación para la infancia, Royaumont, 25-26 de octubre de 2000.

138. Stan, V., «Un lien nouveau: «défi ou déni» pour les bebés abandonnés» en *Réparer le lien déchiré, op. cit.*, 2000.

139. Capul, M., *Abandon et marginalité*, Privat, pág. 76, 1989.

140. Lecamus, J., *Le Vrai Rôle du père, op. cit.*, pág. 41.

141. Lecamus, J., «Le dialogue phasique: nouvelles perspectives dans l'étude des interactions père-bébé», *Neuropsychiatrie de l'enfance et de l'adolescence*, n° 43, págs. 53-65, 1995.

142. Lecamus, J., *op. cit.*, pág. 42.

143. Bourcois, V., *L'Influence du monde d'engagement du père sur le développement affectif et social du jeune enfant*, Tesis de psicología, Universidad de Toulouse, 1993.

144. Sairigné, G. de, *Retrouvailles. Quand le passé se conjugue au présent*, Fayard, 1995.

145. Lévy-Shiff, R., «The Effects of Father Absence on Young Children in Mother-headed families», *Child Development*, 53, págs. 1400-1405, 1982.

146. Petersen, F. A., «Does Research on Children Reared in Father-absent Families Yield Information on Father Influence?», *The Family Coordinator*, 25, págs. 459-464, 1976.

147. Castelain-Meunier, C., «Désenclaver la paternité», *Le Monde*, 16 de junio de 2000.

148. Massin, B., «De l'eugénisme à "l'opération euthanasie": 1890-1945», *La Recherche*, n° 227, vol. 21, pág. 1563, diciembre de 1990.

149. Testimonio de Mme. Lilly, enfermera, en Hillel, M., *Au nom de la race*, Fayard, pág. 58, 1975.

150. Rémond, J.-D., *Une mère silencieuse*, Seuil, 1999.

151. Spitz, R., *La Première Année de la vie de l'enfant*, PUF, pág. 120, 1958.

152. Hellman, I., *Des bébés de la guerre aux grand-mères*, PUF, 1994.

153. Mimouni, B., *Devenir psychologique et socioprofessionnel des enfants abandonnés à la naissance en Algérie*, Tesis de psicología Universidad de Oran Es-Senia, pág. 136, 1999.

154. Debono, K., «Les deuils dans l'enfance», *Abstract Neuro et Psy*, 15-30 de septiembre de 1997.

155. Mimouni, B., *op. cit.*, pág. 82.

156. Brazelton, B., *Trois bébés dans leur famille*, Stock, 1985.

157. Guénard, T., Testimonio en *La Résilience, le réalisme de l'espérance*, Coloquio Fundación para la infancia, París, 29-30 de mayo de 2000.

158. Debono, K., *op. cit.*

159. Lebovici, S., «À propos des effets lointains des séparations précoces», *Abstract Neuro et Psy*, n° 145, pág. 33, marzo-abril de 1996.

160. Erlenmeyer-Kimling, J., «Bilan des cinquante dernières années des études sur l'hérédité de l'intelligence», 1963, en Charpy, J.-P., *Évolutions*, Textos y Diálogos, pág. 102, 2000.

161. Roy, B., *Mémoire d'asile. La Tragédie des enfants de Duplesis*, Montreal, Boréal, pág. 71, 1994.

162. Bourgeois, J.-P., en Cohen-Solal, J., Evrard, P., Golse, B., Seminario Colegio de Francia, *Comment se fabrique un esprit humain*, 17 de junio de 2000.

163. Pomerleau, A., Malcuit, G., *L'Enfant et son environnement*, Quebec-Bruselas, Pierre Mardaga, págs. 157-158, 1983.

164. Murray, A. D., Dolby, R. M., Nation, R. L., Thomas, D. B., «Effects of Epidural Anesthesia on Newborns and their Mother», *Child Development*, 52, págs. 71-82, 1981.

165. Van Den Boom, D. C., «The Influence of Temperament and Mothering Attachment: Lawer-Class Mothers with Irritable Infant», *Child Development*, 65, págs. 1457-1477, 1992.

166. Roy, B., *Lettre à Pascale*, Roxboro, 23 de febrero de 2000.

Capítulo 2

1. Cioran, E. M., *Œuvres*, Gallimard, «Quarto», 1995.

2. Testimonio auténtico.

3. Golse, B., *Penser, parler, représenter*, Masson, pág. 150, 1990. [Hay traducción española: *Pensar, hablar, representar*, Barcelona, Masson, 1992.]

4. Léger, J. M., *Le Traumatisme psychique*, Masson, 1994.

5. Guénard, T., Témoignage, *Journées de la résilience*, Fondation pour l'enfance, París, 29-30 de mayo de 2000.

6. Ey, H., *Naissance de la médicine*, Masson, págs. 215-216, 1981.

7. Sendrail, P., *Histoire culturelle de la maladie*, Privat, pág. 228, 1980.

8. Tatossian, A., citando a Swain, G., *Conférence*, La Timone, Marsella, diciembre de 1987.

9. Stewart, S., «Trauma et réalité psychique», *Revue française de psychanalyse*, 4, págs. 957-958, 1991.

10. Ferreri, M., «Névrose traumatique ou état de stress post-traumatique: repères cliniques et aspects thérapeutiques», *L'Encéphale*, Sp VII, 7-4, págs. 2092-2002, 1996.

11. Vila, G., Porche, L. M., Mouren-Simeoni, M.-C., *L'Enfant victime d'agression*, Masson, pág. 13, 1999.

12. Apa, Definición de la American Psychiatric Association, *DSM IV*, 1994.

13. Ehrensaft, E., Kapur, M. y Tousignant, M., «Les enfants de la guerre et de la pauvreté dans le tiers-monde», en Habimana, E., Ethier, L. S., Petot, D. y Tou-

signant, M., *Psychopathologie de l'enfant et de l'adolescent, op. cit.*, págs. 641-657, 1999.

14. Sironi, F., *Bourreaux et victimes. Psychologie de la torture*, Odile Jacob, 1999.
15. Macksoud, M. S., Dyregrow, A., Raundalen, M., «Traumatic War Experiences and their Effects on Children», en Wilson, J. P., Raphaël, B. (comp.), *International Handbook of Traumatic stress Syndromes*, Nueva York, Plenum Press, págs. 625-633, 1993.
16. Brauner, A. y F., *J'ai dessiné la guerre*, Expansion scientifique française, 1991.
17. Fournier, J.-L., *Il n'a jamais tué personne, mon papa*, Stock, 1999.
18. Grumberg, J.-C., *L'Atelier*, teatro, 1991.
19. Duperey, A., *Le Voile noir*, Seuil, pág. 8, 1992.
20. Mghir, R., Freed, R., Raskin, W., Katon, W., «Depression and Post Traumatic Stress Disorder among a Community Sample of Adolescent and Young Adult Afghan Refugees», *The Journal of Nervous and Mental Disease*, 183 (1), págs. 24-30, 1995.
21. Hiegel, J., Coloquio *Les Évolutions*, Chateauvallon-Ollioules, 1989, y Hiegel, J.-P., Hiegel-Landrac, C., *Vivre et revivre au champ de Khao I Pang*, Fayard, 1996.
22. Bertrand, M., «Les traumatismes psychiques, pensée, mémoire, trace», en Doray, B., Louzun, C., *Les Traumatismes dans le psychisme et la culture*, Érès, pág. 45, 1997.
23. Bauer, C., *Fractures d'une vie*, Seuil, 1990.
24. Genet, J., *Journal du voleur*, Gallimard, pág. 9, pág. 13 y págs. 232-233, 1949.
25. Sartre, J.-P., *Saint Genet comédien et martyr*, Gallimard, 1952.
26. *Ibid.*, pág. 13.
27. Gannagé, M., *L'Enfant, les parents et la guerre. Un étude clinique au Liban*, editorial ESF, pág.18, 1999.
28. Klein, M., *Envie et gratitude et autres essais*, Gallimard, 1957.
29. Mazet, P., «Naissance et développement du sens éthique chez l'enfant. Du sentiment de respect à l'égard de soi au respect d'autrui», *Neuropsychiatrie de l'enfance et de l'adolescence*, 47 (12), págs. 525-534, 1999.
30. Sartre, J.-P., *Saint Genet comédien et martyr, op. cit.*, pág. 93.
31. Colmenares, M. E., Balegno, L., «Les enfants des rues à Cali (Los desplazados)», en Vannier, S., Cyrulnik, B., *Réparer le lien déchiré*, Salon-de-Provence, 26 de mayo de 2000.
32. Guénard, T., Témoignage en *La Résiliencie. Le Réalisme de l'espérance, op. cit.*, 2000.
33. Sartre, J.-P., *Saint Genet comédien et martyr, op. cit.*, pág. 17.
34. *Ibid.*
35. Favez, N., «Le développement des narrations autobiographiques chez le jeune enfant. Perspectives et revue de littérature», *Devenir*, volumen 12, n° 1, págs.63-76, 2000.
36. Peter, S., Wyatt, G., Finkelhor, D., «Prevalence», en ediciones Finkelhor, D., *A Source Book on Child Sexual Abuse*, Beverly Hills, CH Sage, págs. 15-59, 1986.

37. Ionescu, S., Jacquet, M.-M., Lhote, C., *Les Mécanismes de défense. Théorie et clinique*, Nathan Université, págs. 148-149, 1997.

38. Ferenczi, S. «Réflexions sur le traumatisme», en: Ferenczi, S., *Psychanalyse 4*, Payot, pág. 144, 1984, [1934].

39. Fozzard, S., *Surviving Violence. A Recovering Programme for Children and Families*, Oficina Internacional de Niños Católicos, Ginebra, 1995.

40. Bertrand, M., «Les traumatismes psychiques, pensée, mémoire, trace», en Doray, B., Louzun, C., *Les Traumatismes dans le psychisme et la culture, op. cit.*, pág. 42.

41. Ehrensaft, E., Kapur M. y Tousignant, M., «Les enfants de la guerre et de la pauvreté dans le tiers-monde», en Habimana, E., Ethier, L. S., Petot, D., y Tousignant, M., *Psychopathologie de l'enfant et de l'adolescent, op. cit.*, pág. 641, 1999.

42. Tomkiewicz, S., «L'enfant et la guerre», en Bertrand, M., *Les Enfants de la guerre et les violences civiles, op. cit.*, pág. 12, 1997, y Todorov, T., *Mémoire du Mal, passion du Bien*, Seuil, 2000.

43. Anglade, M., Pirot, D., Cyrulnyk, B., en Allain-Regnault, M., *Va-t'en la guerre*, emisión de la cadena de la televisión francesa France 2, 11 de noviembre de 1999.

44. Carey-Trezfer, C. J., «The Result of a Clinical Study of War-damaged Children who Attended the Child Guidance Clinic», The Hospital for Sick Children, Greet Ormond Street, Londres, *Journal of Mental Sciencie*, 95, págs. 335-599, 1949.

45. Baddoura, C., «Traverser la guerre», en ediciones Cyrulnik, B., *Ces enfants qui tiennent le coup*, Hommes et perspectives, pág. 811, 998.

46. Lebigot, R., 7° Entretien Science et Défense, en RIOU, S., «Le stress des soldats de la Paix», *Impact Médecin*, n° 307, 26 de enero de 1996.

47. Chneiweiss, L., «Les états de stress post-traumatiques», *Abstract Neuro-Psy*, n° 176, págs. 12-17, enero de 1998.

48. Harter, S., «Comprendre l'estime de soi de l'enfant et de l'adolescent. Considérations historiques, théoriques et méthodologiques», en Bolognini, M., Prêteur, Y., *Estime de soi*, Delachaux et Niestlé, pág. 63, 1998.

49. André, C., Lelord, F., *L'Estime de soi, op. cit.*, pág. 78, 1999.

50. Tomkiewicz, S., «(Résumé) L'enfant et la guerre», en Bertrand, M., *Les Enfants dans la guerre et les violences civiles, op. cit.*, págs. 28-29, 1997.

51. Gannagé, M., *L'Enfant, les parents et la guerre. Une étude clinique au Liban, op. cit.*, pág. 30, 1999.

52. Guénard, T., *Plus fort que la haine*, Presses de la Renaissance, pág. 269, 1999.

53. Barancira, S., «Aspects psychiatriques en situation de catastrophe au Burundi. La crise d'octobre 1993», en Bertrand, M., *Les Enfants dans la guerre et les violences civiles, op. cit.*, págs. 45 y 53, 1997.

54. Lebovici, S., Lamour, M., «L'attachement chez l'enfant. Quelques notions à mettre en évidence», *Le Carnet psy, op. cit.*, pág. 21.

55. Gannagé, M., *L'enfant, les parents et la guerre, op. cit.*
56. Le Goff, J.-F., *L'Enfant parent de ses parents*, L'Harmattan, 2000.
57. Matignon, K. L., *Sans les animaux le monde ne serait pas humain*, Albin Michel, 2000.
58. Laplanche, J., Pontalis, J.-B., *Vocabulaire de la psychanalyse, op. cit.*, pág. 23, 1967. [Hay traducción española: *Diccionario de psicoanálisis*, Barcelona, Paidós, 1996.]
59. Gannagé, M., *op.cit.*, pág. 74.
60. Girard, R., *Des choses cachées depuis la fondation du monde*, Grasset, 1980.
61. Gruel, L., *Pardons et châtiments*, Nathan, págs. 64-66, 1991.
62. Benedeck, E., «Children and Psychic Trauma», en Eth, S., Pynoos, R., *PTSD in Children*, American Psychiatric Press, Washington DC, 1985.
63. Wright, J., Lussier, Y., Sabourin, S., Perron, A., «L'abus sexuel à l'endroit des enfants», en Habimana, E., Ethier, L.S., Petot, D. y Tousignant, M., *Psychopathologie de l'enfant et de l'adolescent, op. cit.*, pág. 616, 1999.
64. Finkelhor, D., «Current Information on the Scope and Nature of Child Sexual Abuse», *The Future of Children*, 4 (2), pág. 31, 1994.
65. Wright, J., Lussier, Y., Sabourin, S., Perron, A., «L'abus sexuel à l'endroit des enfants», en Habimana, E., Ethier, L. S., Petot, D. y Tousignant, M., *Psychopathologie de l'enfant et de l'adolescent, op. cit.*, pág. 620, 1999.
66. Finkelhor, D., «Current Information on the Scope and Nature of Child Sexual Abuse», *The Future of Children, op. cit.*, pág. 31, 1994.
67. Wright, J., Sabourin, S., Lussier, Y., Cyr, M., Thérrault, C., Perron, A., Lebeau, T., «Recent Developments in the Evaluation and Treatment of Child Sexual Abuse in Quebec», *Symposium of Child Sexual Abuse*, XXVI Congreso internacional de psicología, Montréal, Québec, 1996.
68. Valentine, L. N., Feinauer, L. L., «Resilience Factors Associated with Female Survivors of Childhood Sexual Abuse», *The American Journal of Family Therapy*, volumen 21, n°3, págs. 216-224, 1993.
69. Rutter, M., «Psychosocial Resilience and Protective Mechanisms», en Rolf, I., Masten, A. S., Cicchetti, D., Nuechterlein, K. H., Weintraub, S., *Risk and Protective Factors in the Development of Psychopathology*, Cambridge University Press, pág. 185, 1990.
70. Gil, E., Johnson, T., *Sexualized Children: Assessment and Treatment of Sexualized Children and Children who Molest*, Rockville Md, Launch Press, 1994.
71. Dayan, M., (dir.), *Trauma et devenir psychique*, PUF, pág. 108, 1995.
72. Freden, L., *Aspects psycho-sociaux de la dépression*, Bruselas, Pierre Mardaga, 1982.
73. Ferenczi, S., «Réflexions sur le traumatisme», en S. Ferenczi, *Psychanalyse*, Payot, tomo 4, pág. 134, 1934.
74. *Ibid*, pág. 141.
75. Lavie, P., *Le Monde du sommeil*, Odile Jacob, pág. 164, 1998.
76. *Ibid*, pág. 104.

77. Hartmann, E., *Dreams and Nightmares*, Nueva York, Plenum Press, pág. 7, 1998.

78. Metraux, J.-C., «Au temps du silence la nosographie reste muette», en Maqueda, F., *Traumatismes de guerre*, Hommes et perspectives, 1999.

79. Freud, S., «Au-delà du principe de plaisir», en *Essais de psychanalyse*, Payot, [1920], 1951.

80. Lavie, P., *op. cit.*

81. Ionescu, S., Jacquet, M.-M., Lhote, C., *Les Mécanismes de défense. Théorie et clinique, op. cit.*, pág. 167.

82. Dagan, Y., Lavie, P., Bleich, A., «Elevated Awakening Thresholds in Sleep Stage 3-4 in War-related Post Traumatic Stress Disorder», *Biological Psychiatry*, nº 30, págs. 618-622, 1991.

83. Crémieux, R., Sulivan, P., *La Traîne-sauvage*, Flammarion, págs. 99-100, 1999.

84. Crémieux, R., Testimonio en la emisión *Le Cercle de minuit*, 8 de junio de 1999.

85. Crémieux, R., *op. cit.*, pág. 107.

86. Lakoff, G., «How Metaphor Structures Dreams», en: Ortony, A., (comp.), *Metaphor and Thought*, Cambridge University Press, 1993.

87. Saredi, R., Baylor, G., Meier, B., Strauch, I., «Current Concerns and REM-dreams: A Laboratory Study of Dreams Incubation», *Dreaming, 7*, pág. 3, 1997.

88. Hartmann, E., *Dreams and Nightmares, op. cit.*, pág. 18.

89. Hersou, L., «Stress et développement de l'identité et de la parentalité: problèmes soulevés par la clinique et la recherche», en: Anthony, E. J., Chiland, C., *L'Enfant dans sa famille. Le Développement en péril*, PUF, pág. 35, 1992.

90. Legendre, P., *La 901e Conclusion. Étude sur le théâtre de la Raison*, Fayard, pág. 251, 1998.

91. Picoche, J., *Dictionnaire étymologique du français*, Robert, «Les Usuels», 1995.

92. Blixen, K., citada por Saint-Angel, E. de, «Un songe en hiver», *Télé Obs*, pág. 3, noviembre de 1999.

93. Cioran, E. M., *Cioran*, Gallimard, «Quarto», pág. 22, 1995.

94. Winnicott, D. W., «Objets transitionnels et phénomènes transitionnels. Une étude de la première possession du "non-moi"», en *De la pédiatrie à la psychanalyse*, Payot, págs. 109-125, 1969 [1951].

95. Haynal, A., *Dépression et créativité. Le Sens du désespoir*, Lyon, Cesura, pág. 154, 1987.

96. *Ibid.*, pág. 154.

97. Lacan, J., «Le stade du miroir comme formation de la fonction du «Je», telle qu'elle nous est révélée par l'expérience psychanalytique», en *Écrits*, Seuil, págs. 93-100, 1966 [1949].

98. Citado en: Haynal, A., *op. cit.*, pág. 157.

99. Burgelin, C., *Les Parties de dominos de M. Lefevre. Perec avec Freud. Perec contre Freud*, Circé, pág. 192, 1996.

100. Perec, G., *La Disparition*, Denoël-Gallimard, 1969.

101. Perec, G., *W ou le souvenir d'enfance*, Denoël-Gallimard, 1975.

102. Jamison, K. R., «Le feu de la création», *Nervure*, tomo VII, págs. 13-16, enero de 1994.

103. Anzieu, D., Mathieu, M., Besdine, M., *Psychanalyse du génie créateur*, Dunod, 1974.

104. Adler, A., *Le Tempérament nerveux. Éléments d'une psychologie individuelle et applications à la psychothérapie*, Payot, 1970.

105. Hume, C., *Pas si nuls que ça!* emisión de France 2, 2 de octubre de 1997.

106. Miolan, C., «Quand l'enfant abandonnique crée», *Le Journal des psychologues*, n° 95, pág. 50, marzo de 1992.

107. Jamison K. R., «Le feu de la création», *Nervure*, tomo VII, pág. 13-16, enero de 1994.

108. Andrasen, C., «Créativité, fonction cognitive et troubles de l'humeur», *Nervure, op. cit.*, pág. 18, 1994.

109. Thierry, P., «Les temps difficiles. Charles Dickens», en: *Le Télémaque, l'amour des enfants*, n° 17, págs. 105-112, mayo de 2000.

110. Charpail, N., «La création comme processus de transformation», *Art et Thérapie*, n° 56-57, pág. 41, junio de 1996.

111. Vaillant, G., «La créativité chez les hommes et les femmes ordinaires», en «Génie, créativité et troubles de l'humeur», *Nervure, op. cit.*, pág. 25, 1994.

112. Gauthier, Y., «Étude de la vie fantasmatique d'enfants vulnérables des milieux favorisés», en Anthony, E. J., Chiland, C., Koupernik, C., *L'Enfant vulnérable*, PUF, pág. 135, 1982.

113. Greig, P., *L'Enfant et son dessin. Naissance de l'art et de l'écriture*, Érès, 2000.

114. *Ibid.*

115. Eisen, G., *Les Enfants pendant l'Holocauste. Jouer parmi les ombres*, Calmann-Lévy, 1993.

116. Freud, S., «L'humour», en *L'Inquiétante Étrangeté et autres essais*, Gallimard, págs. 321-328, 1985 [1927].

117. Sironi, F., *Bourreaux et victimes, op. cit.*

118. Botez, M. I., *Neuropsychologie clinique et neurologie du comportement*, Presses universitaires de Montréal, 1987.

119. Van der kolk, B. A., Fischler, R., «Dissociation and the Fragmentary Nature of Traumatic Memories: Overview and Exploratory Study», *Journal of Traumatic Stress*, 8, págs. 505-552, 1995.

120. Bever, T. G., Chiarello, R. J., «Cerebral Dominance in Musicians and Non-Musicians», *Science*, págs. 185-537, 1974.

121. Williams, J. M. G., «Autobiographical Memory and Emotional Disorders», en Cristianson S. A. (comp.), *The Handbook of Emotion and Memory. Research and Theory*, Hillsdale, N. J., págs. 451-457, 1992.

122. Cyrulnik, B., «Les enfants sans lien», en Aïn, J., *Errances. Entre dérives et ancrage*, Érès, pág. 31, 1998.

123. Mac Curdy, J., «War Nevroses», Cambridge University Press, en Schacter, D. L., *À la recherche de la mémoire. Le Passé, l'esprit et le cerveau*, De Boeck Universi-

té, pág. 245, 1999 [1918]. [Hay traducción española: *En busca de la memoria*, Barcelona, Ediciones B, 1999.]

Conclusión

1. Ritvo, L., *Darwin, ascendant de Freud*, Gallimard, 1992, y Cyrulnik, B., «Freud, précurseur de l'étologie entre Darwin et Mac Lean», *Acta Psychiatrica Belgica*, 94, págs. 299-311.
2. Vila, G., Porche, L.-M., Mouren-Siméoni, M.-C., *L'Enfant victime d'agression*, Masson, pág. 13, 1999.
3. Claudel, P., *L'Élasticité américaine, Œuvre en prose*, Gallimard, La Pléiade, pág. 1204, 1936, (comunicación personal de Whittaker, A.).
4. Bourguignon, O., «Facteurs psychologiques contribuant à la capacité d'affronter des traumatismes chez l'enfant», *Devenir*, vol. 12, n° 2, pág. 83, 2000.
5. Valentine, L., Feinauer, L. L., «Resilience Factors Associated With Female Survivors of Childhood Sexual Abuse», *Am. J. Family Therapy*, 21, págs. 216-224, 1993.
6. Bouvier, P., «Abus sexuel et résilience», en: *Souffrir mais se construire*, Érès, págs. 125-161, 1999.
7. Ricaldi-Coquelin, A.-M., *Poussières de vie*, Tesis de ciencias de la educación, París, 2000.
8. Vanistendael, S., Lecomte, J., *Le Bonheur est toujours possible*, Bayard, pág. 219, 2000.
9. Brassens, G., *Chanson pour l'Auvergnat*, 1955.